Forcher : Kleine Geschichte Tirols

Michael Forcher

KLEINE GESCHICHTE TIROLS

Mit 120 Abbildungen,
Zeittafel und einem Namensverzeichnis

Haymon

Bibliografische Information:
Die Deutsche Bibliothek verzeichnet diese Publikation in der Deutschen Nationalbibliografie; detaillierte bibliografische Daten sind im Internet über http://dnb.ddb.de abrufbar.

ISBN-10: 3-85218-519-X
ISBN-13: 978-3-85218-519-4

Satz: Haymon Verlag
Umschlag: Benno Peter
Umschlagbild: Fahnenträger vom Goldenen Dachl (Innsbruck), Detail eines Freskos von Jörg Kölderer
(Foto: Christian Forcher)

VORWORT

Wie kurz kann und darf eine Darstellung der Geschichte Tirols sein? Schon öfter wurde der Wunsch nach einer „kleinen Geschichte" unseres Landes an mich herangetragen. Schließlich reizte es mich, den Versuch zu wagen. Davor musste aber die Eingangsfrage beantwortet werden.

Die Aneinanderreihung einiger wichtiger Daten, Fakten und Namen hätte mich nicht interessiert, es wäre nur eine etwas längere Zeittafel herausgekommen. Und auf keinen Fall wollte ich auf die Einbeziehung von Kunst, Kultur und Geistesgeschichte verzichten, genauso wenig auf wirtschaftliche und soziale Entwicklungen. Denn diese Bereiche bedingen sich gegenseitig, stehen in enger Beziehung zueinander, Politik wird unverständlich ohne diesen Hintergrund, kulturelle Leistungen können nur auf der Grundlage politischer und wirtschaftlicher Gegebenheiten gewürdigt werden. Und die maßgeblichen Persönlichkeiten sind davon geprägt. Ein weiteres Faktum der Geschichte und des kulturellen Lebens darf ebenfalls nicht weggekürzt werden, nur um möglichst rasch die Jahrtausende überfliegen zu können: das Verhältnis zu Nachbarregionen oder weiter ausgreifende Verbindungen der Herrschergeschlechter, gerade in Tirol war beides oft von entscheidender Bedeutung.

Wenn man dann noch davon ausgeht, dass man als Historiker natürlich Tirol in seinen alten Grenzen zwischen Kufstein und Salurn, ja in mancher Hinsicht sogar bis zum Gardasee sehen muss; dass eine historischen Darstellung wissenschaftlichen Grundsätzen genügen muss, ihr Stil aber möglichst locker und leicht sein soll und aussagekräftige Details nicht fehlen dürfen; dass man komplizierte Zusammenhänge der geforderten Kürze zuliebe nicht allzu sehr vereinfachen kann, will man Geschichte und nicht Geschichtchen erzählen; dann sind die Probleme bald aufgezeigt, denen man sich als seriöser Autor einer „kleinen Geschichte Tirols" gegenübersieht.

Und doch schien es mir möglich. Und so zog ich die Essenz aus meiner jahrzehntelangen Beschäftigung mit der Geschichte meines Heimatlandes und dem daraus entstandenen Buch „Tirols Geschichte in Wort und Bild", dessen Gliederung, Darstellungsweise und Formulierungen sich bewährt haben und deshalb weitgehend die Grundlage auch dieses neuen Büchleins bilden konnten.

Möge die Kürze des Textes, der sich in wenigen Stunden lesen lässt, vielen Tirolerinnen und Tirolern, geborenen und zugewanderten, die der Geschichte nicht viel Zeit widmen können, vielleicht auch Gästen unseres Landes einen ersten verlässlichen Überblick ermöglichen. Unser Land hat nicht nur eine wunderbare Natur- und Kulturlandschaft und viele hochrangige Kunstschätze zu bieten, sondern auch eine abwechslungsreiche und spannende Geschichte, die Land und Leute geformt hat.

Michael Forcher
Innsbruck, im Sommer 2006

INHALT

ÖTZI & CO.

Urgeschichte

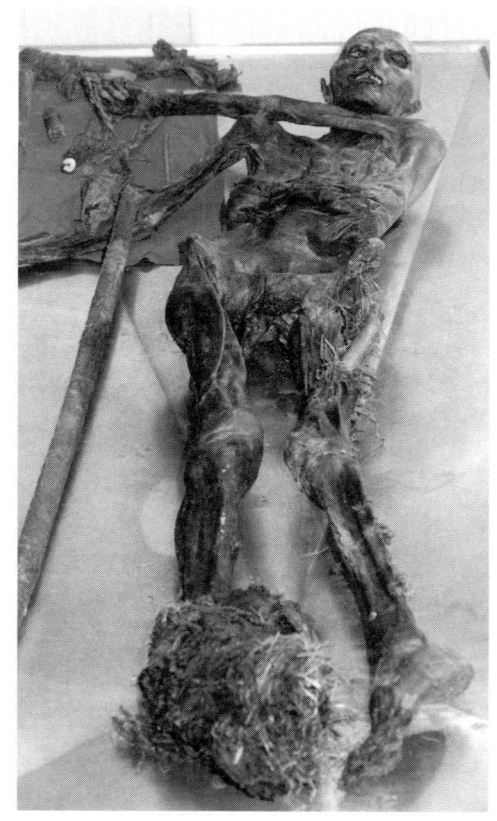

Wann erstmals Menschen in die Gebirgstäler kamen, die Jahrtausende später zum Land Tirol zusammenwuchsen, wissen wir nicht. Manche Forscher meinen, dies sei schon in einer Wärmeperiode während der letzten Eiszeit (um etwa 30.000 v. Chr.) geschehen. Sicher ist, dass nach dem Rückzug der Gletscher zuerst einzelne Jäger auf Streifzügen aus den Ebenen nördlich und südlich der Alpen ins Gebirge vorgedrungen sind. Eindeutige Spuren nomadisierender Gruppen stammen aus der Zeit um 7000 vor Christi Geburt. Bald kamen ganze Sippen zur Gründung kleinerer Siedlungen.

Neueste Funde erbrachten den Nachweis, dass schon vor 6000 Jahren Menschen in unserem Raum dauerhaft ansässig waren. Bisher nahm man dies erst für die Zeit um 2000 v. Chr. an, in die u. a. die Steinkistengräber von Eppan zu datieren sind. Sie stammen aus der letzten Phase der jüngeren Steinzeit, in der unsere Vorfahren bereits Ackerbau und Viehzucht kannten.

Zur Revision der Chronologie menschlicher Siedlungstätigkeit in höheren Lagen führte der Fund einer durch Gletschereis mumifizierten Leiche aus der ausgehenden Steinzeit am Hauslabjoch in den Ötztaler Alpen. Der Mann war mit Gerätschaften und Kleidung hervorragend ausgerüstet, so dass man den Beginn wirtschaftlicher Nutzung der Bergregionen früher als bisher ansetzen wird müssen. Der „Eismann", volkstümlich „Ötzi" genannt, starb vor mehr als 5000 Jahren.

Erste Zeugnisse gewerblicher Produktion und Handelstätigkeit stammen aus der Tischofer Höhle bei Kufstein. Nicht nur Schmuck und Gebrauchsgegenstände der frühen Bronzezeit (1800–1500 v. Chr.) wurden hier gefunden, sondern auch Einrichtungen zur Bronzeverarbeitung. Der damals einsetzende Kupferbergbau im Inntal (bei Schwaz) und auf der Kelchalpe bei Kitzbühel erlangte bald überregionale Bedeutung, da Kupfer zur Herstellung von Bronze benötigt wurde und deshalb in die Gebiete nördlich der Alpen verkauft wurde. Funde aus dem Wipptal und dem Landecker Becken lassen auch schon Kontakte über den Brenner hinweg erkennen.

Die Auswirkungen des Bergsegens zeigen sich in den reichen Grabbeigaben. Die vielen Funde von Kitzbühel über Hötting bis Ladis und im Silltal veranlassten die Forscher, den Begriff „Nordtiroler Urnenfelderkultur" zu prägen. Was von den damaligen Siedlern südlich des Brenners erhalten geblieben ist, vor allem eigenständige Keramik, führte zur Abgrenzung einer Kulturgruppe, die nach ihren wichtigsten Fundplätzen bei Brixen „Mellauner" oder „Laugener Kultur" genannt wird.

Um 1000 v. Chr. wurde die gegenseitige Beeinflussung der beiderseits des Alpenhauptkamms lebenden Stämme immer stärker. Vielbegangene Saumpfade wirkten wie eine Klammer. Schließlich kam es zur Verschmelzung des Raumes zwischen Gardasee und Bayerischen Voralpen, Engadin und Westkärnten zu einem einheitlichen Kulturgebiet, das sowohl den Einflüssen der Hallstadtkultur, als auch dem Keltensturm der Zeit um 400 v. Chr. standhielt. Nach den Hauptfundorten in Nordtirol und im Trentino sprechen die Urgeschichtler von der „Fritzens-Sanzeno-Kultur", die sich in den Verzierungen der Fundgegenstände von der keltischen La-Tène-Kultur der umliegenden Regionen stark unterscheidet. Zu welchem größeren Volk die Träger dieser Kultur gehörten, kann weder durch Funde noch durch Sprach-, Orts- und Flurnamenforschung stichhaltig geklärt werden. Es waren Bauern, Bergknappen, Handwerker und Händler, über deren Lebensverhältnisse wir durch die Grabungen im „Himmelreich" bei Volders im Unterinntal

informiert sind. Sie wohnten in Gebäuden, die an unsere teils gemauerten, teils in Blockbauweise errichteten Bauernhäuser erinnern.

Zu einer politischen Vereinigung der Stämme des mittleren Alpenbereichs kam es nicht. Ihre friedliche Entwicklung ging im Jahrhundert vor Christi Geburt zu Ende. Zunächst richteten die germanischen Kimbern arge Verwüstungen an. Folgenschwerer war, dass die Römer nach dem ersten Zusammenstoß mit den Germanen die Nordgrenze ihres Reichs aus Gründen der Sicherheit gegen den Alpenhauptkamm hin vorschoben. Zugleich wurden das Pustertal und das heutige Osttirol von dem mit Rom verbündeten keltischen Königreich Noricum in Besitz genommen.

Da die Römer nun in engeren Kontakt mit den Bewohnern der Alpentäler kamen, kennen wir die Namen einzelner Stämme. So wohnten um Reschen und Brenner die Venosten, Isarken, Breonen und Genaunen. Die antiken Autoren verwendeten für die Bevölkerung des zentralen Ostalpenraumes diverse Sammelnamen, am öftesten die Bezeichnung „Räter". Die moderne Forschung hat diesen Namen für die Urbevölkerung Tirols übernommen.

Linke Seite: Revolutionierte unser Wissen um die Urgeschichte – der „Ötzi".

Rechte Seite: Rätische Kultfigur, gefunden auf der Parzinspitze bei Imst, und Keramik mit der typischen Tupfenleiste aus der frühen Bronzezeit (Tischofer Höhle bei Kufstein).

Im ersten Licht der Geschichte

Römerzeit und frühes Mittelalter

Mit den Römern gelangte unser Raum erstmals ins Licht der Geschichte. Sie gaben sich nämlich mit der Kontrolle der Südseite der Alpen nicht zufrieden. Im Jahr 15 v. Chr. kam es zu einem militärischen Vorstoß nach Norden, den Tiberius und Drusus, die Stiefsöhne des Kaisers Augustus, anführten. Zwei Legionen marschierten über den Brenner ins Inntal und weiter über die Seefelder Senke. Der vereinzelt aufflammende Widerstand der Einheimischen konnte rasch gebrochen werden. Die eroberten Alpen- und Voralpengebiete wurden zur Provinz Rätien zusammengefasst, die von der Donau bis zu den Talengen südlich des Alpenhauptkammes reichte. Die Talstufe der Töll bei Meran und die Klause unter Säben waren die Grenzstellen.

Das östlich an die neue römische Provinz grenzende Königreich Noricum unterstellte sich zunächst der Oberhoheit Roms, verlor aber bald die letzten Reste der Selbständigkeit und wurde unter Kaiser Claudius (41–54 n. Chr.) zur Provinz Noricum, die wie Rätien von der Donau über den Alpenhauptkamm nach Süden reichte. Die Grenze zwischen Rätien und Noricum verlief von der Mühlbacher Gegend am Ausgang des Pustertals über die Jöcher ins Zillertal und dann wahrscheinlich weiter dem Inn entlang.

Rätien wurde von den Römern nie umfassend kolonisiert. Die Erschließung beschränkte sich auf Militärstraßen, Kastelle, Wegstationen, Gutshöfe und Veteranensiedlungen. Der Schwerpunkt der Provinz war das Alpenvorland, wo die Hauptstadt Augusta Vindelicorum (heute Augsburg) lag. Im Gebiet des heutigen Tirol gab es nur eine römische Stadt, und zwar das in Noricum liegende Aguntum (bei Lienz). Dennoch wurde im Lauf der Jahrhunderte die rätische Urbevölkerung durch Handelsbeziehungen, Militärdienst, Verwaltung, Missionierung und persönliche Verbindungen weitgehend, wenn auch oberflächlich romanisiert. Ihre uns nicht bekannte Sprache wurde zum „Rätoromanischen", das von den Ladinern in den Dolomitentälern heute noch gesprochen wird.

Über die untergehende Antike besitzen wir aus dem Raum Tirol keine verlässlichen Nachrichten. Im 4. Jahrhundert gaben die Römer das Alpenvorland auf, worauf die in die Berge führenden Täler mehrmals feindliche Einfälle erdulden mussten und z. B. Aguntum innerhalb weniger Jahrzehnte zweimal verwüstet wurde. Die staatliche Autorität ging allmählich unter. Die von Odoaker und Theoderich in Italien gegründeten Germanenreiche (476–552) konnten nur eine lockere Oberhoheit über Roms Alpenprovinzen aufrecht erhalten. Immerhin blieb der in Verona residierende König Theoderich als sagenhafter „Dietrich von Bern" im Bewusstsein der Bevölkerung lebendig. Ostgotenkönig Witigis trat schließlich 536/37 große Teile Rätiens formell an die Franken ab.

Um die Mitte des 6. Jahrhunderts taucht in den Quellen ein neues Volk auf: die Bajuwaren oder Bayern. Wahrscheinlich entstand es aus dem Verschmelzen keltischer und anderer Ureinwohner, römischer Siedler und germanischer Splittergruppen, darunter die namensgebenden Bajovarii. Die Frankenkönige schickten einen Herzog, unter dessen Führung sie ihr Siedlungsgebiet gegen die von Osten kommenden Volksscharen sicherten. An den südlichen Grenzen des fränkischen Einflussgebietes kämpften die Herzog Tassilo I. und Garibald II. im Eisack- und Etschtal erfolgreich gegen die Langobarden und im Drautal gegen die Slawen (um 610 Niederlage bei Aguntum). Zugleich zogen immer mehr bajuwarische Sippen in die Alpentäler und brachten nicht nur bereits fruchtbaren Boden in ihren Besitz, sondern gewannen auch neues Kulturland. Dies geschah durchaus friedlich, ohne die romanisierte Urbevölkerung zu verdrängen.

Im 8. Jahrhundert war der größte Teil des späteren Tirol in der Hand der Bayernherzöge, die ihrerseits unter lockerer fränkischer Oberhoheit standen. Der Vinschgau dürfte zum fränkischen Teil Rätiens (Hauptstadt Chur) gehört haben. Im Südosten hatten Slawen das Lienzer Becken und das Iseltal besiedelt. Das Gebiet unterhalb von Bozen gehörte den Langobarden, die in Oberitalien ein Königreich gebildet hatten.

Nach der Absetzung des ihm zu mächtig gewordenen Herzogs Tassilo III. durch Karl den Großen wurde das bayerische Stammesherzogtum 788 dem Frankenreich einverleibt und in Grafschaften eingeteilt. Auch in religiöser Hinsicht vollzog sich eine Neuorientierung nach Norden: Die Missionare kamen nicht mehr aus Italien, sondern aus Bayern. Das Bistum Säben, das seit dem späten 6. Jahrhundert historisch bezeugt ist und später nach Brixen verlegt wurde, gehörte jetzt zum neuen Kirchenbezirk Salzburg. Das Christentum war schon zur Römerzeit in unserem Land heimisch geworden. Bischöfe residierten – soviel man heute sicher weiß – in Trient, Augsburg und Aguntum.

Die ersten Klostergründungen in den Alpentälern hatten nicht nur geistig-kulturelle, sondern auch wirtschaftliche und politische Bedeutung. 769 sorgte Herzog Tassilo III. für die Gründung des Klosters Innichen im östlichen Pustertal, das neben seiner Bedeutung für die Missionierung der Nachbarn eine wichtige Machtposition an der von den slawischen Karantanen bedrohten Grenze war. 772 konnte Tassilo III. die Slawen zwar besiegen, doch blieb vorerst im Drautal der Anraser Bach bzw. die Talenge der „Lienzer Klause" die Trennungslinie zwischen beiden Volksstämmen. Erst nach der Unterwerfung der Karantanen durch Karl den Großen verlor die Grenze ihre ethnische Bedeutung, weil jetzt eine friedliche Durchdringung des nur schwach besiedelten slawischen Gebietes mit bajuwarischen Siedlern begann.

WIE DAS LAND TIROL ENTSTAND

Die Bischöfe als Herren des Landes und Meinhard II., der Schöpfer Tirols

Als Passlandschaft zwischen Deutschland und Italien erlangten die Täler „im Gebirge", wie man das Gebiet um Reschen und Brenner in den Urkunden des hohen Mittelalters zu bezeichnen pflegte, zunehmend politische Bedeutung. Nach dem Tod Karls des Großen (814 n. Chr.) und den Teilungsverträgen seiner Erben lag das heutige Tirol innerhalb der Grenzen des Ostfränkischen Reichs Ludwigs des Deutschen und seiner Nachfolger, das seit dem 11. Jahrhundert Deutsches Königreich genannt wurde. Als die ostfränkischen Könige die karolingische Reichstradition wieder aufnahmen, Italien gewannen und 962 unter Otto I. die Kaiserkrönung in Rom erreichten, war es für sie besonders wichtig, ungehindert über die Alpen ziehen zu können und während der monate-, oft jahrelangen Aufenthalte in Italien sichere Verbindungen zurück nach Deutschland zu haben. Die Wege nach Italien mussten in der Gewalt treuer Anhänger sein.

Nun war es aber im 10. Jahrhundert innerhalb des Ostfränkischen Reichs zur Ausbildung von Stammesherzogtümern und zum Erstarken der herzoglichen Gewalt gekommen. Das Kerngebiet des späteren Tirol gehörte zu Bayern, der Westen zum Herzogtum Schwaben, das Lienzer Becken mit dem Iseltal zu dem von Bayern abgetrennten Herzogtum Kärnten, Trient zur Mark Verona.

Auf die Treue der Herzöge konnten sich die Herrscher vielfach nicht verlassen, was umso schwerer wog, als deren Stellung und Besitz vererbt wurden. Vor allem bayerische und schwäbische Adelssippen betrieben eine zielstrebige Politik der Konzentration von Besitz und Rechtstiteln und lagen oft im Streit mit König und Reich. Die Alpenpässe waren in ihren Händen ein wirkungsvolles Faustpfand, immerhin führte mehr als die Hälfte aller Romzüge deutscher Könige über den Brenner. Zur Sicherung ihrer Politik lösten deshalb mehrere deutsche Könige bzw. (nach der Krönung in Rom) römisch-deutsche Kaiser im 11. Jahrhundert die wichtigsten Grafschaften im Gebirge aus dem Machtbereich unverlässlicher Vasallen und übergaben sie den Bischöfen von Trient und Brixen, von deren Treue sie überzeugt sein konnten, wurden sie doch im Sinne des Reichskirchensystems vom Herrscher eingesetzt und brauchten keine dynastischen Interessen zu verfolgen.

Zunächst übergab Heinrich II. im Jahr 1004 die den Weg aus den Alpen in die Poebene bewachende Grafschaft Trient dem dortigen Bischof. Als 1027 diese Belehnung durch Konrad II. bestätigt wurde, erhielt dieser dazu noch die nördlich angrenzenden Grafschaften Bozen und Vinschgau. Die Grafschaft Norital, die von Bozen über den Brenner bis ins Inntal reichte, wurde gleichzeitig dem Brixner Bischof übertragen. 1091 erhielt dieser zudem die Grafschaft Pustertal. Grundschenkungen und die Verleihung königlicher Rechte ergänzten die Machtfülle der beiden Bischöfe.

Dass jetzt die Bischöfe von Trient und Brixen, die als Reichsfürsten unmittelbar dem König bzw. Kaiser unterstanden, über das Gebiet vom Inntal bis zum Gardasee geboten, führte aber nicht zur gewünschten Herauslösung der ihnen verliehenen Grafschaften aus dem Herzogtum Bayern, denn sie übten die Herrschaftsgewalt aus Rücksicht auf ihre

Gab dem Land den Namen: Schloss Tirol bei Meran, hier auf einem alten Foto, aufgenommen um 1875 vor dem Wiederaufbau des freistehenden Turms, der zum Wahrzeichen geworden ist.

kirchliche Würde nicht selbst aus, sondern gaben sie als Lehen an verschiedene, meist bayerische Adelige weiter, die als Grafen gleichzeitig die Schutz- oder Vogteigewalt über den weltlichen Besitz der Bischöfe erlangten, die Hochstifte, was weitgehenden Einfluss bedeutete. Durch Eheschließungen, Erbschaften, Kaufverträge, aber auch durch blutige Fehden oder sonstige Gewaltanwendung bemühten sie sich erfolgreich um die Festigung ihrer erblichen Position und Ausdehnung ihrer Herrschaft.

Unter den Adelsdynastien an Inn, Etsch, Eisack und Rienz überflügelten zwei alle anderen. Die aussichtsreichste Stellung hatten zunächst die Grafen von Andechs inne. Sie besaßen nicht nur das Unterinntal (von Zirl bis zum Ziller) mit der von ihnen um 1180 gegründeten Stadt Innsbruck und das Pustertal, sondern auch Grafschaften in Bayern, Franken, Kärnten, Krain und an der Adria. Das Geschlecht starb jedoch 1248 aus. Glücklicher waren die vom Trienter Bischof im Vinschgau eingesetzten Grafen, die wahrscheinlich aus Kärnten stammten und sich nun nach ihrer Burg „von Tirol" nannten. Neben dem Vinschgau begründete die Vogtei über das Hochstift Trient ihre Machtstellung. Den Tiroler Grafen gelang es nach und nach, die bischöflichen Grafschaften um Reschen und Brenner in ihrer Hand zu vereinen. Graf Albert von Tirol, der Letzte seines Geschlechts, gewann durch weitblickende Heiratspolitik als Erbe der Andechser die Grafschaften Unterinntal und Pustertal. So kann das Jahr 1248 als Geburtsjahr Tirols bezeichnet werden, „weil die Klammer zwischen Inn und Etsch erstmals fest geknüpft war", wie der Historiker Franz Huter es formulierte. Als Zeichen dafür, dass sich die weltliche Macht gegenüber der rechtlichen Oberhoheit der Kirchenfürsten durchgesetzt hat, taucht jetzt in den Urkunden die Bezeichnung „Herrschaft des Grafen von Tirol" auf.

Das von Graf Albert geschaffene Territorium überdauerte jedoch seinen Tod im Jahr 1253 vorerst nicht. Seine Tochter Elisabeth, deren erste Ehe die Andechser Erbschaft eingebracht hatte, war in zweiter Ehe mit dem bayerischen Grafen Gebhard von Hirschberg vermählt; seine zweite Tochter Adelheid mit dem Grafen Meinhard III. von Görz. Als Graf Albert von Tirol starb, teilten sich die Gatten seiner Töchter das Erbe: Meinhard (in Tirol der I.) erhielt den südlichen, Gebhard den nördlichen Teil. Während so das nördliche Tirol wieder enger mit Bayern verbunden war, gehörte der Süden zu einem Herrschaftsverband, der auch die Görzer Gebiete in Friaul, in Istrien und im Herzogtum Kärnten umfasste. Neben der Stadt und der Burg Görz im östlichen Friaul war Lienz am Ausgang des Pustertals Hauptsitz der Görzer Grafen.

Nach dem Tod Meinhards I. (1258) trat zunächst sein Sohn Meinhard II. allein die Nachfolge in den görzischen Landen und in Tirol an, musste aber 1271 mit seinem Bruder Albert teilen, der Friaul und Istrien, das Pustertal, den Lurngau (mit Lienz) und die Kärntner Herrschaften der Görzer erhielt. Meinhard II. verblieb das wichtigere Tirol. Er ging sofort an den Ausbau des Landes. Vom Hirschberger Grafen gewann er – als dessen Ehe kinderlos blieb – das Wipptal und das Inntal zurück. Die Ehe mit der Witwe des Hohenstaufen Konrad IV. sicherte ihm die in Westtirol liegenden staufischen Güter und Rechte und ermöglichte die Erwerbung des oberen Inntals und des Lechtals. Im Unterinntal dehnte Meinhard seine Herrschaft über den Zillerfluss aus, da ihm der Bayernherzog das Gericht Rattenberg verpfändete. Eine jahrelange Auseinandersetzung mit den Bischöfen von Trient festigte den Besitz des Etschtales von Bozen bis zur Mündung des Avisio südlich von Salurn, wo damals die Sprachgrenze verlief.

Den Rechtstitel der Vogtei, der erblichen Schutzgewalt über die geistlichen Fürstentümer (Hochstifte) Brixen und Trient, benützte Meinhard II., die Bischöfe, eigentlich seine Lehensherren, völlig in seine Abhängigkeit zu bringen. Von der Einschleusung seiner Parteigänger in die Domkapitel bis zu Rechtsbruch und Gewalt war ihm jedes Mittel recht, die weltliche Macht der Kirche zu schmälern. Unter Meinhard verloren die beiden geistlichen Reichsfürsten jegliche Chance, ihre Herrschaftsansprüche zur Geltung zu bringen. Zuletzt geboten sie nur mehr über ihre Residenzstädte und kleine – in Trient etwas größere – Landflecken und Dörfer. Auch diese „Stiftsländer" wurden durch Schutzverträge an die landesfürstliche Macht gebunden. Später sollten Verträge über Wehrhoheit und Steuereinhebung dazukommen.

Neben der Abrundung des Territoriums und der Durchsetzung seines Machtanspruchs gegenüber den Bischöfen hatte Meinhard II. noch ein drittes Ziel, das er ebenso konsequent und skrupellos verfolgte und schließlich auch erreichte: die Vereinheitlichung all seiner Lehen, Vogteien, Gerichtshoheiten und anderer Rechtstitel unterschiedlicher Herkunft zur vollen landesfürstlichen Gewalt. Dieser Konzentrationsprozess ging großteils auf Kosten der zahlreichen gräflichen oder edelfreien Adelsgeschlechter, die der Landesfürst entmachtete und seiner Dienstbarkeit unterwarf.

Gleichzeitig schuf Meinhard eine einheitliche Verwaltungsorganisation für das ganze Land mit gut funktionierenden Zentralstellen und einem Netz lokaler Gerichte und Ämter. Das Recht, eigene Münzen zu prägen, nahm Meinhard durch großzügige Auslegung der Vogteigewalt über das Hochstift Trient für sich in Anspruch, aber schon vorher hatte er das görzische Lienzer Münzrecht auf Meran übertragen. Die Aufzeichnung eines eige-

Im 16. Jahrhundert entstandenes Phantasieporträt Meinhards II. von Tirol-Görz. Er gilt als der Schöpfer des Landes Tirol.

Der „Meinhardzwanziger", die erste Münze mit einem Tiroler Adler, geprägt 1274.

nen Landrechts schließlich galt als besonderes Kennzeichen eines selbständigen Landes.

Auf Grund all dieser Leistungen wird Meinhard II. der Schöpfer Tirols genannt. Tatsächlich taucht 1271 die Bezeichnung „Herrschaft Tirol" auf. In anderen Urkunden wird das neu entstandene Territorium auch als „Grafschaft" oder als „Land" bezeichnet. Der Tiroler Graf handelte wie ein souveräner Fürst, schloss Frieden und erklärte Kriege, ging Verträge mit anderen Herrschern ein und schickte selbst zum Papst eigene Gesandte.

Meinhard galt im Kreis der Fürsten als gleichberechtigt, obwohl seine Stellung im Reich relativ spät rechtlich aufgewertet wurde: Im Jahr 1282 bestätigte König Rudolf von Habsburg auf dem Reichstag zu Ulm die Selbständigkeit Tirols gegenüber Bayern und erhob Meinhard II. wenig später in den Reichsfürstenrang, indem er ihn als Dank für politische und militärische Unterstützung mit dem frei gewordenen Herzogtum Kärnten belehnte. Beide Fürsten knüpften auch verwandtschaftliche Bande: Rudolfs Sohn Albrecht I. heiratete Meinhards Tochter Elisabeth, die somit zur Stammmutter der Habsburgerdynastie wurde.

Meinhard II. von Tirol-Görz ist der Gründer des Zisterzienserstifts Stams im Oberinntal, das er zur Begräbnisstätte für sich und sein Geschlecht bestimmte. Die Geschichtsschreibung beurteilt ihn als weitblickenden „schöpferischen Fürsten", auch wenn er – aus heutiger Sicht – oft mehr als bedenkliche Methoden anwandte.

Meinhards Söhne, die das Erbe ihres 1295 verstorbenen Vaters seinem Wunsch gemäß ungeteilt verwalteten, wurden als Landesfürsten bezeichnet und von ihrem Vetter, dem habsburgischen König Albrecht I., mit der Zoll- und Straßenhoheit innerhalb der Grafschaft Tirol belehnt. Nach dem Tod der Brüder regierte Heinrich von Tirol-Görz ab 1310 allein, war aber nicht imstande, das Lebenswerk seines Vaters zu festigen. Im Gegenteil, er verstrickte sich in abenteuerliche Unternehmungen – so ließ er sich trotz aussichtsloser Position zum König von Böhmen krönen, trotzdem führte er den Titel König bis an sein Lebensende – und schwächte damit das Land Tirol, das keinen männlichen Erben hatte und von den damaligen „Großmächten" im Reich, den Habsburgern, den Wittelsbachern und den Luxemburgern, heiß begehrt war.

Mit Heinrichs Tod im Jahr 1335 begann dann tatsächlich ein jahrelanger Kampf um Tirol.

WAS DER KLEINE MANN GELEISTET HAT

Wirtschaftsleben im frühen und hohen Mittelalter •
Von der Freiheit der Bürger und der Bauern

Nach den Wirren der Völkerwanderungszeit nahm der Verkehr zu Fuß und zu Pferd über die Alpen allmählich wieder zu. Pilger, Kaufleute, Diplomaten, Fürsten mit Gefolge, Abenteurer und Soldaten zogen durch das Land, das einmal Tirol werden sollte. Als die bestehenden Hospize für Rast und Unterkunft nicht mehr ausreichten, nützten die Bischöfe und Grafen, die über die Verkehrswege geboten, die Chance, aus dem Durchzugsverkehr neben den Zoll- und Mauteinnahmen weiteren Gewinn zu ziehen, und gründeten an wichtigen Punkten Marktflecken, wo Handwerker und Fuhrleute für Hilfsdienste bereitstanden. Mit Ausnahme von Trient und Brixen gehen alle Tiroler Städte auf solche Marktgründungen zurück. Später wurden sie von Mauern umgeben und mit Stadtrechten ausgezeichnet.

Siegel der Städte Meran (oben) und Hall (14. Jahrhundert).

Die Bürger lebten von Handel und Gewerbe; für den Eigenbedarf betrieben sie meist kleine Landwirtschaften. Ansonsten wurden die Städte von den nahen Landgemeinden mit Lebensmitteln versorgt. Die jungen städtischen Gemeinwesen hatten den Zuzug tüchtiger Leute dringend notwendig. Wer sich in der Stadt niederließ, wurde deshalb nach einer gewissen Zeit gerne in den Bürgerstand aufgenommen. In den Genuss der bürgerlichen Freiheiten konnte selbst ein Leibeigener kommen, wenn er sich ein Jahr lang („Jahr und Tag") in der Stadt aufgehalten hatte.

War ihre wirtschaftliche Funktion auch äußerst wichtig, so stellten die Stadtbewohner im Tirol des 13. und 14. Jahrhunderts zahlenmäßig doch eine verschwindende Minderheit dar. Weit über 90 Prozent der Bevölkerung wohnten in Dörfern und lebten in erster Linie von der Landwirtschaft. Die Zahl der Höfe in den Haupttälern, auf Mittelgebirgsterrassen und Schwemmkegeln hatte sich seit dem 7. Jahrhundert stetig vermehrt. In mehreren Wellen zogen bajuwarische Stammesgruppen ins Gebirge, wo sie Neuland rodeten oder sich in alten Dörfern neben der alteingesessenen Bevölkerung niederließen. Diese geriet bald in die Minderheit, nahm Sprache und Gebräuche der Neuankömmlinge an und vermischte sich mit ihnen.

Obwohl nach dem Jahr 1000 nur mehr wenige Neusiedler einwanderten, nahm die Bevölkerung weiter zu, wuchs der Bedarf an landwirtschaftlicher Nutzfläche. Im 12. Jahrhundert wurden einzelne Höfe und ganze Siedlungen selbst in Hochtälern angelegt. Je höher aber am Berg gerodet wurde, desto problematischer wurde die landwirtschaftliche Nutzung des neugewonnenen Grundes, weil selbst Roggen und Gerste nicht mehr ausreiften. Deshalb spezialisierte man sich in diesen Hochlagen auf die Viehhaltung. Solche Schwaighöfe gehörten in der Regel nicht den Bauern, die sie bewirtschafteten.

Der Grundherr stattete sie mit Kühen und Schafen aus und erhielt dafür als Zins jährlich eine entsprechende Menge Käse.

Auch andere Siedler bekamen ihren Hof nicht in Eigentum, sondern mussten einem Grundherrn für die Nutzung Abgaben bezahlen. Nicht wenige waren überhaupt „Eigenleute", also Leibeigene eines Adeligen oder eines Stifts. Zwar gab es in Tirol im Vergleich zu anderen Ländern relativ viele Bauern, die nicht nur persönlich frei waren, sondern auch eigenen Grund und Boden besaßen, dennoch waren sie in der Minderzahl. Der Großteil des nutzbaren Bodens gehörte dem Landesfürsten, verschiedenen Adeligen, Klöstern oder Ortskirchen. Die Güter waren an freie oder unfreie Bauern zur Nutzung „verliehen", der dafür zu entrichtende jährliche Grundzins bestand meist in einer bestimmten Menge an Naturalien und aus einer gewissen Arbeitsverpflichtung, der Fron.

Die Rechtsstellung der Bauern und ihr Abhängigkeitsverhältnis zur Grundherrschaft verbesserten sich laufend. Da die Grundherren an der Erschließung neuer Wirtschaftsflächen und damit vermehrten Einnahmen interessiert waren, gewährten sie Vorteile, wenn sich Siedlern in Neuland vorwagten. Außerdem sollte der Konkurrenz der Städte entgegengewirkt werden, die Arbeitskräfte anlockten. Schließlich war es auch einzusehen, dass ein Bauer besser wirtschaften würde, wenn er sich trotz gewisser Abgaben und Verpflichtungen wie ein Besitzer fühlen und das Anwesen seinen Kindern vererben konnte. So setzte sich seit dem 13. Jahrhundert fast überall in Tirol das „Erbbaurecht", die „freie Erbleihe" durch. Praktisch kam ein Erblehen einem Eigentum gleich.

Wenn die Tiroler Bauern später Meinhard II., den ersten Tiroler Landesfürsten, als ihren Gesetzgeber und Befreier feierten, so hatten sie damit nicht ganz Unrecht. Meinhard war der größte Grundbesitzer im Land und sorgte im eigenen Interesse für die persönliche und wirtschaftliche Sicherheit seiner „Bauleute". Und das Beispiel des Landesfürsten wirkte sich auf Rechtsstellung und Besitzverhältnisse des gesamten Tiroler Bauernstandes aus. Nur in den Gebieten, die damals noch nicht zu Tirol gehörten, vor allem im Nordtiroler Unterland und im Pustertal, ging die Entwicklung langsamer vor sich. Wichtig für die soziale Lage des Bauern war auch, dass die Landesfürsten das Recht der Grundherren auf eigene Gerichtsbarkeit zunehmend einschränkten bzw. abschafften. Der Bauer unterstand in Rechtsfragen nur dem landesfürstlichen Richter. Vor Gericht war er seinem Grundherrn gleichgestellt. Der Bauer war kein Untertan seines Grundherrn; so etwas wie eine adelige Dorfobrigkeit konnte sich in Tirol nicht herausbilden.

Auch die gemeinderechtliche Organisation und die bäuerliche Selbstverwaltung gehen in ihren Anfängen ins 13. Jahrhundert zurück. Ein gewählter Dorfmeister hatte zusammen mit anderen Dorfbewohnern gewisse Verwaltungsaufgaben zu erfüllen. Aufzeichnungen des Gewohnheitsrechts und zweckentsprechende Regelungen gemeinsamer Interessen wie Alm-, Weide- und Waldnutzung, Bewässerung usw. zeugen von Gemeinschaftssinn und von der Fähigkeit und dem Willen zu „politischem" Handeln.

Das älteste, ins 13. Jahrhundert zurückreichende Güter- und Abgabeverzeichnis (Urbar) des Klosters Neustift bei Brixen.

VON MALERN UND MINNESÄNGERN

Kunst und geistig-kulturelles Leben im frühen und hohen Mittelalter

Tirol besitzt aus der frühesten Epoche seiner Geschichte, aus der bajuwarisch-langobar-disch-fränkischen Zeit, großartige Kunstdenkmäler, die in Europa ihresgleichen suchen. Gemeint sind die Fresken von St. Prokulus in Naturns im Vinschgau und die St.-Bene-dikt-Kirche in Mals. Sie stammen aus der Zeit um 800, wurden also vor oder in der Regierungszeit Karls des Großen geschaffen, der das bayerische Herzogtum wieder fester mit dem Frankenreich verband. Der Vinschgau hatte zum fränkischen Churrätien gehört und von der Blüte der karolingischen Reichskunst profitiert. Die sehr einfachen Fresken in St. Prokulus sind älter und zeigen eine andere Malweise. Geschaffen wurden sie wohl von einem Wandermaler, über dessen Herkunft man nichts weiß.

Soweit sich die Kunstentwicklung in Tirol zurückverfolgen lässt, wird der Einfluss be-nachbarter Kulturräume deutlich, zeigt sich die Wechselwirkung zwischen West und Ost, zwischen süddeutschen und oberitalienischen Einflüssen. Diese überregionale Verflech-tung ist typisch für das Passland im Herzen Europas. Als um 1150 der romanische Stil in Tirol einsetzte, waren – was die Baukunst betrifft – Maurer und Werkleute aus der Lombardei führend. Sie verarbeiteten aber auch Stilelemente aus dem Norden. So galt beim Bau der Stiftskirche von Innichen (1200–1250) der damalige Salzburger Dom als Vorbild. Erst mit der beginnenden Gotik wurden die Oberitaliener allmählich von süd-deutschen Meistern und Gesellen abgelöst.

Ältestes Zeugnis romanischer Malerei in Tirol sind die um 1160 entstandenen Fresken in der Krypta von Marienberg. Beachtlich sind auch die Beispiele für die Freskomalerei der Zeit um 1200, deren wichtigste in der Kapelle von Hocheppan, in St. Johann in Taufers und in der Liebfrauenkirche von Brixen, in St. Jakob in

Kastelaz (Tramin) und in St. Jakob in Grissian zu finden sind. Es gibt Anklänge an schwäbische und Salzburger Traditionen, an Ravenna, an das byzantinische Venedig, aber auch durchaus eigenständige Elemente.

Im Schloss Rodeneck bei Brixen wurde 1972/73 ein pro-faner Freskenzyklus aus der Zeit um 1200 freigelegt, der ebenfalls auf weitreichende Beziehungen schließen lässt, und zwar sowohl stilistisch als auch inhaltlich. Immerhin wird ein literarisches Thema aus Westeuropa dargestellt, das gerade zu der Zeit eine deutsche Fassung erhielt, die keltisch-französische Iwein-Sage. Als Schöpfer dieses Zyklus gilt der damalige Brixner Hofmaler Hugo, der wahrscheinlich aus Süddeutschland stammte.

Das Kunstzentrum Salzburg, von wo immer wieder starke Impulse kamen, stand zeitweise unter dem Einfluss von Byzanz, was mit dem regen Kulturaustausch über den Donauweg und Wien zu tun hat. Die byzantinischen Ele-

Ausschnitt aus den Fresken von Marienberg (Evangelis-tenfigur, um 1160).

Ausschnitt aus dem romanische Freskenzyklus von Schloss Rodeneck mit Szenen aus der Iwein-Sage.

mente der spätromanischen Fresken im Oberchor von St. Nikolaus bei Matrei in Osttirol (um 1270) sind jedoch einem anderen Umweg zu verdanken: Der damalige Bischof von Salzburg hatte in Padua studiert und dort die berühmte Buchmalerschule kennen und schätzen gelernt. Er berief später diese Künstler aus Padua in seine Residenz.

Wichtigste Kulturzentren im frühen und hohen Mittelalter waren neben den bischöflichen Residenzen die zum Teil sehr alten Klöster. Vierzehn von ihnen wurden vor 1300 gegründet. Die Ordensgemeinschaften standen stets in engem Kontakt zu ihren Mutterklöstern außerhalb des Landes, übernahmen von ihnen kirchliche Reformgedanken und neue kulturelle Tendenzen, holten von dort so manche große Persönlichkeit als Abt, aber auch Lehrer, Künstler und einen Teil des eigenen Nachwuchses. So war ein ständiger geistiger Austausch möglich. Dies gilt auch für die Pfarren jener Diözesen, die von außerhalb nach Tirol hereinreichten, neben Salzburg waren dies Chur, Augsburg und Aquileia, um nur die wichtigsten zu nennen.

Von weltlicher Kulturpflege ist aus dem frühen Mittelalter nichts überliefert. Später trugen fahrende Sänger auf den Burgen der Adelsherren und ihrer Dienstmannen Lieder und Epen vor und verbanden in eigenständigem Stil lokale Sagenstoffe mit Ereignissen der Geschichte und mit Gestalten der germanischen Heldensage. Hauptthema ist Dietrich von Bern, also niemand anderer als der in Verona und später in Ravenna residierende Ostgotenkönig Theoderich. Kein Lokalkolorit kennt die gleichzeitige Kunstform des Minnesangs, der sich auch in Tirol einige adelige Herren verschrieben hatten, u. a. Hartmann von Starkenberg, Friedrich von Sonnenburg und Burggraf Heinrich von Lienz. Die Tiroler Minnesänger sind in der persönlichen Note ihrem großen Vorgänger Walther von der Vogelweide (ca. 1170 bis 1228) sinnverwandt. Dies gilt als eines der Indizien dafür, dass dieser bedeutendste Lyriker des deutschen Mittelalters aus dem südlichen Tirol stammt. Völlige Klarheit um seinen Geburtsort, den viele Städte und Landschaften für sich in Anspruch nehmen, wird es wohl nie geben.

Tirol kommt zu Österreich

Margarethe Maultasch und die Übergabe des Landes an die Habsburger

An einem schönen Sommertag des Jahres 1330 erlebte Innsbruck die prunkvolle Hochzeit der erst 12-jährigen Tiroler Erbprinzessin Margarethe, Tochter Heinrichs von Tirol-Görz, mit dem neunjährigen Johann Heinrich von Luxemburg, dessen Vater gerade – noch dazu in Konkurrenz zum Tiroler Landesfürsten – die böhmische Krone gewonnen hatte und damit zu den mächtigsten Fürsten des Reichs aufgestiegen war.

Sicherheitshalber hatte sich der Tiroler Landesfürst von Kaiser Ludwig, einem Wittelsbacher, der unter dem Beinamen „der Bayer" in die Geschichte einging, die Lehensfähigkeit seiner Tochter bestätigen lassen. Dessen Verärgerung war natürlich groß, als der Tiroler dann die Hand seiner Tochter nicht einem Wittelsbacherprinzen gab. Aber auch die Habsburger hatten sich als enge Verwandte der Söhne Meinhards II. Hoffnungen auf Tirol gemacht. Für sie hatte dieses Land nicht nur als Tor zu Italien Bedeutung, für sie wäre es auch die ideale Brücke zwischen ihren Stammlanden in der Schweiz, an Oberrhein und Bodensee (später Vorlande, dann Vorderösterreich genannt) und ihrem neuen Machtzentrum an Donau (Österreich) und Mur (Steiermark) gewesen.

Der gemeinsame Rivale ließ die Häuser Wittelsbach und Habsburg ihre alte Feindschaft vergessen. Ein Vertrag sollte die Herrschaft der Luxemburger in Tirol verhindern. Als dann Heinrich von Tirol-Görz im Jahr 1335 starb, zog Kaiser Ludwig Kärnten und Tirol als freigewordene Reichslehen ein und belehnte die Habsburger – dem Übereinkommen gemäß – mit Kärnten und dem südlichen Tirol. Das nördliche Tirol schlug Ludwig zu Bayern. Die Habsburger konnten aber nur Kärnten in ihren Besitz nehmen. Am Vordringen nach Tirol wurden sie von der zur Verteidigung aufgebotenen Bevölkerung gehindert. Und auch die bayerischen Angriffe auf das Inntal wurden abgewehrt.

Die luxemburgische Herrschaft in Tirol war dennoch von kurzer Dauer. Die Ehe der Fürstenkinder war alles andere als glücklich, und die Tiroler Adelsherren fühlten sich durch die Einsetzung von Günstlingen aus Luxemburg und Böhmen in wichtigen Tiroler Machtstellungen brüskiert. Eine erste Adelsverschwörung scheiterte, doch Anfang November 1341 gelang es, den fremden Fürsten im Einverständnis mit Landesherrin Margarethe aus dem Land zu vertreiben. Schon vorher hatten sich die maßgeblichen Tiroler Landherren in München davon überzeugen lassen, dass eine Verbindung mit Bayern, die man erst sechs Jahre vorher heftig bekämpft hatte, doch nicht das Schlechteste für sie und das Land wäre. Kaiser Ludwig sparte nicht mit Geschenken und Versprechungen und hatte einen neuen Gemahl für Margarethe anzubieten: seinen ältesten Sohn, Markgraf Ludwig von Brandenburg. Darüber, dass Margarethe von Tirol-Görz bereits verheiratet war, setzte man sich einfach hinweg. Die Kinderlosigkeit und Margarethes durchaus glaubhafte Behauptung, die Ehe sei nicht vollzogen, sollten Gründe genug sein.

Bevor Kaiser Ludwig der Bayer und sein Sohn mit großem Gefolge nach Tirol zogen, stellten sie, um den Tiroler Adel vollends auf ihre Seite zu ziehen, eine Urkunde aus, die als der „Große Freiheitsbrief" in die Geschichte Tirols eingehen sollte. Die darin enthaltenen Zugeständnisse und die Versicherung, keine fremden Räte und Amtsträger

*Eine der wichtigsten Urkunden aus der Geschichte Tirols: Margarethe Maultasch und ihre Räte
als Vertreter der Bevölkerung besiegeln die Übergabe Tirols an die Habsburger.*

ins Land zu holen, dürften den Wittelsbachern leicht gefallen sein, sie hatten wohl gar
nicht die Absicht, sich später daran zu halten. Dass sie ihre adeligen Anhänger in Tirol
belohnen mussten, dürfte auch zu verschmerzen gewesen sein. Schwerer wogen die
rechtlich-moralischen Probleme, die mit der am 10. Februar 1342 in Meran geschlossenen Ehe Margarethes mit Ludwig dem Brandenburger verbunden waren.
Doch der Kaiser achtete auf keine kritische Stimme und riskierte selbst den Bannfluch
des Papstes. Er stand auf dem Höhepunkt seiner Macht. Noch konnte er nicht wissen,
dass die Tiroler Heirat den Niedergang seines Hauses eher beschleunigte. Sie bot den
Feinden des bayerischen Kaisers die Möglichkeit, gegen den allzu mächtigen Wittelsbacher Stimmung zu machen und 1346 die Wahl des Luxemburgers Karl zum Gegen-
könig durchzusetzen. Dieser tauchte mit einem Heer in Tirol auf, brannte Bozen und
Meran nieder und belagerte das von Margarethe Maultasch verteidigte Tiroler Stammschloss. Vergebens. Denn inzwischen war es Ludwig dem Brandenburger gelungen,
seine Herrschaft in Tirol zu festigen.
Letztlich mussten die Luxemburger nachgeben und Karl IV., inzwischen gekrönter Kaiser,
belehnte Ludwig den Brandenburger mit Tirol, das dieser – während er Brandenburg und
Niederbayern seinen Brüdern überließ – zusammen mit Oberbayern selber regierte. Die

Geburt des Sohnes Meinhard III. sicherte, wie es schien, die Erbfolge und damit die zukünftige Verbindung der beiden Nachbarländer.

Das erste Jahrzehnt unter bayerischer Herrschaft war für Tirol eine schreckliche Zeit gewesen. Schuld daran war zum Teil die maßlose Politik Kaiser Ludwigs des Bayern, die nicht nur dem Fürstenpaar, sondern dem ganzen Land den Bannspruch des Papstes eingetragen und Krieg, Verwüstung und Unheil heraufbeschworen hatte; zum anderen suchten verheerende Katastrophen das Land heim: Überschwemmungen, Heuschreckenschwärme, die Pest. Kein Wunder, dass die verängstigte Bevölkerung darin ein Strafgericht Gottes für die ehebrecherische Verbindung ihrer Landesfürstin sah. Die Propaganda der Feinde tat ein Übriges. Ihr wenig schmeichelhafter, erst später üblich gewordener Beiname „Maultasch" ist am ehesten als Schimpfwort in der Bedeutung „böses Weib" zu erklären. Als man es nicht mehr verstand, kam die Meinung auf, die Fürstin hätte einen missgestalteten Mund gehabt. Doch davon berichten zeitgenössische Quellen nichts. Im Gegenteil: Einmal wird die Gräfin Margarethe sogar als „überaus schön" beschrieben.

Anfang der fünfziger Jahre normalisierten sich die Verhältnisse. Der bayerische Herzog, der sich viel in Tirol aufhielt, förderte das Wirtschaftsleben auf dem Land und in den Städten, die Tiroler konnten mit seiner Herrschaft zufrieden sein. Auch die Adelsherren, von denen einige in den vierziger Jahren rebelliert hatten, nahmen nun hin, dass die höchsten Ämter in Tirol fast nur mit bayerischen Gefolgsleuten besetzt wurden.

Durch Vermittlung des Herzogs Albrecht II. von Habsburg kam es 1359 zur kirchlichen Ungültigkeitserklärung von Margarethes erster Ehe. Das Fürstenpaar konnte kirchlich getraut werden. Die Zeit des Interdikts für Tirol war vorbei. Die Habsburger hatten sich freilich nicht ganz selbstlos um eine Einigung zwischen dem Papst und den Wittelsbachern bemüht. Sie ließen sich dafür mit neuen verwandtschaftlichen Bindungen und Erbverträgen belohnen. Ludwigs und Margarethes Sohn Meinhard III. heiratete Margarethe von Österreich, die Tochter Herzog Albrechts II. Darüber hinaus vermachte Margarethe Maultasch den Herzögen von Österreich die Grafschaft Tirol für den Fall, dass sie selbst, ihr Gemahl und beider Sohn Meinhard ohne Leibeserben

Phantasiebildnis der Margarethe Maultasch aus dem 16. Jahrhundert, das bereits von der Legende ihres angeblich missgestalteten Mundes beeinflusst ist.

Siegel Meinhards III., des früh verstorbenen Erben Tirols und Oberbayerns. Er war der Sohn des Wittelsbachers Ludwig von Brandenburg und der Margarethe Maultasch; sein Wappen vereinigt – wie schon das seines Vaters – den Tiroler Adler mit dem bayerischen Rautenschild.

stürben. Diese für das weitere Schicksal Tirols nicht unwichtige Urkunde, deren Gültigkeit später von den Wittelsbachern nicht anerkannt wurde und deren Echtheit auch heute von einigen Forschern bezweifelt wird, ist in München an dem Tag ausgestellt, an dem der Schlussakt des kirchlichen Prozesses, die Absolution und Trauung des tirolischen Fürstenpaares, begangen wurde. Herzog Rudolf IV. von Österreich, nach dem Tod Albrechts II. (1358) das neue Oberhaupt des Hauses Habsburg, war bei den Zeremonien anwesend und nahm das Schriftstück, dessen Bedeutung damals wohl niemand erahnen konnte, gleich nach Wien mit.

Die Wende im weiteren Schicksal Tirols kam unerwartet: Herzog Ludwig verstarb im September 1361 im Alter von 47 Jahren. Neuer Herrscher über Tirol und Oberbayern war sein Sohn Meinhard III., ein schwächlicher, in München und Landshut, zeitweise in Wien erzogener Knabe von kaum 18 Jahren. Er wurde von bayerischen Adeligen in München und auf verschiedenen Burgen festgehalten und an der freien Ausübung der Regierung behindert. Da traten im Sommer des Jahres 1362 in Bozen Vertreter des Tiroler Adels und der vier wichtigsten Städte (Bozen, Meran, Innsbruck und Hall) zusammen und sandten eine Botschaft an ihren jungen Landesfürsten. Sie luden „ihren lieben gnädigen Herrn" dringend ein, nach Tirol zu kommen.

Tatsächlich floh Meinhard im Oktober 1362 aus München und trat seine angestammte Herrschaft in Tirol an. Sein früher Tod wenige Monate später bot den Habsburgern die Möglichkeit, in Tirol einzugreifen. Der österreichische Herrscher war von Habsburgerfreunden im Land oder von seiner Schwester, die mit Meinhard III. verheiratet war, offenbar schon frühzeitig über den schlechten Gesundheitszustand des jungen Fürsten informiert worden. Denn als dieser am 13. Jänner 1363 starb, war Herzog Rudolf IV., der den Beinamen „der Stifter" trägt, bereits auf dem Weg nach Tirol.

Nach einer Woche schwieriger Verhandlungen stellten Margarethe Maultasch und ihre Räte am 26. Jänner 1363 eine neue Urkunde aus, in der sie das Land an die habsburgischen Brüder übergeben. Aus dem Dokument geht hervor, dass es sich nicht um ein Geschenk, ein Geschäft oder eine Erbschaftsangelegenheit unter fürstlichen Verwandten handelte, sondern dass sich die Sprecher der Tiroler Bevölkerung aus freiem Entschluss der Herrschaft Österreichs anschließen wollten, weil sie es als das Beste für die Zukunft ihres Landes erachteten. Maßgeblich dürfte gewesen sein, dass Österreich bereits aus mehreren, nach innen einigermaßen selbständigen Ländern bestand.

Die Vertreter des Volks, die auf der Urkunde ihre Siegel anbrachten, kamen natürlich nur aus den oberen Ständen. Doch in den folgenden Monaten huldigten ganze Städte und Versammlungen aller Stände dem österreichischen Herzog als dem neuen Landesherrn, was Rudolf IV. als besondere Legitimation seiner Herrschaft mehrmals betonte.

Während die Habsburger also rasch zugriffen und ihre Ansprüche durchsetzten, waren die Wittelsbacher mit hausinternen Nachfolgeproblemen so sehr beschäftigt, dass sie ihre Chancen in Tirol nicht wahrnehmen konnten. Erst vom Sommer 1363 an versuchten sie mehrmals vergeblich, Tirol mit Waffengewalt in ihren Besitz zu bringen.

Im September 1363 verzichtete Margarethe Maultasch auf die im Jänner noch ausbedungenen Regierungsgeschäfte und verließ Tirol. Sie starb 1369 in Wien. Tirol war österreichisch geworden, was die bayerischen Herzöge im Jahre 1369 im Frieden von Schärding anerkennen mussten.

Selbständig im Zentrum des Reichs

Von Friedl mit der leeren Tasche bis Kaiser Maximilian

Der Anschluss Tirols an Österreich bedeutete kein Aufgehen im ausgedehnten habsburgischen Herrschaftskomplex. Denn nach dem Tod Herzog Rudolfs IV. (1365) hielten sich seine jüngeren Brüder Albrecht und Leopold nicht an die habsburgische „Hausordnung", die eine gemeinsame Regierung vorsah, sondern teilten ihre Länder entsprechend Bedeutung und Einkünften. Albrecht III. übernahm die Herrschaft im Herzogtum Österreich (ober und unter der Enns). Leopold III. überließ er alles Übrige: die Steiermark, Kärnten, Krain, Istrien, Tirol, Herrschaften in Vorarlberg und die habsburgischen Stammlande in der Schweiz und am Oberrhein.

Als Leopold 1386 bei Sempach im Kampf gegen die Schweizer Eidgenossenschaft zu Tode kam, waren die österreichischen Länder für einige Zeit wieder unter einem Herrscher vereint, da alle erbberechtigten Söhne Leopolds minderjährig waren. Nach jahrelangen Streitigkeiten und Zwischenregelungen kam es 1406 zu einer Dreiteilung. Dabei erhielt Friedrich IV., der jüngste Sohn Leopolds, die selbständige Regierung von Tirol und den Vorlanden, wie man die habsburgischen Herrschaften jenseits des Arlbergs nannte. Die „Albertiner" regierten die „niederösterreichischen" Länder an der Donau mit Regierungssitz Wien, und Graz wurde zur Residenzstadt „Innerösterreichs", zu dem die Steiermark, Kärnten, Krain und Istrien gehörten.

Herzog Friedrich IV. unterwirft sich 1415 am Konstanzer Konzil König Sigismund, der vorher die Reichsacht über ihn ausgesprochen hatte. Darstellung aus der Konzilschronik des bei dem Ereignis selbst anwesenden Ulrich von Richental.

Herzog Friedrich IV., der erste „Tiroler Habsburger", war mehrmals in Gefahr, seine Länder zu verlieren. 1415 verhalf er am Konzil zu Kostanz dem abgesetzten Gegenpapst Johannes XXIII. zur Flucht und verstrickte sich damit in einen Konflikt mit Konzil, Reichstag und König Sigismund, wurde geächtet, seiner Länder für verlustig erklärt und nach der Unterwerfung eingesperrt. Doch er konnte fliehen und sich in Tirol behaupten. Dass er in den Zeiten ärgster Erniedrigung von den Feinden den Spottnamen „Friedl mit der leeren Tasche" erhalten habe, wird von der Forschung ins Reich des Mythos verwiesen. Der Beiname tauchte erst später auf. Fest steht, dass Friedrich IV. nach Überwindung aller Gegner bis zu seinem Tod im Jahr 1439 in Frieden regierte und auf eine wohlgefüllte Schatzkammer zurückgreifen konnte.

Sein Sohn Sigmund, der die Tiroler Linie der Habsburger fortsetzte, erhielt ebenfalls einen prägnanten, jedoch missverständlichen Beinamen. Er wird „der Münzreiche" genannt, obwohl er in maßloser Prunksucht die reichen Einnahmen des Landes verschwendete und es fast in den Ruin stürzte. Dennoch ist der Beiname wegen der Leistung Sigmunds in der Münzprägung gerechtfertigt.

Das „Goldene Dachl" an Innsbrucks erstem Residenzgebäude erinnert nicht, wie es der Mythos will, an den ersten „Tiroler Habsburger" Friedl mit der leeren Tasche, der mit einer solchen Zurschaustellung seines Reichtums die Gegner blamieren habe wollen, sondern an Kaiser Maximilians zweite Hochzeit. Der Herrscher ist auf den Reliefs der Balkonbrüstung zweimal zu sehen.

Tirol und die Vorlande hatten nicht nur einen eigenen Fürsten, sondern auch eine eigene Regierung, deren Organisation zu Beginn des 15. Jahrhunderts noch sehr einfach war. Herzog Sigmund – nach 1477 trug er den Titel Erzherzog – erneuerte und erweiterte das Ämter- und Behördenwesen. Der Rat, die Kanzlei und die Kammer (für Finanzangelegenheiten) bildeten zusammen das Regiment. Bis ins 15. Jahrhundert hinein war der Landesfürst mit seinen Amtsträgern von Ort zu Ort gezogen. Je umfangreicher Regierungs- und Verwaltungsgeschäfte wurden, desto notwendiger war eine ständige Residenz. Meran mit dem Tiroler Stammschloss war zu abgelegen. So wurde das verkehrsgeographisch günstiger gelegene Innsbruck um 1420 Residenzstadt und Regierungssitz.

Dem habsburgischen Länderverband anzugehören, hatte für Tirol nicht nur den Vorteil der relativen Selbständigkeit. Das Land hatte den Habsburgern auch weiträumige politische, wirtschaftliche und kulturelle Verbindungen zu verdanken. Das hängt mit den verwandtschaftlichen Beziehungen und der Machtausdehnung dieser Dynastie zusammen, aber auch mit der Tatsache, dass sich das von Innsbruck aus regierte Territorium vom bayerischen Alpenvorland bis an den Rand der Poebene und im Westen bis ins Elsass und an die Grenzen Burgunds erstreckte. Die habsburgischen Stammgebiete im schwäbischen Südwesten des Reichs, die so genannten „Vorlande" oder „Vorderösterreich" (diese Bezeichnung ist seit dem 16. Jahrhundert üblich), waren für Tirol durch Jahrhunderte von besonderer Bedeutung. Es gab intensive Kontakte in Wirtschaft, Kultur

Kaiser Maximilian I., seit 1490 Tiroler Landesfürst, porträtiert von Bernhard Strigel.

und Verwaltung, was auch zu einem regen Bevölkerungsaustausch führte.

Unter den Habsburgern wurde Tirol auch zu einer Plattform europäischer Politik. Für Rudolf IV. ergaben sich durch den Besitz Tirols günstige Voraussetzungen, sich in die italienische Politik einzuschalten. Die „Tiroler Habsburger" Friedrich IV. und Sigmund wandten sich vor allem dem Westen zu. So war Sigmund – selbst mit der schottischen Königstochter Eleonore aus dem Haus Stuart vermählt – die treibende Kraft bei den Verhandlungen um eine Ehe des jungen Maximilian von der steirischen Linie der Habsburger mit der burgundischen Fürstentochter Maria. Mit dieser Heirat begann der Aufstieg des Hauses Österreich zur Weltmacht.

Als 1490 Maximilian I. vom alten Erzherzog Sigmund, der ohne erbberechtigte Söhne geblieben war, Tirol und die Vorlande übernahm und bald darauf alle habsburgischen Länder unter seinem Szepter vereinte, kam Tirol eine gewisse Sonderstellung zu. Denn für Maximilian, dessen Herrschafts- und Interessengebiete von der Schweiz bis auf den Balkan, von den Niederlanden bis nach Italien reichten, dessen Ehe- und Bündnispolitik darüber hinaus Spanien und England, ja sogar Russland mit einbezog, für diesen Herrscher voll weitgespannter Pläne war Tirol geradezu das natürliche Zentrum seiner Regierung. Außerdem hegte der König und (seit 1508) Kaiser eine besondere Vorliebe für das Land, das er gerne auf seinen Jagdabenteuern durchstreifte. Innsbruck wurde zu einem bevorzugten Aufenthaltsort des Herrschers, und er bestimmte die Stadt zur ständigen Residenz seiner zweiten Gemahlin Bianca Maria Sforza aus Mailand.

Zu Maximilians Zeiten war Tirol deshalb ein Hauptziel europäischer Diplomaten. Der König und seine Berater trafen sich hier mit Fürsten, Würdenträgern und Delegationen großer Mächte und kleiner Staaten. In Verhandlungen mit Vertretern Spaniens, Frankreichs, Englands, Venedigs, Mailands, Ungarns, des türkischen Sultans, des russischen Großfürsten und des Papstes wurde europäische Politik gemacht. Maximilian hielt in Tirol regelrechte europäische Kongresse ab, die er durch Turniere, Jagdausflüge und andere Vergnügungen aufzulockern verstand.

Im Zusammenhang mit seinen Bestrebungen, Regierung und Verwaltung des Reichs neu und besser zu organisieren, hatte Maximilian Innsbruck als Standort für zentrale Ämter ausersehen. Seine Pläne scheiterten aber am Widerstand der Reichsfürsten. Innsbruck wäre sonst vielleicht zur deutschen Reichshauptstadt geworden. Auch die bereits begonnene Errichtung gemeinsamer Amts- und Regierungsstellen für alle österreichischen Länder in Innsbruck blieb in den Anfängen stecken. Immerhin war im Jahr 1518 die Tiroler Hauptstadt Schauplatz des ersten österreichischen „Generallandtags", auf dem 70 Ständevertreter aus allen habsburgischen Ländern über die Türkengefahr und andere Fragen von gemeinsamem Interesse berieten. Die Tiroler bekannten sich trotz ihrer Bemühungen um Selbständigkeit zu dieser Ländergemeinschaft und trugen viel zu ihrer

Festigung bei, nicht zuletzt durch ihre regulären Steuern, die höher waren als die anderer Länder, und durch beträchtliche Sonderleistungen zur Abwehr der Türken.

Was den Kriegsdienst betrifft, verpflichtete Maximilian die Tiroler zwar zur Verteidigung ihrer Heimat, befreite sie jedoch ausdrücklich von jedem Zwang, außerhalb des Landes zu kämpfen. Dieses „Landlibell" von 1511 trug wesentlich zur Festigung der Tiroler Sonderstellung innerhalb der österreichischen Länder bei. Wenn Tiroler in den folgenden Jahrzehnten und Jahrhunderten für ihren Landesherrn und Kaiser an ferne Kriegsschauplätze zogen, so taten sie es freiwillig. Wegen der strategisch wichtigen Lage des Landes, der leistungsfähigen Innsbrucker Rüstungsindustrie und nicht zuletzt wegen der Zuverlässigkeit der Tiroler richtete Maximilian, der überall in Europa Kriege führte, gerade hier sein größtes Waffenlager ein. Mit dem Kriegsmaterial, das im dafür erbauten Zeughaus aufbewahrt wurde, konnte ein ganzes Söldnerheer ausgerüstet werden.

Dass die Tiroler die Kriege der Habsburger mitfinanzieren mussten und in Feindschaften hineingezogen wurden, die ihren ureigensten Interessen widersprachen, war einer der Nachteile der Verbindung mit dem habsburgischen Imperium. So schädigten die unter Sigmund und Maximilian geführten Kriege gegen die Republik Venedig den lebenswichtigen Transithandel, dessen südlicher Zielpunkt ja Venedig war. Zwischen 1508 und 1516 standen jedes Jahr fast 10.000 Tiroler unter Waffen, denn die Rückschläge der kaiserlichen Kriegsführung machten eine Verteidigung der Landesgrenzen notwendig.

Auch in die „Erbfeindschaft" zwischen den Habsburgern und den Eidgenossen wurden die Tiroler verwickelt. 1386 waren 40 Tiroler Edelleute in der Schlacht bei Sempach an der Seite des Landesfürsten Leopold III. gefallen. Später mussten auch die Tiroler Bauern gegen ihre Schweizer Standesgenossen zum Kampf antreten. Im Krieg von 1499, der Reichsrechte in der Schweiz durchsetzen sollte, erlitten die Tiroler bei Glurns eine verheerende Niederlage. 4000 bis 5000 Leichen sollen auf dem Schlachtfeld geblieben sein. Anschließend plünderten und verwüsteten die Sieger den Vinschgau bis nach Schlanders hinunter.

Bei der Neuorganisation der Tiroler Regierung und Verwaltung setzte Maximilian Erfahrungen um, die er in Burgund gewonnen hatte. Das „Tiroler Regiment" galt als das Muster einer modernen Staatsverwaltung. Der Herrscher übertrug viele von diesem lokalen Regierungskollegium ausgearbeitete Gesetze und Ordnungen auf seine anderen Länder. Auf dem Umweg über die spanischen Habsburger gelangte manches Tiroler Gesetzeswerk sogar nach Übersee, zum Beispiel die Schwazer Bergwerksordnung, die in vielen amerikanischen Bergwerken Geltung hatte.

Blick in den Hof des von Maximilian in Innsbruck errichteten Zeughauses, wo eine Unmenge von Kriegsmaterial lagerte. Die Darstellung stammt vom Hofmaler Jörg Kölderer.

Die weitgespannten Verbindungen seiner Landesfürsten ließen manchen Tiroler zum weltgewandten Diplomaten werden. Einer der wichtigsten Bevollmächtigten Maximilians auf der Ebene europäischer Politik war der vom Bauernsohn aus Anras im Pustertal zum kaiserlichen Rat aufgestiegene Florian Waldauf, geadelt „von Waldenstein". Er vermittelte unter anderem 1491 den Frieden mit Ungarn und verhandelte 1495 in Spanien über eine Heirat von Maximilians Sohn Philipp mit Prinzessin Juana. Auch Maximilians treueste Sekretäre waren Tiroler: Cyprian von Sarnthein, der Sillianer Blasius Hölzl und der Mühlauer Plattnersohn Marx Treitz, genannt Saurwein, den Maximilian als Geheimschreiber und Hofpoeten „in kein weg nit entbehrn" wollte.

Die ersten habsburgischen Landesfürsten waren für Tirol in einer weiteren Hinsicht wichtig: Unter ihrer Herrschaft erhielt das Land seine Grenzen, die jahrhundertelang nicht mehr verändert wurden. Schon die Brüder und Neffen Rudolfs IV. hatten die Südostflanke Tirols gesichert, indem sie die Talschaft Primiero und die Valsugana gewannen. Unter Maximilian I. kam das Gebiet von Ampezzo zu Tirol. Wichtiger war noch, dass er nach dem Aussterben der Görzer Grafen (1500) die Herrschaft Lienz und das Pustertal mit Tirol vereinte und 1504 mit der Erwerbung der bayerischen Gerichte Kufstein, Kitzbühel und Rattenberg das Land im Nordosten vergrößerte.

Das Geschlecht der Grafen von Görz hatte Mitte des 13. Jahrhunderts über weite Teile des

Das prächtige Grabmal des letzten Görzer Grafen Leonhard in der Lienzer Pfarrkirche St. Ändrä, mit dem sich Maximilian I. wohl für die reiche Erbschaft bedankte. Geschaffen hat es in allerhöchstem Auftrag der Innsbrucker Bildhauer Christoph Geiger.

Pustertales, Oberkärntens und Frauls geherrscht, zudem gab es Görzer Besitzungen in Krain und auf Istrien. Als die Dynastie durch Heirat in den Besitz Tirols kam, teilte Meinhard II. das damit immens angewachsene Gebiet 1271 mit seinem Bruder Albert II., der die Herrschaft Lienz (mit den Gerichten Virgen, Defereggen und Kals), das Pustertal und die görzischen Gebiete in Friaul behielt. Es gelang Albert und seinen Nachfolgern – gleich wie den Verwandten in Tirol –, ihre Herrschaftsrechte zur vollen Landeshoheit auszubauen. Als Leonhard von Görz 1462 die Regierung antrat, konnte man noch nicht ahnen, dass er der Letzte seines Geschlechts sein würde. Vergeblich erhoffte er sich einen Erben von der jungen Gattin Paola Gonzaga aus Mantua, die – von einem der kulturell führenden Fürstenhöfe Italiens kommend – einen Hauch Renaissance ins mittelalterliche Schloss Bruck bei Lienz brachte. Als Haupt- und Residenzstadt der Görzer erlebte Lienz damals eine kurze wirtschaftliche und kultuelle Blütezeit. Schon im Jahr 1500 war alles vorbei. Leonhard starb ohne Kinder, König Maximilian I. trat das Erbe an. Die Görzer Lande wurden aufgeteilt, die Herrschaft Lienz kam nach dem Willen der dortigen Ständevertreter zu Tirol.

Die Erwerbung des Tiroler Unterlandes wurde durch einen internen Erbstreit der Wittelsbacher möglich, in

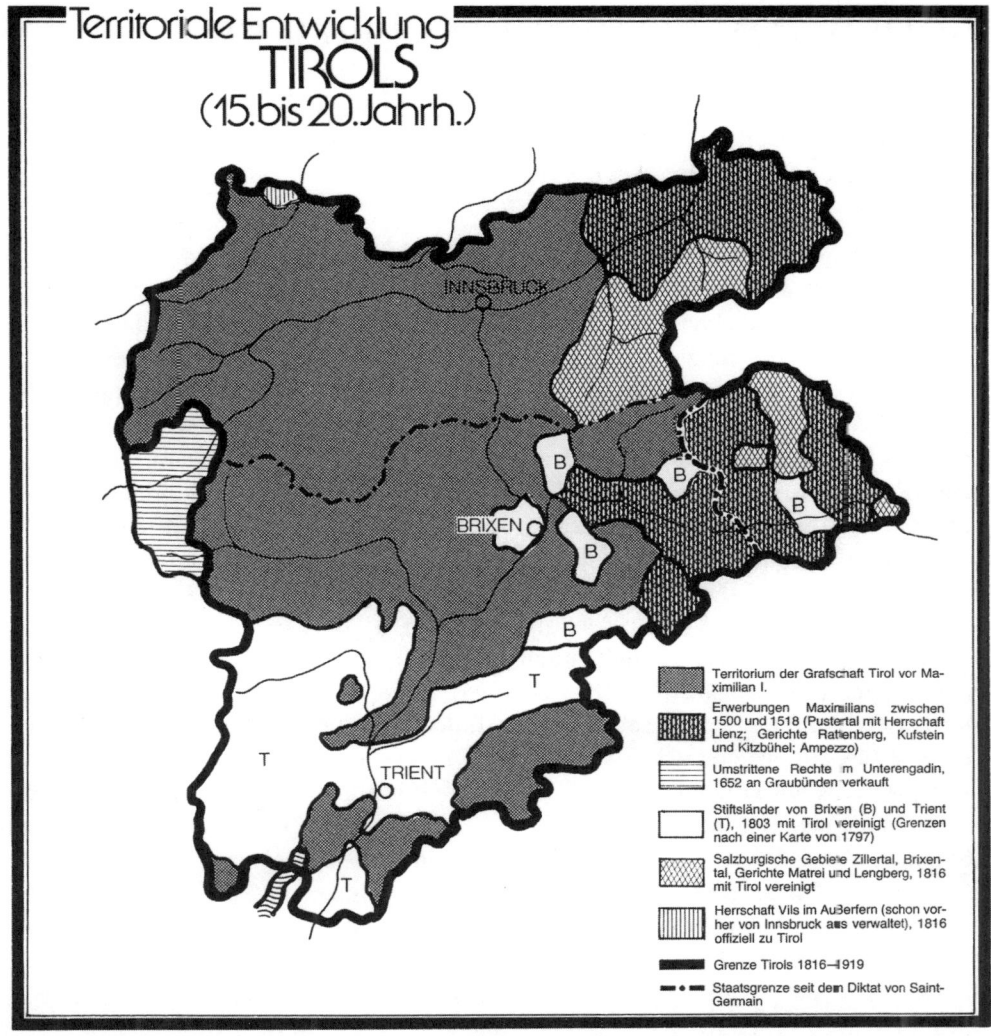

Territoriale Entwicklung
TIROLS
(15. bis 20. Jahrh.)

Territorium der Grafschaft Tirol vor Maximilian I.

Erwerbungen Maximilians zwischen 1500 und 1518 (Pustertal mit Herrschaft Lienz; Gerichte Rattenberg, Kufstein und Kitzbühel; Ampezzo)

Umstrittene Rechte im Unterengadin, 1652 an Graubünden verkauft

Stiftsländer von Brixen (B) und Trient (T), 1803 mit Tirol vereinigt (Grenzen nach einer Karte von 1797)

Salzburgische Gebiete Zillertal, Brixental, Gerichte Matrei und Lengberg, 1816 mit Tirol vereinigt

Herrschaft Vils im Außerfern (schon vorher von Innsbruck aus verwaltet), 1816 offiziell zu Tirol

Grenze Tirols 1816—1919

Staatsgrenze seit dem Diktat von Saint-Germain

den er auf Ersuchen der Münchener Linie des Geschlechts eingriff, dessen Oberhaupt Herzog Albrecht IV., Maximilians Schwager, war. Die reichen Unterinntaler Gerichte hatte der König als Belohnung für seine Hilfe verlangt, musste Kufstein aber erst erobern, da Festungskommandant Hans Pienzenauer, ein treuer Gefolgsmann der Landshuter Wittelsbacher, diese wichtige Bastion nicht aufgeben wollte. Das grausame Strafgericht Maximilians über die Besiegten erregte in ganz Deutschland nicht weniger Aufsehen als vorher die erfolgreiche Beschießung der als uneinnehmbar geltenden Festung durch des Königs moderne Artillerie, die er auf dem Inn von Innsbruck herbeischaffen hatte lassen. Nach den Neuerwerbungen im Osten des Landes grenzte Tirol auf weite Strecken an das geistliche Fürstentum Salzburg, zu dem das Brixental sowie südlich des Felbertauern Matrei, Teile des Defereggentales und Lengberg im Drautal unterhalb Lienz gehörten.

29

Seit wann haben die Tiroler demokratische Rechte?

Vom „Großen Freiheitsbrief" zum Landtag: Die Entwicklung
des Mitspracherechts der Bevölkerung im 14. und 15. Jahrhundert

Neben einer gewissen Selbständigkeit innerhalb Österreichs gehört die Entwicklung
eines Mitspracherechts der Bevölkerung bei der Regierung des Landes zu den stets her-
vorgehobenen Besonderheiten der Geschichte Tirols. Allerdings sollte man, wie wir gleich
sehen werden, vom Schlagwort der „ältesten Festlanddemokratie" Abschied nehmen.
Im Streit der Fürstenhäuser um Tirol, der zwischen 1335 und 1363 ausgetragen und
durch die Verbindung des Landes mit Österreich beendet wurde, hatten sich alle Parteien
stets des Wohlwollens und der Hilfe maßgeblicher Tiroler zu versichern gesucht. So
kam es zu schriftlich festgehaltenen Versprechungen. Die berühmteste Urkunde dieser
Art wurde 1342 von den Wittelsbachern ausgestellt und wird als „Großer Freiheitsbrief"
bezeichnet. Sie enthält die Zusage, die bestehenden Rechte des Landes zu wahren, keine
Steuern ohne Rat und Bewilligung der „Landleute", also der Sprecher der Bevölkerung,
festzusetzen und das Land nach dem „Rat der Besten" zu regieren. Der neue Landesfürst Ludwig versprach dies – mit Zustimmung seines kaiserlichen Vaters – nicht nur dem
Adel und den „Gotteshäusern" (Klöstern und Stiften), sondern auch den „Städten,
Dörfern und Märkten" sowie „allen Leuten, Edlen und Unedlen, Reichen und Armen".
Adressat des „Freiheitsbriefes" war trotz dieser Formulierung, die man floskelhaft in
vielen bayerischen Urkunden dieser Zeit findet, eindeutig der Adel, den die Wittelsbacher brauchten, um ihre Herrschaft in Tirol zu etablieren. Also keine rühmenswerte
„Magna Charta" der Tiroler Demokratie? Tatsächlich bedeutete das Dokument in der
Praxis wenig: Die unteren Stände wurden – von Ausnahmen abgesehen – auch weiterhin nicht um ihre Meinung gefragt. Völlig abwerten wird man den „Freiheitsbrief" von
1342 dennoch nicht dürfen, da er seine Wirkung bei der Entwicklung der landständischen Verfassung Tirols nicht verfehlt zu haben scheint und man sich später bei Beschwerden und Forderungen stets auf die „alten Freiheiten" berief.
Früher als die Bauern konnten sich die Städte bei den Herrschenden Gehör verschaffen.
Ihre wirtschaftliche und machtpolitische Bedeutung war um die Mitte des 14. Jahrhunderts nicht mehr zu übersehen. Und die Vertreter der zahlenmäßig kleinen Bürgerge-
meinden, meist gewählte Bürgermeister, sahen sich ganz selbstverständlich als Teil der
„gesamten Landschaft". So bezeichneten sich 1363 die Ständevertreter anlässlich der
Übergabe Tirols an die Habsburger.
Um 1400 schlitterte Tirol in eine innere Krise. Der Adel sah seine Stellung durch neue
gesellschaftspolitische und wirtschaftliche Tendenzen bedroht, stand auf der einen Seite
einem erstarkenden Landesfürstentum gegenüber und auf der anderen der aufstrebenden
Bürgerschaft der Städte und einem Bauernstand, der nicht zuletzt mit Blick auf die Erfolge der Schweizer Standesgenossen die Einhaltung altverbriefter Rechte forderte. Tatsächlich verbesserten die damals gemeinsam regierenden habsburgischen Brüder Friedrich IV. und Leopold IV. im Jahr 1404 in einer Landesordnung die ohnehin gute Rechts-

Älteste Darstellung einer Tiroler Ständeversammlung (aus Burgklechners Geschichtswerk „Tiroler Adler", 1611). Rechts die oberen Stände Adel und Klerus, im Vordergrund die Bürger und Bauern. Auf dem Thron sitzt der Landesfürst, der Kanzler verliest gerade eine Erklärung.

stellung der Bauern gegenüber ihren kirchlichen und adeligen Grundherren noch weiter. So gelang es 1406 den nach Tirol eingebrochenen Appenzeller Bauernscharen auch nicht, die Landbevölkerung aufzuwiegeln.

Mehr noch, die Bürger und Bauern waren es, die Herzog Friedrich, der 1406 allein die Regierung übernommen hatte, in den folgenden Zeiten äußerer Gefährdung und innerer Wirren nach Kräften unterstützten. Dass der Landesfürst letztlich den Adel in seine Schranken weisen konnte, kam auch den unteren Ständen sehr zugute. Nur ein starker Landesfürst konnte ihre wirtschaftliche und soziale Entwicklung fördern, ihre Freiheit und politischen Rechte gegenüber der feudalen Oberschicht garantieren. Das Bündnis zwischen dem Herrscher und seinen Untertanen in Stadt und Land hat beiden genützt. Friedrich war sich der Bedeutung dieser Stütze seiner Herrschaft bewusst, Bürger und Bauern standen in seiner Gunst. Und so festigte sich in der ersten Hälfte des 15. Jahrhunderts die so genannte „Landstandschaft" der Bauern, was nichts anderes heißt, als dass auch die Landbevölkerung im Landtag vertreten war. Für die häufiger werdenden Versammlungen der Ständevertreter entwickelten sich allmählich feste Regeln. Beim Meraner Landtag von 1423 wurde erstmals zur Beratung der zur Debatte stehenden Gegenstände ein „Ausschuss" gebildet, dem 18 Mitglieder der Ritterschaft, also des Adels, und 18 Mitglieder der Städte, Märkte und Landgemeinden angehörten.

Ihre volle Ausformung erreichte die landständische Verfassung erst unter Friedrichs Sohn Sigmund. An den Landtagen nahmen seit damals teil: aus dem Klerus oder Prälatenstand die Bischöfe von Brixen und Trient mit Domkapiteln und die Vertreter der Stifte; vom Adel alle Mitglieder der in den Matrikeln eingetragenen Familien; vom Bürgerstand ein oder zwei Vertreter jeder Stadt; vom Bauernstand ein bis drei „Boten" eines jeden Landgerichts, wobei die Bauern einen aus ihrer Mitte oder einen Gerichtsbeamten entsenden konnten. An der Spitze der Ständevertretung stand der „Hauptmann an der Etsch", später Landeshauptmann genannt.

„Offene" Landtage, zu denen alle stimmberechtigten Ständevertreter eingeladen wurden, gab es selten. Häufiger traten Ausschüsse zusammen, deren Zusammensetzung seit 1517 so geregelt war, dass alle vier Stände gleich stark waren. Ein „kleiner Ausschuss" fungierte als Rat des Landeshauptmannes. In der Regel begann die Tagung der Landstände damit, dass der Landesfürst oder sein Kanzler seine Forderungen oder Vorschläge vorlas, die dann im Plenum oder in Ausschüssen diskutiert wurden. Über das Ergebnis wurde Mann für Mann abgestimmt. Die Ständevertreter konnten auch ihrerseits Vorschläge, Bitten oder Beschwerden vorbringen.

Da es kein förmliches Recht auf Mitbestimmung gab, waren die Möglichkeiten der Landschaft von den Zeitumständen abhängig. Krisenzeiten waren dem landständischen Einfluss immer förderlich. Der Landesfürst war dann froh, wenn notwendige Maßnahmen von Vertretern der Bevölkerung mitbeschlossen und mitgetragen wurden. Oder der Landesfürst war in seiner Handlungsfähigkeit behindert. Dann konnte sich die Landschaft zur Übernahme der vollen Regierungsgewalt berufen fühlen.

Dies war zum Beispiel der Fall, als der junge Herzog Sigmund 1443 von seinem Vetter Friedrich (V. als habsburgischer Herzog, III. als König und Kaiser) in Graz festgehalten wurde, obwohl die vereinbarte Dauer der Vormundschaft zu Ende war. Die Landschaft übertrug die Regierung einem „geschworenen Rat", der in Meran seinen Sitz hatte und für rechtmäßige Zustände sorgen sollte. 1446 musste Friedrich nachgeben. Als Sigmund nach vierzigjähriger Regierungszeit zunehmend dem Einfluss auswärtiger Günstlinge erlag und seine Verschwendungssucht das Land gefährdete, schritten die Ständevertreter erneut ein. Sie setzten die Einberufung eines Landtags, die Ausweisung der „bösen Räte" und eine „Hof- und Regimentsordnung" durch, die den altersschwachen Landesfürsten an den Willen der Ständevertreter band.

Ein wichtiger Aufgabenbereich der Landstände war die Landesverteidigung. Das furcht-erregende Vordringen türkischer Einheiten bis nach Oberkärnten veranlasste Erzherzog Sigmund im Jahr 1478, nach Beratung mit den Ständevertretern eine „Zuzugsordnung" für eine wirkungsvolle Landesverteidigung zu erlassen. Darauf baut das von Maximilian 1511 erlassene „Landlibell" auf, ein Musterbeispiel für „demokratisches" Wehrwesen. Es enthält die Verpflichtung der gesamten Bevölkerung vom Bischof bis zum Bauernknecht, nach Kräften zur Verteidigung des Landes beizutragen, gleichzeitig aber das Privileg, dass kein Tiroler außerhalb der eigenen Landesgrenzen Kriegsdienste leisten muss.

Auf die alte landständische Verfassung Tirols darf man natürlich moderne Vorstellungen von Demokratie nicht anwenden. So hatte innerhalb der einzelnen Stände nicht jedermann dieselben Rechte. Dienstboten, Tagelöhner und andere Mittellose waren von jeder Mitsprache ausgeschlossen. Auch die Bergknappen saßen nicht im Landtag. Und doch: Weite Bevölkerungskreise hatten die Möglichkeit, in Landesbelangen mitreden. Und Bürger und Bauern konnten, wenn sie sich zusammentaten, durchaus etwas gegen die sonst viel einflussreicheren oberen Stände erreichen. Eine vergleichbare Position hatte die Landbevölkerung damals nur in wenigen Ländern.

DES KAISERS SCHATZKAMMER

Wirtschaftsblüte im 15. Jahrhundert

Tirol war im 15. Jahrhundert ein reiches Land. Man nannte es „Schatzkammer des Hauses Österreich" oder – unter Maximilian – „Geldkasten des Kaisers". In erster Linie war dies eine Folge des stark angewachsenen Durchzugshandels und des Gewinns, den man daraus ziehen konnte, vor allem aber des Bergsegens.

Der Bergbau bot auch der Landbevölkerung Verdienstmöglichkeiten, wenn die Ertragslage eines Hofes schlecht war. Knappen und Grubenbesitzer (Gewerken) aus dem Bauernstand waren keine Seltenheit. Geld verdienen konnte die Landbevölkerung auch in der Verkehrswirtschaft, etwa durch das Bereithalten und Führen von Vorspannpferden entlang besonders steiler Wegstrecken oder durch Erhaltungsarbeiten an den Straßen.

Bergwerksszene und Arbeit in einem Hammerwerk als Beispiele für jene frühen „Industriebetriebe", in denen die Schätze aus den Tiroler Bergen weiterverarbeitet wurden. Beide Darstellungen stammen aus dem um 1550 entstandenen „Schwazer Bergbuch".

Bedingt durch die allgemeine Wirtschaftsblüte und die steigenden Ansprüche besserer Kreise erreichte der Verkehr durch Tirol um 1500 gigantische Ausmaße. Ein Wagenzug nach dem anderen rollte über Reschen und Brenner, lange Kolonnen schwer beladener Saumpferde benützten die kleineren Pässe und Übergänge. Fast der gesamte Warenaustausch zwischen Venedig und Augsburg, zwischen Italien und Deutschland wickelte sich über Tirol ab. Und das Land war dafür bestens gerüstet. Es gab genügend Herbergen, Gasthäuser und Raststationen entlang der Straße, auf die Bedürfnisse des Verkehrsbetriebs eingestellte Handwerker und ein straff organisiertes Fuhrgewerbe.

Zölle und Mauteinnahmen brachten dem Landesfürsten reichen Gewinn. Dafür wurden die Straßen instandgehalten, jedoch kaum einmal neu trassiert. Eine Ausnahme war die Pioniertat des Bozner Kaufmanns Heinrich Kunter, der zu Beginn des 14. Jahrhunderts einen kühnen Weg durch die Eisackschlucht anlegen ließ; vorher hatte man den beschwerlichen Umweg über den Ritten machen müssen. Zu einer richtigen Fahrstraße wurde der Kuntersweg freilich erst Ende des 15. Jahrhunderts ausgebaut.

Firmen aus Tirol und Bayern spielten im alpenüberquerenden Handel eine eher bescheidene Rolle. Dafür schalteten sich ausländische Unternehmungen ein, zuerst Florentiner Bankiers, später die großen süddeutschen Handelshäuser. Es war ganz natürlich, dass sich an der Grenze der zwei Wirtschaftsräume Deutschland und Italien stark besuchte Handelsplätze herausbildeten. Im Inntal wurde nicht Innsbruck, sondern die Nachbarstadt

Hall zum überregionalen Handelszentrum mit regelmäßigen Märkten. Ein Grund dafür war, dass man bis Hall herauf den Inn als Verkehrsweg benützen konnte, ein anderer der Salzabbau. Haller Salz wurde nach Vorderösterreich, in die Schweiz, nach Oberitalien und auf Inn und Donau bis ans Schwarze Meer verfrachtet.

Als Handelsplatz noch bedeutender als Hall war Bozen, auch ein Flusshafen, denn die Etsch konnte von und bis Bozen mit Schiffen und Flößen befahren werden. Seit dem Ende des 12. Jahrhunderts gab es die Bozner Märkte zuerst zweimal, später viermal jährlich. Italienische und deutsche Kaufleute trafen sich hier; die einen boten die typischen Waren des Südens und die Luxusgüter des Orients, die anderen die Spezialitäten Deutschlands und des Nordens feil. Das rege Kaufgeschäft ließ auch Wechselbanken entstehen.

Der Kuntersweg durch die Eisackschlucht und der ältere Weg über den Ritten auf der Anich-Karte aus der zweiten Hälfte des 18. Jahrhunderts

Wirtschaftsfaktoren ersten Ranges waren für Trient und Brixen die fürstbischöflichen Höfe sowie für Innsbruck die landesfürstliche Residenz und der wachsende Regierungsapparat. Vor allem Innsbruck blühte auf, seit Friedrich IV. die Stadt zur Residenz erwählt hatte. Unter seinen Nachfolgern bot der personenreiche landesfürstliche Hofstaat mit seinen gehobenen Bedürfnissen und seiner magnetischen Anziehungskraft für den Adel wesentliche Impulse für viele Wirtschaftszweige. Die kaufkräftige Konsumentengruppe wurde noch vergrößert durch die steigende Zahl fix besoldeter Beamter.

Im frühen 15. Jahrhundert hatte die große Zeit des Tiroler Bergbaus begonnen. Bald wurde überall im Land nach allerlei wertvollen Erzen gegraben. Es gab hauptsächlich Silber und Kupfer, Zink, Blei und auch Eisen. Um 1500 zählte Tirol zu den reichsten Silber- und Kupferlieferanten Europas. Für die Ausbeutung der Gruben, das Schmelzen des erzhaltigen Gesteins und den Vertrieb sorgten einheimische und ausländische Unternehmer. Es gab kleine „Gewerken", die z. T. aus dem Bauernstand stammten und diesem auch verbunden blieben, aber auch bedeutende Tiroler Bergherren (z. B. die Tänzel, Fieger und Stöckl), die zu Ansehen, Reichtum und Adelstitel kamen, Schlösser kauften und die Künste förderten. Die wichtigsten Erzvorkommen gehörten dem Landesfürsten und wurden von diesem an ausländische Großunternehmer verpfändet, von denen die Baumgartner und die Fugger aus Augsburg die bedeutendsten waren. Die Firma Fugger, deren Handelsnetz ganz Europa umspannte, streckte den Habsburgern wahre Unsummen von Geld für Hofhaltung, Politik und Kriege vor und erhielt dafür als Rückzahlung samt Zins und Zinseszins die Tiroler Silberproduktion auf Jahre hinaus verpfändet. Nach 1515 zogen die Fugger auch den Kupferhandel an sich.

Zur Arbeit in den Gruben mussten am Anfang Knappen aus dem Ausland berufen werden, die Kenntnisse und Erfahrung mitbrachten. Später war es die steigende Produktion, die den Zustrom fremder Bergarbeiter notwendig machte. Aber auch viele arbeitslos gewordene Bauernknechte und Tagelöhner verpflichteten sich im Bergbau. Ob einheimisch oder von auswärts, die Knappen standen außerhalb des gesellschaftlichen Lebens der Bergwerksorte, ja oft überhaupt ohne jede Beziehung zur übrigen Bevölkerung. Die Zahl der um 1500 in Tirol arbeitenden Bergknappen ist nicht exakt anzugeben. Allein in und um Schwaz waren rund 11.500 Knappen und Hilfsarbeiter eingesetzt. Alle Tiroler Städte zusammen hatten nicht so viele Einwohner. Schwaz war das Zentrum des Tiroler Bergbaus und eine europäische Metropole der Silber- und Kupfergewinnung.

Die Tiroler Bodenschätze ermöglichten die Entstehung und Entwicklung leistungsfähiger Verarbeitungsbetriebe. Mehrere damit zusammenhängende gewerbliche Produktionszweige erlangten europäischen Ruf. So wurde Innsbruck unter Sigmund und Maximilian zum unübertroffenen Zentrum des Geschützgusses. Tiroler Gießer – wie der berühmte Gregor Löffler – waren europaweit ohne Konkurrenz und dementsprechend von Fürsten und Königen umworben. Überhaupt blühte die Rüstungsindustrie auf. Die in Innsbruck hergestellten Harnische waren konkurrenzlose Spitzenprodukten, daneben mussten die Plattner aber auch „grob arbeit" liefern, nämlich Massenware für die Ausrüstung der Landsknechtheere: einfache Brust- und Rückenpanzer, Helme, Arm- und Beinschienen und andere Schutzteile. Dafür wurden maschinelle Fertigungsmethoden ersonnen.

Der Silberreichtum Tirols erlaubte es den Landesfürsten schon früh, eine zielstrebige Finanz- und Münzpolitik zu betreiben. Unter Erzherzog Sigmund wurde die Münzstätte 1477 von Meran nach Hall verlegt. Sigmund „der Münzreiche" sorgte mit seiner Reform des Geldwesens für ein Umdenken in ganz Europa. In Hall wurde die große europäische Silbermünze, der Taler, „erfunden". Dem Goldgulden gleichwertig, war der Silbertaler drei Jahrhunderte lang die bevorzugte europäische Münze.

Sigmunds Münzreform trug dem verstärkten Geldbedarf des damals im Umbruch begriffenen Wirtschaftslebens Rechnung. Der Übergang von der Natural- zur Geldwirtschaft erschütterte die traditionellen feudalen Strukturen und barg sozialen Sprengstoff in sich. Die Tiroler hatten in den schwerreichen Fugger, Baumgartner und deren Standesgenossen leibhaftige Vertreter der neuen Kapitalmächte vor Augen, deren wirtschaftliche Macht und ausbeuterische Methoden den Hass weiter Kreise der Bevölkerung auf sich zogen und denen man die Schuld an vielen wirtschaftlichen und sozialen Missständen gab. Dass es weniger das Imperium der Fugger als vielmehr die geldverschlingende Politik des kaiserlichen Landesherrn war, die Tirol nicht in den Genuss der eigenen Bergschätze kommen ließ, war für die Volksstimmung ohne Belang. Für die aufständischen Tiroler Bauern von 1525 war die unkontrollierbare Machtposition der Fugger ein Hauptangriffspunkt.

Maximilian I. in einer der Gusshütten in Hötting oder Mühlau bei Innsbruck (zeitgenössische Darstellung aus dem „Weißkunig").

Was die Rebellen nicht erreichten, besorgte einige Jahrzehnte später der Rückgang des Tiroler Bergsegens: Mehrere ausländische Unternehmen gingen bankrott, andere versanken in Bedeutungslosigkeit. Auch die Fugger gerieten in Schwierigkeiten, konnten ihre Tiroler Geschäfte in bescheidenerem Maß jedoch bis ins 17. Jahrhundert aufrechterhalten.

DIE KUNST NACH ALLEN SEITEN OFFEN
Meisterwerke der Gotik auf einer Basis von hohem Niveau

Politische und wirtschaftliche Faktoren waren ausschlaggebend dafür, dass es im spätmittelalterlichen Tirol zu einer Blütezeit der Künste kommen konnte: Die Politik spielte durch die überregionalen Verbindungen der Landesfürsten und durch die aufwändige Hofhaltung eine wesentliche Rolle; und der Wohlstand weiter Bevölkerungskreise erlaubte größere Ausgaben für kulturelle Aktivitäten aller Art.

Obwohl Tirol im Spätmittelalter mehrere bedeutende Künstler hervorgebracht hat, waren auswärtige Meister und die Verarbeitung von Einflüssen aus Nord und Süd, aber auch von Ost und West für Kunstschaffen und Stilentwicklung entscheidend. In der Baukunst waren mit der beginnenden Gotik die hauptsächlich im südlichen Tirol tätigen Maurer und Werkleute aus der Lombardei von süddeutschen Meistern und Gesellen abgelöst worden. Am besten kann man die Entwicklung an der Bozner Pfarrkirche ablesen, die noch im 13. Jahrhundert von einer lombardischen Werkstatt aus Trient als spätromanischer Bau begonnen worden war. Das als dreischiffige Basilika geplante Langhaus wurde später nach dem Muster deutscher Kirchen in einen Hallenbau umgestaltet. Den Chor errichteten um 1400 süddeutsche Bauleute und Steinmetzen im hochgotischen Stil; schwäbisch-augsburgische Spätgotik kennzeichnet den filigranen Turmaufsatz des Hans Lutz von Schussenried (1499–1519), der auch die großartige Kanzel aus weichem Bozner Sandstein meißelte und sich für immer in Bozen niederließ.

Das Bürgertum der Inntaler Städte hatte die Gotik schon früher aufgenommen, die ältesten Teile der Haller Pfarrkirche gehen z.B. auf die Jahre 1315 bis 1318 zurück. Die Blütezeit der Wirtschaft im 15. Jahrhundert löste ein allgemeines Baufieber aus, das erstmals dem heimischen Bauhandwerk zum Durchbruch verhalf. Die ortsansässigen Meister – vielfach aus dem süddeutschen Raum stammend oder dort ausgebildet – gründeten eigene „Bauhütten" oder Bruderschaften, die sich nach und nach zu einer tirolischen Berufsorganisation zusammenschlossen. Überall im Land entstanden neue Kirchen, die größte in der Bergwerksstadt Schwaz. Aber auch die Städte erhielten ein neues Aussehen, denn seit dem Ende des 14. Jahrhunderts ließen die Bürger ihre früher in Holz oder Fachwerk errichteten Häuser als Steinbauten erneuern. Als der Platz zu eng wurde, baute man die schmalen Häuser zuerst nach hinten aus, dann gegen die Straße bzw. den Marktplatz hin, wobei – um die Verkehrs- oder Verkaufsfläche nicht zu verkleinern – der erste Stock vielfach auf Bögen gestellt wurde. So entstanden die Laubengänge. Viele Tiroler Städte haben dieses spätgotische Bild, zu dem auch noch die typischen Erker gehören, in den historischen Straßenzügen bis heute erhalten.

Was die Malerei des Spätmittelalters betrifft, so erlebte zwischen 1330 und 1350 der über Süddeutschland aus Frankreich kommende frühgotische Konturenstil eine kurze Blütezeit. Beispiele dafür gibt es im ganzen Land. Gleichzeitig ermöglichten die Verbindungen der Florentiner Handelsgesellschaften, die hier Niederlassungen hatten, im Raum um Bozen erneut Kontakte mit südlicher Kunst. Heinrich Botsch (ursprünglich Bocci), ein Mitarbeiter dieser Faktoreien, der sich in Bozen angesiedelt hatte und in

Der Kreuzgang von Brixen dokumentiert ein Jahrhundert spätgotischer Tiroler Wandmalerei.

Adelskreise aufgestiegen war, berief um 1335 einen Schüler Giottos nach Bozen, um die von ihm als Grabstätte seiner Familie gestiftete Johanneskapelle im Dominikanerkloster auszumalen. Ihm folgten mehrere Meister aus Florenz, Padua, Verona und Bologna, die in Bozen heimische Schüler um sich sammelten. Die Auseinandersetzung mit dieser hochstehenden italienischen Kunst war äußerst fruchtbar und führte zu einer Malweise von großer Breitenwirkung.

Um 1400 brachte eine internationale Kunstströmung aus Frankreich und Burgund einen typisch höfischen Stil nach Tirol. Fresken dieser Art, die auch von großem geistesgeschichtlichen und kulturhistorischen Interesse sind, findet man auf mehreren Schlössern (Runkelstein, Lichtenberg), in der Bischofsresidenz Trient (Monatsbilder im Adlerturm), aber auch in Kirchen (St. Georg in Schenna). Inzwischen war auch die politische Verbindung mit dem habsburgischen Österreich in der Kunst wirksam geworden. Mit dem um 1370 von den neuen Landesfürsten gestifteten Altar von Schloss Tirol kam ein qualitätvolles Werk der von Prag beherrschten Wiener Hofkunst nach Tirol.

Im Kunstzentrum Brixen trafen alle Einflüsse aus dem Osten (Wien, Böhmen, Innerösterreich), aus dem Süden, aus dem Norden und aus dem Nordwesten (Frankreich, Burgund) aufeinander und wurden von einheimischen Malern aufgenommen. Die damit

Flügelaltar aus St. Magdalena im Halltal (jetzt in der Magdalenenkapelle neben der Haller Pfarrkirche), typisch für die vielen Tiroler Meister, die sich mit der Ausstattung der in jener Zeit erneuerten oder neu errichteten Kirchen befassten.

Unten: St. Florian von Michael Pacher am Altar von St. Wolfgang.

Rechte Seite: Herzog Ernst der Eiserne, einer der „Schwarzen Mander" am Grabmonument Kaiser Maximilians I.

einsetzende Blütezeit spätgotischer Wandmalerei fand ihren Niederschlag in den Kreuzgängen von Neustift und Brixen, wo die Arbeiten verschiedener Meister von 1390 bis in die Zeit um 1500 den jeweiligen Stand der Kunstentwicklung dokumentieren.

Ihren ureigensten Ausdruck fand die Tiroler Kunst im spätgotischen Flügelaltar. Mit seinen geschnitzten Schreinfiguren und den (meist) gemalten Flügeln erforderte er eine enge Zusammenarbeit von Malern und Bildschnitzern. Manche Meister beherrschten

auch beide Künste. Nach beachtlichen Leistungen einheimischer Künstler gab der Bildhauer Hans Multscher aus Ulm entscheidende Impulse für die weitere Entwicklung. Er schuf zwischen 1456 und 1458 für die Bergwerksstadt Sterzing den Hochaltar der Pfarrkirche (nur mehr Einzelteile erhalten) und beeinflusste damit die beiden in den folgenden Jahrzehnten führenden Tiroler Altarwerkstätten in Bruneck und Brixen.

In Bruneck arbeitete seit etwa 1460 Michael Pacher (geb. um 1430, gest. 1498) als Bildhauer und Maler, nachdem er Schwaben und Italien bereist und wertvolle Anregungen mitgebracht hatte. In seinen Gemälden verband er die gläubige Geisteshaltung deutscher Spätgotik mit den Errungenschaften der italienischen Renaissance, wie der freien Beherrschung des Raumes, der Bewegung und der menschlichen Figur. In seinen Schnitzwerken blieb der Brunecker Meister mehr der Tradition des Pustertals verhaftet, dennoch führt auch sein plastisches Schaffen über alles Bisherige hinaus, wie der Altar von Gries und sein erhaltenes Hauptwerk, der Altar von St. Wolfgang in

Oberösterreich, erkennen lassen. Von Michael Pachers Schülern gelangte nur der Pustertaler Marx Reichlich (gest. 1520) zu eigenständiger künstlerischer Meisterschaft. Volkstümlich-naiv blieb hingegen Simon von Taisten (gest. um 1510), der als görzischer Hofmaler wirkte und im ganzen Pustertal viele Werke hinterließ.

Die andere wichtige Altarwerkstatt leitete Hans Klocker (um 1460 bis 1500) in Brixen, der zweite große Schnitzer der Tiroler Spätgotik. Er und Pacher beeinflussten in großem Maß das Tiroler Kunstschaffen. Dennoch gab es neben diesen beiden Schulen um und nach 1500 zahlreiche Künstler, die keiner von beiden nacheiferten. Sie huldigten zumeist der schwäbisch-süddeutschen Kunstrichtung. Weitverbreitete Kupferstiche dienten nicht selten als unmittelbare Vorlagen. Das Hauptwerk des Raumes Burggrafenamt-Vinschgau, der von Pacher weitgehend unbeeinflusst war, schuf der aus Schwaben stammende Meraner Bürger Hans Schnatterpeck mit seinem 14 Meter hohen Altar von Niederlana. Der Nordwesten Tirols richtete sich nach der Allgäuer Kunstschule, deren Hauptmeister Jörg Lederer mit vielen Aufträgen bedacht wurde. Andere süddeutsche Altarwerkstätten belieferten das gesamte Inntal. Nur das reiche Schwaz konnte es sich

leisten, einen Hochaltar beim berühmten Nürnberger Veit Stoß in Auftrag zu geben. Leider ist dieses reife Werk des großen Meisters der Spätgotik nicht erhalten.

Eine Sonderstellung in der Tiroler Kunst nimmt wegen des landesfürstlichen Hofes die Stadt Innsbruck ein. Auswärtige Meister schufen bei kurzen Aufenthalten Werke, die nichts mit der Tiroler Kunstentwicklung zu tun haben. Andere wurden hier heimisch und verstanden es, königlichen Prunk und höfische Eleganz mit tirolisch-bürgerlicher Realistik und Ausdruckskraft zu verbinden. Zu ihnen gehört der aus dem Schwäbischen berufene Hofbaumeister und Steinmetz Niklas Türing der Ältere, der mit seiner Werkstätte zwischen 1494 und 1500 jenen Prunkerker schuf, der als „Goldenes Dachl" weltberühmt wurde. Der Freskenschmuck dieses Meisterwerks spätgotischer Architektur und Plastik stammt wahrscheinlich vom Tiroler Jörg Kölderer, den Maximilian neben den berühmtesten Künstlern seiner Zeit zur Illustration seiner verschiedenen Buchvorhaben heranzog und zu seinem Hofmaler ernannte.

Charakteristisch für die maximilianische Kunst ist es, dass sich in spätgotischen Formen der Geist der Renaissance durchsetzte. In der Grabsteinkunst ist dies am besten zu beobachten, etwa in den vom Innsbrucker Christof Geiger geschaffenen Steinen für Leonhard von Görz und das Ehepaar von Wolkenstein in der Lienzer Pfarrkirche. Das großartigste Werk dieser Übergangsepoche ist das leergebliebene Grabmal des Kaisers mit 28 überlebensgroßen Bronzestatuen, den „Schwarzen Mandern" – wie sie der Volksmund nennt –, in der Innsbrucker Hofkirche. Obwohl die Ausführung des überdimensionalen Auftrags über ein halbes Jahrhundert in Anspruch nahm, obwohl eine ganze Reihe von Künstlern und Kunsthandwerkern beteiligt war und selbst die Kunstzentren Nürnberg (Albrecht Dürer und Peter Vischer), Landshut und Brüssel in die Auftragsvergabe einbezogen wurden, entstand ein einheitliches Werk, das als typisches Beispiel für die tirolisch-höfische Kunst jener Zeit gilt.

Vom Prunkbedürfnis und vom Kunstsinn der Innsbrucker Hofgesellschaft profitierte natürlich das Kunstgewerbe. Neben der Herstellung und Verzierung von Gebrauchsgegenständen und Luxusgütern für reiche Bürger, Adel, Hof und Kirche gab es für Kunsthandwerker noch andere Aufgaben, die mit Politik und der Propaganda für das Herrscherhaus zu tun hatten. Innsbrucker Münzschneider, Harnischschläger und Geschützgießer waren dementsprechend in ganz Europa berühmt.

Porträt des Dichters und Sängers Oswald von Wolkenstein in seiner Liederhandschrift, die in der Innsbrucker Universitätsbibliothek aufbewahrt wird.

Auch für die Musik und für literarische Bestrebungen gingen seit der Mitte des 15. Jahrhunderts vom Innsbrucker Hof starke Impulse aus. Dasselbe gilt für die bischöflichen Residenzen Brixen und Trient. Aber auch der Adel und das Bürgertum haben ihren Teil zur Entwicklung dieser Sparten des geistig-kulturellen Lebens beigetragen. Ein Neuerer in Literatur und Musik war der Ritter Oswald von Wolkenstein (1377 bis 1445). Als Abenteurer durchstreifte er ganz Europa und den Vorderen Orient, war als Diplomat im Dienste Kaiser Sigismunds unterwegs, bekämpfte als adeliger Politiker die landesfürstliche Macht und bannte als ausdrucksstarker Sänger sein Leben und seine Empfindungen in Gedichte, die man heute avantgardistisch nennen würde. Der höfischen Welt des späten Mittelalters steht seine volksnahe, sinnliche Kunst fern.

In der Handelsstadt Bozen mit ihren regen Verbindungen in den Süden war die italienische Literatur natürlich nicht unbekannt. Zu Beginn des 15. Jahrhunderts übersetzte Hans von Vintler auf Schloss Runkelstein, wo man sich – wie Szenen der Wandbemalung bekunden – ebenso eifrig mit deutscher Dichtung und Sage beschäftigte, ein italienisches Lehrgedicht und machte daraus seine „Blumen der Tugend". Das beginnende bürgerliche Zeitalter brachte nach 1420 ein Aufblühen der Volksschauspiele in den Städten und Märkten. In Sterzing sammelte Vigil Raber derb-volkstümliches Spielgut für die Fasnachtszeit, von dem manches aus Nürnberg kam. Die ersten geistlichen Spiele stammen wahrscheinlich aus Thüringen. Daraus entwickelte sich die eigenständige Tradition der Tiroler Passion, die das österliche Geschehen in dreitägigem Ablauf darstellte.

Auf die Musikkultur Tirols fällt bald nach 1400 das erste Schlaglicht. Oswald von Wolkenstein schrieb die von ihm gesungenen und gespielten Melodien in zwei verschiedenen Notensystemen auf und wurde zum großen Anreger für die deutsche Musik, indem er neue französische und italienische Singweisen verwendete, die damals bei uns erst in den Anfängen steckende Mehrstimmigkeit pflegte und moderne Instrumentalstücke komponierte. Auch in der Kirchenmusik setzte sich seit der Mitte des 15. Jahrhunderts die mehrstimmige, polyphone Musik der Niederländer durch. Der in enger Beziehung zu Burgund stehende landesfürstliche Hof und die bischöflichen Residenzen waren Pflegestätten dieser neuen Musik. Aber selbst in kleinen Städten wie Sterzing und Hall wurden die Gottesdienste, wie venezianische Gesandte von einer Reise durch Tirol berichteten, mit mehrstimmiger Vokalmusik gestaltet. Sigmund der Münzreiche holte Paul Hofhaimer, der als bedeutendster Organist seiner Zeit galt, als Leiter seiner „Kantorei" nach Innsbruck. Hofhaimer blieb später in Maximilians Diensten und machte die Stadt am Inn neben Augsburg und Wien zu einem Mittelpunkt neuen musikalischen Lebens. Häufig weilten führende Komponisten in Tirol – wie Heinrich Isaak, der uns das volkstümliche Lied „Innsbruck, ich muss dich lassen" in zwei Fassungen überliefert hat.

Paul Hofhaimer an einer auf einem Wagen montierten Orgel, Ausschnitt aus der Holzschnittfolge „Triumphzug Kaiser Maximilians I."

Was Wissenschaft und höhere Bildung betrifft, war Tirol schon deshalb eng mit den benachbarten Kulturräumen verbunden, weil es im Land bis in die zweite Hälfte des 17. Jahrhunderts keine Universität gab. Tiroler mussten zum Studium an die traditionsreichen Hochschulen Oberitaliens, nach Deutschland oder Wien wandern, seit 1457 gingen sie vor allem ins vorderösterreichische Freiburg. Viele waren es nicht, die ein Studium beginnen konnten, obwohl Tirol dank eines relativ dichten Netzes von Pfarr-, Kloster- und Bürgerschulen eine breite Bildungsbasis besaß.

Als sich um die Mitte des 15. Jahrhunderts die ersten Vorzeichen humanistischer Gesinnung in Tirol bemerkbar machten, hatte Kardinal Nikolaus Cusanus (aus Kues an der Mosel) den Brixner Bischofsstuhl inne, ein Mann, der in Theologie, Philosophie, Staats- und Rechtslehre zu den ersten Gelehrten seiner Zeit zählte und sogar auf den Gebieten der Mathematik und Geographie eine Kapazität war. Am landesfürstlichen Hof in Innsbruck entwickelte Sigmunds erste Gattin, die schottische Königstochter Eleonore, außergewöhnliche geistig-wissenschaftliche Interessen und unterhielt mit Wissenschaftlern und Literaten regen Briefverkehr. Maximilian I. scharte dann Humanisten von hohem Rang um sich. Die von Sigmund aufgebaute Bibliothek erweiterte er systematisch. Auch in Schlössern, Klöstern und sogar in Pfarrhäusern sammelte man Bücher und pflegte die Gelehrsamkeit. Viele Domherren von Brixen und Trient waren hochgebildet. Der bedeutendste Tiroler Gelehrte seiner Zeit war Dr. Johann Fuchsmagen aus Hall, der meist in Wien wirkte und dort die Universität reformierte.

Eine sehr bildungsbewusste und für neue geistige Strömungen aufgeschlossene Gruppe waren die Mitglieder des im Entstehen begriffenen Beamtenstandes. Es ist bezeichnend, dass der auch mit kirchlichen Reformgedanken befasste Sozialrevolutionär Michael Gaismair aus dieser Schicht stammt, die wiederum fast ausnahmslos im Bürgertum und im Bauernstand wurzelt. Schließlich wissen wir von kulturellen Aktivitäten und geistigen Interessen der Bergknappen, sodass die Voraussetzungen für eine Auseinandersetzung mit neuen religiösen, politischen und sozialen Ideen in allen Bevölkerungsschichten gegeben waren.

UM FREIHEIT UND GERECHTIGKEIT

Der Bauernkrieg von 1525, Michael Gaismair und sein Reformprogramm

Der Tod Kaiser Maximilians I. im Jahr 1519 fiel in eine Zeit großer Umbrüche in wirtschaftlicher und geistig-religiöser Hinsicht. Überall in Europa litt die Bevölkerung unter Unrecht und Willkür. In Tirol war es nicht anders: Die sozialen Verhältnisse hatten sich vor allem auf dem Land massiv verschlechtert. Ihr Mitspracherecht im Landtag nützte den Bauern so wenig wie ihre persönliche Freiheit. Viele ihrer Rechte standen nur auf dem Papier, und der wirtschaftliche Druck war kaum mehr zu ertragen. Außerdem häuften sich die Missstände in Verwaltung und Gerichtswesen. Dazu kam die Kritik an der Kirche. Es war eine Zeit innerkirchlicher Zerrüttung, in der verweltlichte Prälaten Anstoß erregten und ungebildete, sittenlose Seelsorger ihrer Aufgabe nicht nachkamen; anderseits war es die Zeit der beginnenden Reformation, neuer religiöser Ideen, die von Deutschland und der Schweiz kommend auch in Tirol Anhänger fanden. Und mit dem Ansehen der Geistlichkeit und der kirchlichen Institutionen ging der Glaube an die Rechtmäßigkeit und Unerschütterlichkeit der von ihnen gestützten Gesellschaftsordnung verloren.

Unzufriedenheit und Unmut machten sich nicht nur in der Landbevölkerung breit. Die oberen Stände fanden ebenso Grund zur Klage. Maximilians Enkel Ferdinand I., sein Nachfolger in den ungeteilten österreichischen Ländern, kam 1523 erstmals nach Tirol und hielt einen Landtag ab. Der junge, in Spanien aufgewachsene Fürst beschnitt die Rechte der Ständevertreter und übertrug einigen Günstlingen fast unumschränkte Macht. Besonders verhasst war der aus Spanien mitgekommene Gabriel Salamanca, der Maximilians Schuldenlast durch neue Steuern und Abgaben tilgen musste.

In diesen Jahren steigerte sich die Unruhe der Landbevölkerung zu kaum mehr beherrschter Wut. Von Regierung und Grundherrn ausgepresst, mussten die Bauern auch noch Willkürakte der Obrigkeit erdulden. Da alle Beschwerden nichts nützten, griffen viele zur Selbsthilfe, indem sie sich nahmen, wovon sie glaubten, dass es ihnen zustehe, verweigerten Zins und Steuern. Vereinzelt griff man zur Waffe. Doch Ansätze eines gewaltsamen Widerstands wurden mit Strafexpeditionen, Folter und Hinrichtungen beantwortet. Besonders das bischöfliche Gericht von Brixen zeigte übergroße Härte. Im Brixner Gebiet, wo der Bischof zugleich als weltlicher Herr und größter Grundeigentümer herrschte, war die sozial-rechtliche Stellung der Bauern viel schlechter als sonst im Land, dafür war die Unterdrückung dort am größten.

Sekretär des Fürstbischofs von Brixen war der um 1490 in Tschöfs bei Sterzing geborene Michael Gaismair. Als Sohn eines wohlhabenden Bauern, beamteten Wegmachers und Bergbauunternehmers hatte er eine vorzügliche Bildung erhalten und war nach ersten Einsätzen in der Bergbauverwaltung als Schreiber in den Dienst des damaligen Tiroler Landeshauptmannes Leonhard von Völs getreten. In dieser Stellung hatte er die politischen Verhältnisse und Gepflogenheiten seiner Zeit kennen gelernt, zugleich aber auch die Nöte der armen Bevölkerungsschichten. Weitere Erfahrungen sammelte er als Beamter des Bischof. Hier dürfte auch sein soziales Gewissen gereift sein. Bald sollte der dem gehobenen Mittelstand angehörige junge Mann zum Bauernführer werden.

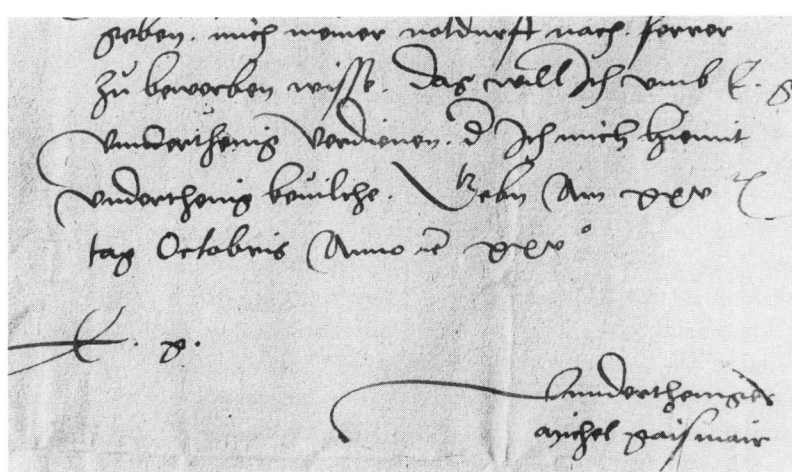

Unterschrift Michael Gaismairs auf einem Protestschreiben an die Innsbrucker Regierung.

Denn als im Frühjahr 1525 Nachrichten von der Ausbreitung des deutschen Bauernkrieges nach Tirol drangen, stieg die Zahl der Überfälle, Brandlegungen und anderer Gewaltakte. Die Befreiung des in Brixen zur Hinrichtung geführten Bauerrebellen Peter Paßler war dann das Signal zum Ausbruch des offenen Aufstandes, der mit der Besetzung der Bischofsstadt, der Vertreibung des geistlichen Regiments und mit der Plünderung des Klosters Neustift seinen ersten Höhepunkt erreichte. Anders als in den meisten Tiroler Gebieten machten in Brixen die Bürger, denen der Bischof die Selbstverwaltung und andere übliche Rechte verwehrt hatte, mit den Bauern gemeinsame Sache.

Als Mitglied eines Viererausschusses von Brixner Bürgern fiel dem fürstbischöflichen Sekretär Michael Gaismair, der wohl als Kopf einer oppositionellen Gruppe bekannt war, von Anfang an eine wichtige Rolle in der Aufstandsbewegung zu. Allerdings versuchte er, mäßigend zu wirken und die ärgsten Ausschreitungen zu verhindern. Von den Aufständischen zu ihrem Anführer gewählt, arbeitete Gaismair praktisch über Nacht ein Reformprogramm aus, in dem weder Grundbesitz noch Autorität des Landesfürsten angetastet, sondern lediglich eine gerechtere Neuordnung der Verhältnisse angestrebt wird. Es sollte Grundlage für Verhandlungen mit dem Landesfürsten sein, auf dessen Redlichkeit und Einsicht die unteren Stände ihre Hoffnung setzten.

Ferdinand reagierte äußerst geschickt. Er schlug einen Waffenstillstand vor und lud zu einem allgemeinen Landtag nach Innsbruck. So hatte er Zeit, gegen den Aufstand zu rüsten. Gaismair führte in den folgenden Wochen an der Spitze eines gewählten Ausschusses die Regierung des bischöflichen Territoriums.

Währenddessen nahm die Erhebung nördlich und südlich des Brenners einen unterschiedlichen Verlauf. Im heutigen Südtirol und in den Welschtiroler Tälern dehnte sich die revolutionäre Bewegung rasch weiter aus. Plündernde, brandschatzende und mordende Scharen zogen gegen Burgen, Ansitze und Ämter, Pfarrhäuser und Klöster. Das Ziel war meist die Vernichtung der Urbare, der grundherrlichen Verzeichnisse über die geschuldeten Abgaben und Dienstleistungen. Im Norden des Landes verstand es Erzherzog Ferdinand, die Bewegung nach den ersten Ausschreitungen durch Gespräche mit gemäßigten Anführern zu beruhigen. Dabei nützte der junge Landesfürst den Gegensatz zwischen gutgestellten Bauern und armer Landbevölkerung, die nichts zu verlieren hatte und deshalb radikaler war, beinhart aus. Vor dem zügellosen Aufruhr des „Pofls" hatte die „Ehrbarkeit" unter den Bauern genauso Angst wie die Bürgerschaft, die zwar viele Wünsche der Landgerichte unterstützte, aber auf den Erhalt von Ruhe und Ordnung pochte.

Anfang Juni kam es in Meran gegen den Willen des Landesfürsten zu einem Landtag der Bürger und Bauern, der in erster Linie die Beschwerdepunkte und Forderungen zusammenfasste. Eine friedliche Lösung des Konflikts rückte in greifbare Nähe, als Erzherzog Ferdinand für Juni einen großen Landtag nach Innsbruck einberief. Zweihundert Abgeordnete der Landgerichte nahmen daran teil, so dass die Versammlung zu Recht „Bauernlandtag" genannt wurde. In langwierigen, sehr geschickt geführten Verhandlungen erreichte der Landesfürst einen Kompromiss, der wesentliche Wünsche der Bevölkerung berücksichtigte, ohne im Grundsätzlichen etwas zu ändern.

Dieser Erfolg der Tiroler Bauern erregte im damaligen Europa großes Aufsehen. Während in ganz Süd- und Mitteldeutschland die Blutgerichte gegen die besiegten Bauern wüteten, hatten die Tiroler einen Teil ihrer Wünsche auf dem Verhandlungsweg durchsetzen können. Vernunft und demokratische Gesinnung hatten gesiegt. So schien es jedenfalls. In Wirklichkeit waren viele der Zugeständnisse nur taktische Manöver, um Zeit zu gewinnen und den Schwung der Aufstandsbewegung verpuffen zu lassen. Auf längere Sicht war der „Landtagsabschied" ein Sieg des feudalen Systems, der landesfürstlichen Macht, die sich nicht mehr auf die Seite der Benachteiligten stellte, wie es sich die Bauern in Erinnerung an die Haltung früherer Fürsten erwartet hatten.

Am klarsten erkannte dies Michael Gaismair. Er war mit dem Erreichten nicht zufrieden, übergab zwar die Bischofsstadt den Abgesandten des Landtags, zur förmlichen Anerkennung der Landtagsbeschlüsse war Gaismair mit vielen seiner Anhänger in den Dörfern der Brixner Gerichte aber nicht bereit. Also lud man den gefährlichen Mann zur Berichterstattung, wie es hieß, und zu Verhandlungen nach Innsbruck ein. Gaismair, der einen Verzweiflungskampf unbedingt vermeiden wollte und nach wie vor auf eine Einigung hoffte, nahm nach anfänglichem Zögern an – und ging in die Falle. Was ihn in der Landeshauptstadt erwartete, waren Anklage, Verhöre und schließlich der Kerker. Wie beabsichtigt war damit die Aufstandsbewegung entscheidend getroffen. Erst jetzt konnte der letzte Widerstand in Welschtirol und im Brixner Gebiet mit Hilfe von Söldnertruppen gebrochen werden. Ein grausames Strafgericht begann.

Gaismair gelang nach mehrwöchiger Haft die Flucht. In der Schweiz sammelte er Bewaffnete um sich und rüstete zu einem Einfall nach Tirol. Das Erlebnis des Wort- und Rechtsbruchs durch die Vertreter fürstlicher und ständischer Macht hatte den Reformer zum Revolutionär werden lassen, der die bestehende Ordnung nicht verbessern, sondern stürzen wollte. Er nahm Kontakt mit dem Reformator und Volksführer Ulrich Zwingli in Zürich auf und machte sich Gedanken über die Zukunft seiner Heimat.

Anfang 1526 verkündete Gaismair als politisches Programm und geistige Grundlage eines Volksaufstandes in Tirol seine neue „Landesordnung", ein Staats- und Gesellschaftsmodell, das auf dem Gedankengut der Reformation und dem Evangelium aufbaut. Von den Habsburgern wollte Gaismair jetzt nichts mehr wissen. Sie waren zu

Der berühmte kaiserliche Heerführer Georg von Frundsberg, Gaismairs militärischer Gegenspieler.

Reformen nicht bereit. Also wollte er seine Ideen in einem selbständigen Tirol verwirklichen, das den Charakter einer christlichen, sozialen und demokratischen Bauernrepublik haben sollte. Alle Menschen sollten gleich sein, Gemeinnutz sollte vor Eigennutz stehen, das Wort Gottes die Grundlage aller Gesetze sein.

Im Detail heißt das u. a., dass der Adel und die Privilegien der Städte abgeschafft, die Kirche entmachtet werden sollte. Der vom Volk gewählten Regierung wies er weitgehende Aufgaben zu, wie Verwaltung und Nutzung der Bergschätze, Organisation von Produktion und Verteilung der benötigter Güter, aber auch – für seine Zeit eine absolute Novität – die Sorge um Arme, Kranke und Waisen. Entsprechende Einrichtungen sollten von dem bisher der Kirche zustehenden „Zehent" finanziert werden. Was die Religionsausübung betrifft, sollten die Pfarrer von ihren Gemeinde gewählt und andere Maßnahmen im Sinn der Reformation eingeführt werden.

Wie sich Gaismairs „Bauernrepublik" entwickelt hätte, ob sein Staatsmodell überhaupt funktioniert hätte, weiß man nicht. Denn der Tiroler Bauernführer konnte seinen Ideen nicht zum Durchbruch verhelfen, obwohl er auch militärisch-strategischen Weitblick besaß und sich erstaunlich gut im Gestrüpp der internationalen Politik zurechtfand. Es gelang ihm aber nicht, einen Volksaufstand in Tirol auszulösen. Nachdem seine Pläne verraten und seine Freunde und Verwandten eingesperrt oder hingerichtet waren, marschierte er mit einer Schar von einigen Hundert Bewaffneten auf Schleichwegen durch Tirol, kam den aufständischen Salzburger Bauern zu Hilfe, wagte dann einen Einfall ins Pustertal, ohne jedoch Erfolg zu haben.

Vor dem anrückenden Söldnerheer des kaiserlichen Feldhauptmanns Georg von Frundsberg zog sich Gaismair mit seiner Truppe nach Süden auf venezianisches Territorium zurück und stellte sich der Lagunenrepublik zur Verfügung. Von ihr erwartete er sich Unterstützung in seinem Kampf gegen die habsburgische Stellung in Tirol. So wurde der Tiroler Bauernhauptmann zum angesehenen venezianischen Söldnerführer, der mit einigen militärischen Erfolgen im Krieg gegen die habsburgisch-kaiserliche Macht in Oberitalien Aufsehen erregte.

Trotz emsiger Bemühungen setzte sich Gaismair jedoch mit seinen kühnen Plänen bei der Regierung des Dogen nicht durch. So verließ er enttäuscht den venezianischen Dienst und erwarb ein Landgut in der Nähe von Padua. Dies hinderte ihn jedoch nicht, weiterhin seine politischen Verbindungen aufrechtzuerhalten und gegen Habsburg zu konspirieren. Obwohl er längst auf verlorenem Posten kämpfte, fürchteten ihn Landesfürst und Regierung von Tirol wie keinen anderen, kauften Spione, Agenten und Mörder, setzten hohe Kopfprämien aus, um seiner – lebend oder tot – habhaft zu werden. Über hundert Mordanschlägen sollte Gaismair entkommen. Doch am 15. April 1532 starb er nach Verrat unter 42 Dolchstößen zweier gedungener Mörder.

WIEDER UNTER EIGENEN LANDESFÜRSTEN

Eine zweite Linie von „Tiroler Habsburgern"
(1564–1665) • Religiöser Eifer, prunkvolle Feste

Erst mit Gaismairs Tod konnte für die Tiroler Regierung
der Bauernkrieg als beendet gelten. Jetzt wagte man es,
jene Beschlüsse des „Bauernlandtages" von 1525 zu revi-
dieren, die der herrschenden Schicht am wenigsten gepasst
hatten. Immerhin waren die ärgsten Missstände beseitigt,
Bürger und bessergestellte Bauern konnten einigermaßen
zufrieden sein. Darüber hinaus herrschte Resignation, die
Rachejustiz hatte für Ruhe im Land gesorgt.

Auch die gewaltlose, jedoch radikal-reformatorische Bewegung der Täufer oder Wiedertäufer, die sich Ende der
zwanziger Jahre des 16. Jahrhunderts vor allem im Pustertal und im Inntal ausbreitete, wurde blutig verfolgt;
mehrere Hundert Anhänger dieser religiösen Lehre mit
stark sozialen Tendenzen wurden hingerichtet. Unter dem
Druck der Gewaltmaßnahmen wanderten seit 1529 an die
6000 Täufer nach Mähren aus. Nach ihrem 1536 in Innsbruck verbrannten Anführer Jakob Huter nannten sie sich
„Huterische Brüder". Kennzeichen ihrer Gemeinschaft
war das Fehlen jeglichen Privateigentums. 1622 aus Mähren vertrieben, zogen sie nach Ungarn, dann nach Russland, 1874 nach Kanada und in die USA, wo heute noch
„Hutherian Brethren" leben und an ihrem Glauben, an
den strengen Gemeinschaftsformen, am Tiroler Dialekt
und am Brauchtum festhalten.

Wie unter Maximilian hatte Tirol auch in den Jahrzehnten nach ihm keinen eigenen Landesfürsten. Maximilians
Nachfolger im Reich war sein Enkel Karl (V.), der bereits
König von Spanien war. Die Stimmen der Kurfürsten
waren mit Tiroler Silber „gekauft" worden. Karls Bruder
Ferdinand I. trat 1521/1522 die Herrschaft in den österreichischen Ländern an. Durch die neue habsburgische
Politik, die nach Ungarn und Böhmen ausgriff, verlor
Tirol die zentrale Bedeutung, die es unter Maximilian
gehabt hatte. Dass auch jetzt durch Jahre hindurch die
fürstliche Familie in Innsbruck weilte, hängt mit der größeren Entfernung Tirols von der wegen der vorrückenden Türken unsicheren Ostgrenze zusammen.

*Mit Erzherzog Ferdinand II.
beginnt eine neue Reihe
selbständiger Tiroler Landesfürsten.*

*In Hall geprägter Taler mit
dem Bildnis Maximilians III.
und Doppeltaler zur Hochzeit
Leopolds V. mit Claudia von
Medici.*

Doch auch Tirol war vor kriegerischen Ereignissen nicht gefeit. Im Juli 1546 brachen die Truppen des Schmalkaldischen Bundes in Tirol ein und konnten kurze Zeit die Ehrenberger Klause bei Reutte besetzt halten. Im Mai 1552 marschierte das protestantische Heer des Kurfürsten Moritz von Sachsen nach Tirol, um Kaiser Karl V. zu fangen, der sich seit Monaten in Innsbruck aufhielt. Niemand dachte an Widerstand. Während der Kaiser über den Brenner entfloh, gestattete die Tiroler Regierung dem Kurfürsten freien Durchzug, wenn er Land und Leute schone und den Proviant käuflich erwerbe. Mit 400 Reitern und zahlreichem Fußvolk rückte der Feind in Innsbruck ein. Der Stadt passierte nicht viel, doch rundherum wütete die beutehungrige Soldateska entgegen allen Abmachungen. Nach zwei Tagen zog der Kurfürst wieder ab.

Obwohl Tirol unter einer eigenen Provinzialregierung weiterhin eine gewisse Autonomie bewahren konnte, verstummte der Wunsch der Landstände nach einem eigenen Regenten nicht. Er traf sich schließlich mit der Absicht des inzwischen Kaiser gewordenen Ferdinand I., die Länder der österreichischen Habsburger wieder unter seinen drei Söhnen aufzuteilen. Des Herrschers zweitgeborener Sohn Ferdinand II. wurde Landesherr Tirols und der Vorlande. Und so gab es für 100 Jahre (1564 bis 1665) wieder „Tiroler Habsburger". Dies hatte für das Land nicht nur Vorteile, denn die aufwändige Hofhaltung bürdete den Untertanen in schwierigen Zeiten große Lasten auf. Dafür rückte die Landeshauptstadt unter die ersten Kulturzentren Europas auf.

Erzherzog Ferdinand II. starb 1595 ohne Erben. Auf das Nachfolgerecht seiner Söhne aus der Ehe mit der Augsburger Bürgerstochter Philippine Welser hatte er verzichten müssen. So wurde Tirol einige Jahre lang von Prag aus regiert, was seinem Neffen Kaiser Rudolf II. hohe Einkünfte sicherte. Auf Drängen der Stände schickte er dann doch seinen Bruder Maximilian III. als Statthalter nach Tirol (1602). Dieser trug als Oberhaupt des Deutschen Ordens den Titel „Deutschmeister" und war als solcher zur Ehelosigkeit verpflichtet. Als souveränen Landesfürsten konnte sich Maximilian III. erst ab 1612 betrachten, nachdem Rudolf II. in Prag gestorben war und die habsburgischen Brüder ihre Erbstreitigkeiten geregelt hatten.

Nach seinem Tod (1618) wurde Erzherzog Leopold V., ein Spross der steirischen Habsburger und damals noch Bischof von Passau, zunächst mit der Statthalterschaft in Tirol und den Vorlanden betraut. 1625 wurde er Landesfürst. Um eine neue habsburgische Zweiglinie gründen zu können, verzichtete Leopold auf seine geistlichen Würden und heiratete 1626 Claudia von Medici, die Tochter des Großherzogs von Toskana. Nach Leopolds plötzlichem Tod im Jahr 1632 übernahm diese tüchtige Fürstin im Auftrag und im Namen Kaiser Ferdinands II., der wieder in Wien residierte, die Regierung für den erst vierjährigen Erbprinzen Ferdinand Karl. Leopolds und Claudias Regierungszeit war geprägt vom Dreißigjährigen Krieg, dessen katastrophale Auswirkungen das Land vor allem in wirtschaftlicher Hinsicht zu spüren bekam. Immer wieder drohte auch unmittelbare Kriegsgefahr, mehrmals musste das Tiroler Aufgebot zur Sicherung der Landesgrenzen ausrücken. Und die Landstände mussten hohe Steuern zur Deckung der Verteidigungskosten bewilligen. Die neue Befestigung der Talenge von Scharnitz wurde nach der Regentin „Porta Claudia" genannt.

Claudia von Medici war hochgebildet und tatkräftig. Die bedeutendste Persönlichkeit an ihrer Seite war Kanzler Wilhelm Bienner, der sich um das Land große Verdienste erwarb. Er straffte die Verwaltung, ging gegen Korruption und Amtsmissbrauch vor und verhinderte ein Herauslösen der geistlichen Fürstentümer Brixen und Trient aus ihren vertraglichen Bindungen mit der Grafschaft Tirol. Durch diplomatisches Geschick konnte er einen Einfall der Franzosen ins Münstertal abwehren und Differenzen mit den Bündner Bauern beilegen, die damals noch offiziell unter Tiroler Oberhoheit standen, praktisch aber unabhängig waren. Unter der Regierung von Claudias Sohn Ferdinand Karl (1646–1662) wurde Bienner von persönlichen und politischen Gegnern entmachtet, in einen Prozess verwickelt, in rechtswidriger Weise zum Tode verurteilt und 1651 in Rattenberg hingerichtet.

Zeitgenössischer Porträtstich des Landesfürsten Ferdinand Karl.

Ferdinand Karl gab sich völlig seinen Vergnügungen und seiner Verschwendungssucht hin. Die riesige Entschädigungssumme, die Frankreich den Tiroler Habsburgern für die endgültige Abtretung des im Krieg verlorengegangenen Elsass zahlen musste, warf er in verantwortungsloser Weise zum Fenster hinaus. Auch der Verkauf Tiroler Herrschaftsrechte in Graubünden, gegen den Kanzler Bienner vergeblich protestiert hatte, brachte dem Land keinerlei Vorteile, sondern half nur, die persönlichen Leidenschaften des Landesherrn zu finanzieren. Der Loslösungsprozess des Prätigaus und des Unterengadins von Tirol fand 1652 seinen formellen Abschluss.

Ferdinand Karl starb im Alter von 35 Jahren. Mit dem ebenfalls frühen Tod seines Bruders Sigmund Franz, der dank guter Anlagen und ernsthafter Bemühungen ein viel besserer Landesfürst hätte werden können, erlosch 1665 die zweite Tiroler Linie der Habsburger.

Die glänzende Hofhaltung der letzten selbständigen Tiroler Landesfürsten und ihre verwandtschaftlichen Beziehungen nach halb Europa ließen Innsbruck zeitweise wieder zu einem Zentrum des kulturellen Schaffens wer-

Mit Erzherzog Sigmund Franz erlosch 1665 die zweite Tiroler Linie der Habsburger.

den. Breitere Bevölkerungsschichten waren davon allerdings nicht betroffen. Im 16. Jahrhundert war das geistige Leben in Stadt und Land gekennzeichnet von der Ausbreitung neuer religiöser Ideen und dem Versuch, dies zu verhindern. Die Niederschlagung des Bauernaufstandes, die Verfolgung der Täuferbewegung und andere Gegenmaßnahmen der Obrigkeit verhinderten in Tirol zwar die Bildung reformierter Gemeinden, das Interesse an „sektiererischen" Schriften und Büchern war jedoch in allen Bevölkerungsschichten groß, und „lutherische Predikanten" hatten regen Zulauf. Die Regierung ging mit aller Strenge dagegen vor, traf damit aber nicht den Kern des Problems. Als 1545 in Trient endlich das von den Habsburger zur Überwindung der Glaubensspaltung schon lange geforderte Konzil zusammentrat, war eine Einigung nicht mehr möglich, doch sollte nach der Abfallbewegung in Deutschland wenigstens der Bestand der alten Kirche reformiert und damit gesichert werden. Das Konzil von Trient dauerte bis 1563 und leitete mit wichtigen Reformbeschlüssen eine innerkirchliche Erneuerung ein.

Der „katholischen Reform" zum Durchbruch zu verhelfen, war das Ziel aller Habsburger. Kaiser Ferdinand I. berief dazu die Jesuiten nach Tirol. Weitere Klostergründungen folgten, und bald wetteiferten Franziskaner, Kapuziner, Serviten und Dominikaner in Predigt, Seelsorgearbeit und Unterricht. Die Jesuiten führten Gymnasien in Innsbruck und Hall. Um das niedere Schulwesen zu kontrollieren und geistige Tendenz sowie Lernerfolg zu sichern, erließ Erzherzog Ferdinand II. 1586 eine Schulordnung, die den Lehrplan regelte, Disziplinarvorschriften für Lehrer und Schüler enthielt und neuen pädagogischen Grundsätzen zum Durchbruch verhelfen sollte. Neben der Schule war die Predigt das wichtigste Mittel zur Verbreitung der katholischen Reform. Berühmt für seine Wortgewalt war Petrus Canisius, Provinzial der Jesuiten in Deutschland, Verfasser des weit verbreiteten Katechismus und mehrere Jahre Hofprediger und Seelsorger in Innsbruck. Der später heiliggesprochene Jesuit wurde 1964 zum Diözesanpatron der neugegründeten Diözese Innsbruck erwählt.

Die Jesuiten arbeiteten mit neuen Methoden. Vor allem wollten sie alle Sinne, Gemüt und Verstand der Menschen ansprechen. Sie waren die ersten, die zu Ostern in ihren Kirchen „Heilige Gräber" zur Veranschaulichung der Leidensgeschichte Christi aufstellten. Ebenso diente die Aufführung von Passionsspielen und geistlichen Stücken zu verschiedenen Anlässen der Erbauung und Glaubensverkündigung. Die anderen neuen Orden machten es den Jesuiten nach, seit etwa 1600 auch die alten Tiroler Klöster und Stifte, die ihren Tiefpunkt überwunden hatten. Die Diözesanleitung sorgte gleichzeitig für eine bessere Ausbildung und Auswahl der Weltpriester.

Der religiöse Aufschwung ließ eine neue Frömmigkeit entstehen, entwickelte dafür neue Ausdrucksformen und weckte die künstlerischen Kräfte. Während der Zeit der Glaubens- und Kirchenkrise, der Unsicherheit und der Furcht hatten neue Kunstströmungen wenig Chance gehabt. Die Renaissance musste unter diesen Voraussetzungen in Tirol eine reine Hofkunst bleiben. Für die wenigen Bauten (z. B. Schloss Ambras bei Innsbruck, fürstbischöfliche Hofburg in Brixen, verschiedene Adelssitze) wurden italienische Baumeister berufen. Auch in der Malerei und Plastik gaben italienische und niederländische Künstler den Ton an. Tiroler Künstler lernten von ihnen, dann zogen sie selbst nach Italien, um Neues zu sehen und sich ausbilden zu lassen.

Wie auf diese Weise die letzten Reste spätgotischer Formen verschwanden, kann man sehr gut an und in der Innsbrucker Hofkirche erkennen, einem typischen Bau des Übergangsstils (vollendet 1563). Das Grabdenkmal Kaiser Maximilians, dem die Kirche eine würdige Unterkunft

Wirkte einige Zeit in Tirol und wird heute als Patron der Diözese Innsbruck verehrt: Petrus Canisius.

geben sollte, ist das beste Beispiel für die gegenseitige Durchdringung von Spätgotik und Renaissance. Alexander Colin (1526–1612) aus Mecheln, von Ferdinand I. zur Fertigstellung des Maximilian-Grabes engagiert, beherrschte meisterhaft jene dekorative Spielart des Renaissancestils, die in ganz Europa große Mode war. Er ist der Schöpfer der Marmorreliefs am leeren Grab mit Szenen aus dem Leben Kaiser Maximilians.

Vom berühmten Niederländer Hubert Gerhard, den Erzherzog Maximilian III. nach Tirol geholt hatte und den man dem Manierismus zurechnet, lernte der Innsbrucker Caspar Gras (gest. 1674) die Modellierkunst. Seinen Leopoldsbrunnen in Innsbruck krönte er mit einer barocken Reiterstatue. Ohne den Umweg über die italienisch-niederländische Hofkunst gelang im Altarbau der Anschluss an die nachwirkende spätgotische Tradition, wobei Arbeiten süddeutscher Meister und Werkstätten beispielgebend waren. Das bedeutendste Werk dieses volkstümlichen frühbarocken Stils ist der Stamser Hochaltar (1609–1612) des Weilheimers Bartlme Steinle. Zu seinen Mitarbeitern in Stams zählte der aus Meran stammende Adam Baldauf, der sich 1615 in Brixen niederließ.

Die Zeit der ausländischen Hofkünstler ging um 1630 zu Ende. In der Architektur kam mit dem Tiroler Christof Gumpp (gest. 1676) die Wende. Natürlich hatte auch er sein Können in Italien erworben. Bezeichnend ist, dass seine wichtigsten Werke keine Hofaufträge sind, sondern die Mariahilf-Kirche für die Tiroler Stände (1647–1649), ein Zentralkuppelbau im Stil des italienischen Frühbarock, und die neue Stiftskirche in Wilten (1651 begonnen), mit der sich Tirol wieder an den bayerisch-schwäbischen Kunstkreis anschloss.

Beispiel für das eigenständige Schaffen des Meraner Bildhauers Adam Baldauf (seit 1615 in Brixen), der am berühmten Altar von Stams mitgearbeitet hat.

Den höchsten Leistungsstandard erreichte das höfische Kulturleben im musikalischen Bereich. Ein halbes Jahrhundert nach dem Tod Maximilians gehörte Innsbruck wieder zu den europäischen Musikzentren. Von den Leitern der international besetzten Hofkantorei und der Hofmusik Ferdinands II. gingen mehrere als Komponisten in die Musikgeschichte ein, z. B. Jakob Regnart und Alexander Utendal. Der Tatsache, dass sich der Erzherzog auch um den heimischen Nachwuchs kümmerte, und dem Brauch, Sängerknaben unter den Fürstenhöfen „auszutauschen", verdankt Leonhard Lechner (1553–1606) eine große Karriere. Er sang in der bayerischen Hofkapelle unter Orlando di Lasso, später wurde er als Kapellmeister, Sänger und Komponist berühmt.

War Tirol zur Zeit Ferdinands noch im Zeichen der polyphonen niederländischen Musik gestanden, so wandten sich Leopold V. und seine italienische Gemahlin dem in Italien aufgekommenen „stile nuovo" mit einer harmonisch begleiteten Solostimme zu. Unter Ferdinand Karl begeisterte man sich vor allem für die große italienische Oper. Ein neues Opernhaus entstand (an der Stelle des heutigen Landestheaters), und beim Engagement der besten Künstler wurden keine Kosten gescheut. Die Auffüh-

Kupferstich zur Aufführung von Cestis Oper „L'Argia" im Innsbrucker Hoftheater (1655).

rung der Oper „L'Argia" von Pietro (Marc) Antonio Cesti anlässlich der Durchreise der schwedischen Exkönigin Christine, die hier zum katholischen Glauben übertrat, wurde zu einem Kulturereignis von europäischem Format. Kein Zufall, dass Jakob Stainer in Absam (gest. 1683) zu den bedeutensten Instrumentenbauern seiner Zeit zählte.

Gewiss standen Repräsentation und Unterhaltungsbedürfnis im Vordergrund der kulturellen Ambitionen am landesfürstlichen Hof. Sie konnten jedoch durchaus in Einklang stehen mit anderen Interessen. So diente die von Ferdinand II. angelegte Sammlung auf Schloss Ambras nicht ausschließlich der Schaulust und dem Bedürfnis, seinen Gästen etwas Besonderes zu bieten, sondern gab auch der Wissenschaft Impulse. Sein „Museum" enthielt ja neben Waffen, Meisterwerken des Kunsthandwerks und Kuriositäten auch eine Porträtgalerie, eine Münzsammlung, Bücher und Handschriften.

Ferdinand und die folgenden Landesfürsten, von denen übrigens Maximilian III. recht bescheiden lebte, förderten Talente und wissenschaftliche Arbeiten. Bezeichnend, dass Matthias Burgklechner (1573 bis 1642), der „Vater der Tiroler Geschichtsschreibung", Vizekanzler der Innsbrucker Regierung war. Unter den Gelehrten und Publizisten des damaligen Tirol ragt Hippolyt Guarinoni (1571–1654) hervor. Er stammte aus Trient und war Stadtphysikus und Hausarzt des Damenstifts in Hall, zugleich aber auch Baukünstler und Volksschriftsteller. Seinem Buch „Die Greuel der Verwüstung menschlichen Geschlechtes" verdanken wir eine eindrucksvolle Zeitschilderung und Einblicke in die damalige Arzneikunst.

Der „Boarische Rummel" und die Degradierung Tirols

Das Kriegsjahr 1703 • Die „Gefürstete Grafschaft" wird Provinz •
Reformen unter Maria Theresia und Joseph II.

Nach dem Tod des letzten „Tiroler Habsburgers" im Jahr 1665 kam Kaiser Leopold I.,
damals der einzige männliche Habsburger, noch im selben Jahr nach Innsbruck, um als
Landesherr die Erbhuldigung der Stände entgegenzunehmen. Die Zeit der eigenen Landesfürsten war vorbei. Zwar blieben für die Verwaltung Tirols und Vorderösterreichs die
Behörden in Innsbruck zuständig, doch fielen die wichtigen Entscheidungen jetzt in Wien.
Immerhin bedeutete es für das Land eine Auszeichnung, dass der Kaiser 1679 seinen
Schwager, Herzog Karl von Lothringen, als „kaiserlichen Gubernator" nach Innsbruck
schickte. Als „Reichsmarschall" war der Herzog wegen der Türkenfeldzüge und anderer Kriege aber kaum im Lande und nach seinem Tod im Jahr 1690 fiel die Aufgabe,
den Landesherrn in Tirol zu vertreten, wieder an den obersten Regierungsbeamten. Von
1705 bis 1716 hatte Tirol noch einmal einen Gubernator in der Person des Reichsfürsten
Karl Philipp von Pfalz-Neuburg, ebenfalls ein Schwager des Kaisers.
Dass die alten Zeiten vorbei waren und der Durchbruch des Zentralismus bevorstand,
zeigte sich bereits 1705, als nach dem Tod Leopolds I. Kaiser Joseph I. die Huldigung
der Tiroler Stände nicht mehr entgegennahm, die Landesprivilegien nicht bestätigte und
die Finanzverwaltung ganz nach Wien holte. Dabei hatten sich die Tiroler im damals
gerade tobenden „Spanischen Erbfolgekrieg" große Verdienste erworben, indem sie das
bayerische Heer aus dem Land geworfen hatten. Verharmlosend nannte man in Tirol die
kriegerischen Ereignisse von 1703 den „Boarischen Rummel".
Im Streit um das spanische Erbe war Bayern auf die Seite Frankreichs getreten. Kurfürst
Max Emanuel erwartete sich davon größere Chancen auf Land- und Machtgewinn. Frankreich wollte seinen neuen Verbündeten natürlich auf Kosten Österreichs belohnen. Und
was lag da für den bayerischen Herrscher aus dem Hause Wittelsbach näher, als die alten
Ansprüche auf Tirol hervorzuholen. Es musste die Bayern in ihrem Vorhaben ermutigen, dass kaum reguläre Truppen im Land waren.
In Tirol konnte man sich trotz der offensichtlichen Gefahr eines bayerischen Angriffs
nicht zu wirkungsvollen Verteidigungsmaßnahmen aufraffen. Als am 15. Juni 1703 in
Innsbruck die Nachricht eintraf, der Kurfürst ziehe mit 10.000 Mann eigener Truppen
und 2500 Franzosen von Rosenheim gegen Tirol, war es natürlich zu spät, obwohl sich
sofort Tausende Bauern sammelten, um Munition zu fassen und Befehle entgegenzunehmen. Doch da stand das bayerische Heer schon vor Kufstein. Die starke Festung fiel
durch einen Handstreich, kurz darauf war auch Rattenberg im Besitz der Angreifer, das
österreichische Militär floh über den Brenner, und als der siegreiche Feldherr am 2. Juli
mit großer Pracht in die Tiroler Hauptstadt einzog, huldigten ihm Regierung und Beamtenschaft als dem neuen Landesfürsten. Die über das Verhalten der Obrigkeit empörte
Landbevölkerung ließ sich aber nicht einschüchtern und stoppte am Brenner den bayerischen Vormarsch nach Süden. Da sich gleichzeitig im Inntal das Volk gegen die Be-

Zeitgenössische Darstellung der Vernichtung einer bayerisch-französischen Abteilung in der Talenge vor der Pontlatzer Brücke im Oberinntal.

satzer erhob und in der Schlucht zwischen Landeck und Prutz eine bayerisch-französische Abteilung von Schützen und Landstürmern aufgerieben wurde, musste der Kurfürst eilends umkehren, um sich den Rückweg offenzuhalten. Dies gelang durch die Eroberung von Tiroler Schanzen bei Kematen und am Fuß der Martinswand bei Zirl. Aus Zorn über die bei diesen Kämpfen erlittenen Verluste brannten Max Emanuels Truppen die Dörfern dieser Gegend und zahlreiche Einzelhöfe nieder, vor dem Rückmarsch ins Innsbrucker Lager wurde geplündert und sinnlos gemordet.

Angesichts der kampfbereiten Bauernscharen und einer anrückenden österreichischen Heeresabteilung entschloss sich der Kurfürst zum Rückzug über Seefeld und den Scharnitzpass. Am Abend des 26. Juli war Innsbruck wieder frei. Es war der Feiertag der hl. Anna, weshalb die Tiroler Landstände die später zum Dank für die Befreiung in der Innsbrucker Neustadt (heute Maria-Theresien-Straße) errichtete Mariensäule auch mit einer Statue der hl. Anna schmückten und eine jährliche Prozession dorthin am St.-Anna-Tag gelobten. So erhielt die Mariensäule im Volk den Namen Annasäule.

Bei der Verfolgung der bayerischen Truppen fielen Tiroler Sturmscharen nun ihrerseits in Bayern ein, um sich zurückzuholen, was sie vorher den Bayern hatten geben müssen. Vom Tegernsee bis zum Lech wurden Viehherden weggetrieben und Häuser ausgeraubt, gingen Klöster, Dörfer und Höfe in Flammen auf. In der Kufsteiner Gegend dauerte die Schreckenszeit bis Herbst 1704, weil die Festung noch länger in bayerischer Hand blieb und beide Kriegsparteien abwechselnd über die Grenze zogen, um Dörfer zu zerstören und Beute zu machen.

Um dem Tiroler Selbstgefühl nach dem Sieg über die Bayern Rechnung zu tragen, berief Kaiser Leopold I. 1704 nach vier Jahrzehnten wieder einen offenen Landtag ein. Doch in ganz Europa hatten sich inzwischen die Idee und das Regierungssystem des fürstlichen Absolutismus durchgesetzt. Eine Mitsprache von Vertretern der Bevölkerung war undenkbar geworden. Außerdem gehörte eine Stärkung der zentralen Staatsgewalt zu den neuen politischen Leitlinien. Einen ersten Höhepunkt erreichten Absolutismus und Zentralismus unter Joseph I. (1705–1711), während sein Nachfolger Karl VI. (1711–1740) auf die Tiroler Vorstellungen vom Verhältnis zwischen dem Land und seinem Fürsten wenigstens insoweit einging, als er – als letzter Herrscher – die traditionelle Erbhuldigung der Tiroler Stände entgegennahm und die Freiheiten des Landes bestätigte. Karl VI. war es aber auch, der durch die Erlassung eines neuen Grundgesetzes, der „Pragmatischen Sanktion", die Voraussetzung für die Entstehung eines österreichischen Einheitsstaates schuf. Darin war neben der Erbfolge in weiblicher Linie die Unteilbarkeit aller Königreiche und Länder des Hauses Habsburg festgelegt.

Der Landtag wurde zwar 1720 zur Bestätigung der Pragmatischen Sanktion noch einmal einberufen, dann aber nicht mehr. Es gab nur mehr „Ausschüsse", die ebenso wenig zu sagen hatten wie die „Ständische Aktivität" als permanentes Führungsgremium mit dem Landeshauptmann an der Spitze. Wie um ihren Bedeutungsverlust zu verschleiern, errichteten sich die Tiroler Stände zwischen 1725 und 1728 in der Innsbrucker Neustadt ein repräsentatives Landhaus.

Voll zum Durchbruch kamen Zentralismus und Absolutismus unter Maria Theresia (1740–1780), der Tochter Karls VI., die auf Grund der Pragmatischen Sanktion Herrscherin über alle habsburgischen „Erbländer" wurde. Die Kaiserkrone erlangte ihr Gatte Franz Stephan von Lothringen, weshalb Maria Theresia meist als Kaiserin bezeichnet wurde und wird. Die Innsbrucker Residenz ließ sie von Grund auf erneuern und im höfischen Stil des Wiener klassizistischen Rokoko ausstatten, obwohl sie nie die Absicht hatte, einen fürstlichen Regenten einzusetzen. Sie selbst kam nach ihrem Regierungsantritt nur einmal nach Innsbruck, nämlich 1765, als hier die Vermählung ihres zweiten Sohnes Leopold mit einer spanischen Prinzessin gefeiert wurde. Während der Festwoche starb Maria Theresias Gemahl, Kaiser Franz I. Stephan. Sein Nachfolger im Reich wurde beider Sohn Joseph II.

Im Zuge der Reform der österreichischen Verwaltung wurden die Hauptbehörden der einzelnen Ländergruppen in allen Belangen den Wiener Zentralstellen untergeordnet. Vom Wirkungskreis der Innsbrucker Regierungsämter wurden 1752 noch dazu die „drei Vorlande Breisgau, Schwäbisch-Österreich und Vorarlberg" abgetrennt, womit eine jahrhundertelange Verbindung zerrissen war. Für Vorarlberg war allerdings ab 1782 wieder Innsbruck zuständig. Die als Vertreter des Herrschers in Innsbruck amtierenden Gouverneure kamen mit einer Ausnahme von auswärts. Dass 1774 dem Gouverneur auch das Amt des Landeshauptmannes übertragen wurde, kennzeichnet die herrschende zentralistische Gesinnung. Denn wie sollte er zugleich die Interessen des Landes und der Staatsregierung vertreten können …

Es waren eben andere Zeiten angebrochen. Die meisten notwendigen Neuerungen in Politik, Wirtschaft und Kultur konnten sinnvoll nur auf gesamtstaatlicher Ebene durchgeführt werden. Die Erfüllung eigensüchtiger Sonderwünsche hätte dem Gesamtinteresse

Der plastische Schmuck und die Inschriften an der Triumphpforte in Innsbruck erinnern daran, dass die Tiroler Hauptstadt 1765 Schauplatz größter imperialer Prachtentfaltung war. Anlass war die Hochzeit des Kaisersohnes Leopold mit der spanischen Prinzessin Louisa von Bourbon. Der Jubel schlug jedoch in Trauer um, als Kaiser Franz Stephan, der Gemahl Maria Theresias, während der Feierlichkeiten verstarb. Die Reliefs auf der Nordseite der Triumphpforte sind diesem traurigen Ereignis gewidmet.

des Staates geschadet. Letztlich waren viele fortschrittliche Initiativen der Regierung, zum Beispiel auf dem Gebiet des Schulwesens und der Justiz, segensreich für das Land. Manche längst fälligen Reformen wären in Tirol wohl verhindert worden, wenn die konservativen und unter sich vielfach uneinigen Ständevertreter mehr zu sagen gehabt hätten. Aufgeschlossene Tiroler sahen das alles ein. Und das Verhältnis zur Wiener Regierung wäre sicher besser gewesen, wenn die leitenden Beamten, die vielfach nicht aus Tirol stammten, mit etwas mehr Rücksichtnahme auf Eigenart und Empfindlichkeit der Einheimischen vorgegangen wären.

So jedenfalls wuchs die Verärgerung über die von Wien diktierten Maßnahmen. Und nach 1780, unter Joseph II., sollte es noch ärger werden. Zahlreiche seiner Neuerungen im öffentlichen und religiösen Leben widersprachen der konservativen Gesinnung weiter Bevölkerungskreise. Besonders empört war man darüber, dass Joseph II. unter Missachtung des Maximilianischen Landlibells von 1511 auch in Tirol die Aushebung von Rekruten für einen langjährigen Militärdienst, die so genannte Konskription, einführte. Das „Tiroler Land- und Feldregiment" wurde nicht mehr wie bisher durch freie Werbung, sondern durch gesetzlich geregelte Einberufungen ergänzt.

Unzufriedenheit und Unmut der Bevölkerung nahmen derartige Ausmaße an, dass 1789 sogar der Ausbruch einer Revolte befürchtet werden musste, zumal in Frankreich gerade das Volk die Initiative zu einer Neuordnung der Verhältnisse ergriffen hatte und Nachrichten darüber auch in Tirol kursierten. Um die Situation zu beruhigen, nahm der Kaiser einige der verhassten Maßnahmen wieder zurück. Sein Tod im Jahr 1790 und der Regierungsantritt seines Bruders Leopold II. brachten schließlich eine Wende der Wiener Politik gegenüber den Ländern. Leopold berief sogar die Vertreter aller vier Stände wieder zu einem offenen Landtag. Über 500 Abgeordnete nahmen daran teil. Die vorgebrachten Forderungen zielten vor allem auf eine Wiederherstellung der alten Landesverfassung. Für deren zeitgemäße Reformierung und eine Vermehrung der Abgeordneten aus den unteren Ständen in einem neuen Landtag engagierten sich lediglich einige Bauernvertreter wie der Oberinntaler Richter Michael Senn. Die meisten Tiroler waren zufrieden, dass Leopold II. die Konskription abschaffte und einige andere Wünsche der Stände erfüllte. Als der Kaiser 1792 plötzlich starb, setzte sein junger Sohn, Kaiser Franz II., diese Politik fort. Doch die Jahre der alten Tiroler Verfassung waren gezählt.

WIE NUR SEIN BROT VERDIENEN?

Die Wirtschaft im 17. und 18. Jahrhundert

Die Zeiten wirtschaftlicher Hochblüte waren um 1700 längst Vergangenheit. Der Dreißigjährige Krieg hatte den internationalen Handelsverkehr schwer geschädigt. Nur in Innsbruck konnte der Rückgang des Durchzugsverkehrs leicht verkraftet werden, weil hier gerade in diesen Jahrzehnten der landesfürstliche Hof an Aufwand, Luxus und Gästen alles Bisherige übertraf und es somit genügend Verdienstmöglichkeiten gab. Die Auflösung der Residenz nach dem Tod des letzten Tiroler Habsburgers im Jahr 1665 wurde durch die Gründung der Universität im Jahr 1669 und den damit verbundenen Zustrom an Studenten zwar nicht vollständig wettgemacht, doch erhielt Tirol noch zwei Mal fürstliche Gubernatoren, deren Hofhaltung auch nicht bescheiden war. Außerdem blieb der Behördenapparat bestehen, und die Ständevertretung richtete sich in Innsbruck ein ständiges Organ ein.

So verstärkte sich die schon seit Sigmunds Tagen fühlbare Anziehungskraft der Residenzstadt auf den Adel des ganzen Landes. Immer mehr adelige Familien errichteten in Innsbruck repräsentative Ansitze und Paläste. Vom Ertrag ihrer im Land verstreuten Güter führten sie ein schönes Leben und gaben damit der Innsbrucker Wirtschaft kräftige Impulse. Die kostspieligen Bauten, deren luxuriöse Ausstattung und die aufwändige Lebensführung überstiegen aber die wirtschaftliche Kraft des Adels, dessen letzte Blütezeit deshalb bereits den Keim des Verfalls in sich trug. Die schleichende Geldentwertung minderte die Einnahmen aus dem Grundbesitz, da die Bauern ihre Abgaben längst nicht mehr in Naturalien, sondern in einer jährlichen Geldsumme entrichteten. Viele Geschlechter konnten ihren Besitz nicht halten, ein Innsbrucker Palast nach dem anderen ging in bürgerliche Hände über.

Am folgenschwersten für die Wirtschaft Tirols war das Ende des Bergbaus im 17. Jahrhundert. Immer mehr Betriebe mussten zusperren, und für die frei werdenden Arbeitskräfte gab es kaum Ausweichmöglichkeiten. Es bestanden zu wenige Großbetriebe des herstellenden Gewerbes, obwohl von allen Seiten Bemühungen zur Schaffung neuer Arbeitsplätze einsetzten. Die Regierung war an solchen Initiativen im Sinne der neuen Wirtschaftstheorien des Merkantilismus äußerst interessiert. Durch die Errichtung von Manufakturen, Produktionsgesellschaften und Handelskompanien sollten die Schätze des Landes und die Leistungskraft der Bevölkerung bestmöglich genützt werden.

Schon Erzherzog Maximilian III. hatte derartige Gedanken geäußert und die Berufung ausländischer Unternehmer zur Errichtung von Betrieben in Tirol angeregt. Es kam aber erst in der zweiten Hälfte des 17. Jahrhunderts dazu, wobei es in erster Linie um die Flachsverarbeitung ging. Trotz staatlicher Unterstützung, der Einführung von Schutzzöllen und anderer Fördermaßnahmen überlebten jedoch die meisten Textilunternehmen kaum die Zeit der Anfangsschwierigkeiten. Längeren Bestand und größere Bedeutung hatte nur die Baumwollmanufaktur der Strehle in Imst. Immerhin gab es im 17. und 18. Jahrhundert einige „Industriezentren": das Stubaital, wo sich zahlreiche Schmiede zu einer Gesellschaft zusammenschlossen; Kramsach mit der Messinghütte Achenrain

Die „Schätze des Landes Tirol" schildert der Wiener Maler Franz Anton Maulbertsch auf einem Deckenfresko des Riesensaales der Hofburg (1775/76): Landwirtschaft, Jagd, Handel, verschiedene Gewerbe, Bergbau und andere Wirtschaftszweige werden in Einzelszenen, symbolischen Gegenständen und allegorischen Figuren dargestellt.

und der Glashütte; Brixlegg mit Anlagen zur Silber- und Kupferverarbeitung; Fieberbrunn mit einer Eisen- und Stahlerzeugung aus den dort abgebauten Erzen. Außerdem arbeiteten in Lienz ein großes Messingwerk und in Hall natürlich die Saline.

Da Not erfinderisch macht, begann man in abgehausten Bergbaugebieten, aber auch in Tälern mit besonders starkem Bevölkerungszuwachs und mangelndem Bodenertrag, in Heimarbeit die verschiedensten Waren zu erzeugen und auf dem Weg des Hausierhandels selbst zu vertreiben. Berühmt waren Teppiche und Decken aus dem Pustertal, Hüte aus Sexten, Sterzinger Hornwaren, Schnalser und Sarner Loden, Holzspielzeug und andere Schnitzereien aus Gröden; es gab aber auch die Geigenbauer in Vils und Reutte, die Pfeifenspitzendrechsler in Ehrwald und ähnliche Spezialisten da und dort. Ganze Talschaften befassten sich mit dem Vertrieb fremder Produkte. So übernahmen die Deferegger den Verkauf der Teppiche und Hüte ihrer Pustertaler und Sextner Nachbarn, aber auch Uhren gehörten bald schon zu ihrem Warenangebot. Die Zillertaler Ölträger priesen heilkräftige Salben aus dem heimischen Steinöl an und waren zudem mit feinen Handschuhen unterwegs, die in Innichen und im Innsbrucker Raum hergestellt wurden. Als Kanarienzüchter und Vogelhändler wurden die Imster berühmt. Wo man nichts zu verkaufen hatte, ging man eben Jahr für Jahr als Saisonarbeiter in die Fremde. Ob Arbeiter oder Händler, so mancher blieb im Ausland, fand dort dauerhafte Arbeit, gründete vielleicht eine Familie. Heute noch leben Nachkommen ausgewanderter Tiroler in aller Welt. Der hausierende oder auf Märkten seine Waren feilbietende Tiroler war bald in ganz Europa eine gewohnte Gestalt, was zu verbreiteten Klischeevorstellungen von Tirol und seinen Bewohnern führte. Als der eine oder andere Tiroler auf Wanderschaft bemerkte, dass er in seiner Tracht als exotisches Wesen angesehen wurde und mit Späßen und Gesängen leichter sein Geld verdienen konnte, war ein neuer Geschäftszweig geboren. Das Wort „Tyroler" wurde gleichbedeutend mit „lustige Figur". An den kleinen Fürstenhöfen Deutschlands tummelten sich „Hoftyroler" als eine neue Spielart des Hofnarren. Sie erhielten fixe Besoldung, fungierten als Alleinunterhalter und mussten für allerlei Schabernack der Hofgesellschaft herhalten. Mit ihrer naiven, schlau-witzigen Art erwarben sich viele echte Sympathien. Der berühmteste „Hoftyroler" war Peter Prosch aus dem Zillertal, der u.a. am Münchner Kurfürstenhof gern gesehen war und vom greisen Bischof von

Der Zillertalers Peter Prosch, Handschuhhändler und „Hoftyroler": Porträt aus seinem Erinnerungsbuch.

Regensburg zu sich ans Sterbebett gerufen wurde, weil er mit ihm seine letzten Tage verbringen wollte.

Dass sich die Staatsregierung im 18. Jahrhundert zunehmend um die Landwirtschaft kümmerte, ist auf die junge Volkswirtschaftslehre zurückzuführen, die in der Steigerung der Nahrungsmittelproduktion eines ihrer ersten Ziele sah. Nachdem Maximilian III. erste Versuche mit dem Anbau von Mais unternehmen hatte lassen, verbreitete sich diese für Tirol neue Kulturpflanze im 18. Jahrhundert über das ganze Land. Etwas später setzte sich allmählich die Kartoffel durch. Unter Maria Theresia versuchte die Regierung, durch Gesetze und Vorschriften Einfluss auf die landwirtschaftliche Praxis zu nehmen. So erließ man zur Förderung des Obstbaus ein Dekret, dem zufolge „den heiratenden Bauernleuten die Verbindlichkeit zur Anpflanzung einiger Obstbäume" auferlegt wurde. Am wirkungsvollsten waren die staatlichen Bemühungen um die Urbarmachung versumpfter Gebiete und anderer Ödflächen.

Auch in den Bereich des städtischen Wirtschaftslebens griff die Regierung lenkend und fördernd ein. Zum Beispiel gewährte Claudia von Medici 1635 auf Wunsch maßgeblicher Handelsherren der Stadt Bozen eigene Messestatuten und die Gründung des so genannten Merkantilmagistrats, der als zweisprachiges Sondergericht für alle Marktangelegenheiten zur Zeit der Bozner Messen zuständig war. Damit sollten der Warenaustausch zwischen den Kaufleuten Italiens und Deutschlands und die Bank- und Rechtsgeschäfte während der schwierigen Zeit des Dreißigjährigen Krieges erleichtert werden. Die Durchzugsstraßen wurden seit dem späten 16. Jahrhundert verbessert oder gar neu trassiert. Dabei schenkte man den Ost-West-Strecken mehr Aufmerksamkeit. Erstmals wurde unter Joseph II. ein Karrenweg über den Arlberg gebaut. Vorher war dieser Pass nur für Reiter, Saumrosse oder zu Fuß passierbar. Schlecht für Tirol war, dass die Wiener Zoll- und Mautpolitik ganz auf die Förderung des Hafens von Triest ausgerichtet wurde, was den Verkehr einerseits nach Osten ablenkte und andererseits dazu führte, dass im Westen die Graubündner Straßen Konkurrenz machten, weil dort ein ganzer Wagen weniger Maut zahlte als in Tirol einige Zentner.

Dass die Barockkultur in Tirol einen so hohen Stand und eine so weite Verbreitung finden konnte, hängt gewiss weniger mit dem wirtschaftlichen als vielmehr mit dem geistigen Hintergrund und – im religiösen Bereich – mit der Opferbereitschaft der Bevölkerung zusammen. Ein überschwängliches Lebensgefühl, neu gewonnenes Selbstbewusstsein und eine tiefe Frömmigkeit brauchten entsprechende Ausdrucksmittel. Dass bei nicht wenigen Bauvorhaben vorzeitig das Geld ausgegangen ist, wirft ein bezeichnendes Licht auf die Situation. Landkirchen, in denen das für die Barockzeit so wichtige Deckenfresko fehlt oder erst später ergänzt wurde, sind keine Seltenheit. Und nur wenige spätgotische Bürgerhäuser wurden mit barocken Stukkaturen versehen, wie es anderswo üblich war. Auch die Klöster und Stifte beschränkten sich auf barocke Umbauten, statt wie im Osten Österreichs vollkommen neue Projekte durchziehen zu können.

IM HOCHGEFÜHL DES BAROCK

Kunst und Volkskultur von 1650 bis 1800 • Die Universität und Peter Anich

Die religiöse Erneuerungsbewegung seit der zweiten Hälfte des 16. Jahrhunderts schuf die geistige Basis für das Aufblühen einer Kunst, die volksverbunden war und zum Teil von einheimischen Meistern getragen wurde, auch wenn entscheidende Impulse von auswärts kamen. Das Land schwelgte im Hochgefühl des Barock, bis gegen Ende der Epoche der geistige Druck des aufklärerischen Staates einsetzte.

Die vollentwickelte Barockkunst begann in Tirol mit der Innsbrucker Jesuitenkirche (1627–1640), die im Wesentlichen den Musterbauten für Jesuitenkirchen Il Gesù in Rom und St. Michael in München folgte. Ziemlich gleichzeitig entstand in Volders die Karlskirche, ein frühbarocker Zentralbau, der in vereinfachter Form viel nachgeahmt wurde. Geplant wurde die Kirche von einem Baudilettanten, dem Arzt des Haller Damenstifts Dr. Hippolyt Guarinoni. Ein Zentralbau ist auch die 1649 eingeweihte Innsbrucker Mariahilf-Kirche des Hofbaumeisters Christof Gumpp. Die von ihm gegründete Baumeisterdynastie nahm durch drei Generationen im Tiroler Barock eine führende Stellung ein. Ihr wichtigster Vertreter ist Georg Anton Gumpp (1682–1754), dessen Hauptwerke die Johanneskirche und das Landhaus in Innsbruck sind. Die Gumpp verleugneten ihre italienische Schulung nicht, doch gelang ihnen der Durchbruch zu einer spezifisch heimischen Note, die an deutsche Traditionen anknüpfte.

Zu einem Musterbau für das spätere Tiroler Barock wurde St. Jakob in Innsbruck (1717 bis 1724), geplant und ausgeführt von den Füssener Baumeistern Herkomer und Fischer. Die meisten im 18. Jahrhundert erbauten Barockkirchen sind einheimischen Baumeisterfamilien zu danken, aber auch bayerischen Meistern, die vor allem Tirols einheitlichste Barocklandschaft, das Unterinntal, mitgeprägt haben. Ein Sonderfall ist der geistliche Baudirektor Franz de Paula Penz (1707–1772), unter dessen Leitung im mittleren Inntal und im Wipptal mit seinen Seitentälern nicht weniger als 14 Kirchen entstanden. Seine Hauptwerke sind die Pfarrkirchen von Gossensaß und Wilten.

Barocke Turmzwiebeln und markante, wenn auch oft nur kleine barocke Bauten sind wesentlicher Bestandteil der Tiroler Kulturlandschaft. Hier das Seekirchlein, ohne das die Umgebung des bekannten Touristenparadieses Seefeld unvollständig wäre.

Im südlichen Tirol nahm die Barockarchitektur durch den Einfluss der Lombardei eine etwas andere Entwicklung. Führend war hier die in Bozen ansässig gewordene, vom Comosee stammende Baumeisterfamilie Delai mit einem etwas strengeren und nüchterner wirkenden Stil, als ihn die mehr unter dem Einfluss Süddeutschlands stehenden Nordtiroler pflegten. Die Lombarden gelangten aber auch ins Inntal, wie die Rattenberger Servitenkirche des berühmten Francesco Diego Carlone beweist. Einzelleistungen wie die repräsentativen öffentlichen Palastbauten des Bozner Merkantilmagistrats (geplant von Francesco Perotti aus Verona) und des Innsbrucker Landhauses hatten keinen Einfluss auf die Entwicklung der Tiroler Architektur. Dagegen sind die Nachwirkungen des Dombaus in Brixen (1745–1754) deutlich zu spüren, obwohl durch den mehrmaligen Wechsel der planenden und ausführenden Meister kein einheitlicher künstlerischer Wille zum Durchbruch kam.

Die Stiftskirche von Neustift bei Brixen verdient in mehrfacher Hinsicht, aus der Fülle barocker Bauwerke in Tirol hervorgehoben zu werden. Einmal demonstriert sie in einzigartiger Weise, wie sehr Architektur, Malerei, Stukkatur und Plastik zu einer unzertrennbaren Einheit verschmelzen und ein Gesamtkunstwerk ergeben; zum anderen ist sie ein Beispiel für die im 17. und 18. Jahrhundert erfolgten Umbauten der Tiroler Klöster, die nicht reich genug waren, vollständige Neubauten in Auftrag zu geben. Auch in Neustift blieb das Mauerwerk der alten romanisch-gotischen Kirche als Gerippe erhalten. Dennoch ist die barocke Raumwirkung nahezu perfekt. Außerdem fällt auf, dass in Neustift Künstler aus dem Norden und dem Süden Tirols sowie ein großer Meister des für die Tiroler Kunst so wichtigen Nachbarlandes Bayern zusammengewirkt haben: Der Bozner Josef Delai entwarf die Pläne; der Innsbrucker Hofmaurermeister Georg Philipp Apeller übernahm die Ausführung und steuerte seinerseits einige Ideen bei; der aus dem süddeutschen Wessobrunn stammende Innsbrucker Anton Gigl schuf die für das Gesamtbild wichtigen Stukkaturen und der Augsburger Matthäus Günter die farbenfrohen Fresken. Günter vertritt bereits eine späte Phase der Barockmalerei.

Zu Beginn der Epoche hatten auch in dieser Sparte der Kunst in Italien geschulte Tiroler die vorher vor allem am Hof zu Innsbruck tätigen Ausländer abgelöst. Führend waren für längere Zeit die Innsbrucker Malerfamilien Schor und Waldmann. Noch vor 1700, früher als in anderen deutschen Ländern, setzte sich in Tirol das perspektivisch-illusionistische Deckenfresko durch, wie es in Italien als Fortsetzung und Öffnung der Architektur in den Himmel „erfunden" worden war. Eine große Rolle hatte dabei der aus Welschtirol stammende Andrea Pozzo (1642–1709) gespielt, denn sein Buch über Theorie und Praxis der perspektivischen Malerei avancierte zum Standardwerk. Einen Schritt über Pozzo und seine Schüler hinaus ging der Münchner Cosmas Damian Asam (1686–1739), der die Scheinkuppeln der St.-Jakobs-Kirche in Innsbruck malte und auf diese Weise zum großen Anreger für viele Tiroler Künstler wurde. Zwar gab es in der Barockzeit auch bedeutende Tafelmaler im Land (z. B. Johann Georg Grasmayr in Innsbruck oder Franz Sebald Unterberger in Bozen), doch sind die Leistungen auf dem Gebiet des Freskos höher einzuschätzen, vor allem im Spätbarock, als so große Malerpersönlichkeiten wie die Reuttener Franz Anton Zeiller und Johann Jakob Zeiller, Anton Zoller aus Telfs oder der gebürtige Wiener Josef Adam Mölk die vielen neuen Kirchen durch ihre Kunst vollendeten.

Ausschnitt aus dem Deckenfresko „Anbetung des Lammes" von Paul Troger im Brixner Dom.

Was die Plastik betrifft, kann man in der Barockzeit eine große Zahl von Talenten feststellen. Einer der bedeutendsten Bildschnitzer war Andreas Thamasch aus dem Paznaun (1639–1697), der als Stiftbildhauer des Klosters Stams das Tiroler Hochbarock begründete und dessen Schüler Matthias Bernhard Braun (1684–1738) nach Böhmen ging und dort großartige Werke schuf, u.a. die Figuren der Prager Karlsbrücke. Auch andere Tiroler Plastiker wirkten auswärts, etwa Andreas Faistenberger (1646–1735) aus der Kitzbüheler Künstlerfamilie, der als Hofbildhauer in München die Kunst Berninis nach Süddeutschland vermittelte, oder Simon Troger (1683–1768) aus Abfaltersbach im Pustertal, der ebenfalls in München zum größten deutschen Elfenbeinschnitzer des Frühbarock wurde. In Wien trat der Innsbrucker Balthasar Moll (1717–1785) das künstlerische Erbe Raphael Donners an, lehrte an der Akademie und wurde als Schöpfer des Prunksarkophags des Kaiserpaares Maria Theresia und Franz I. in der Kapuzinergruft berühmt. Überhaupt arbeiteten in der Barockzeit Tiroler Künstler in großer Zahl in den benachbarten Ländern. Einige von ihnen gehören zu den ganz Großen der europäischen Kunst, vor allem in der Architektur – der Name Jakob Prandtauer (1660–1726), des Schöpfers von Stift Melk, steht für viele – und in der Freskomalerei. Paul Troger (1698–1762) aus dem Pustertal, der in zahlreichen niederösterreichischen Klosterbauten das in Italien Erlernte zu einem eigenständigen Stil entwickelte, schuf allerdings sein Hauptwerk in der Heimat, weil ihn der Fürstbischof von Brixen mit der Gestaltung des Deckenfreskos im neuen Dom bauftragte, „weilen sein Pembsel in ganz Europa vor andern sonderbahr in Fresco berüembt" sei.

Seit Mitte des 18. Jahrhunderts ging der Einfluss Italiens auf die Tiroler Kunst zurück. Die jungen Talente besuchten jetzt immer häufiger, nicht zuletzt mit Förderung staatlicher Stellen, die Wiener Kunstakademie, die vom Welschtiroler Maler Peter Strudl gegründet worden war und an der auch Tiroler unterrichteten. Zwischen 1750 und 1760 wurde die Akademie sogar ganz von den „Tyrollern" beherrscht. Durch drei Jahre bekleidete Paul Troger, das große Vorbild einer ganzen österreichischen Malergeneration, das Amt des Rektors. Auch während der folgenden, vom Klassizismus beherrschten Epoche waren hier immer wieder Tiroler Künstler tätig, so ab 1781 Franz Anton Zauner (1746–1822) vom Kaunerberg, der mit seinen Fassadenplastiken, Grabmonumenten und Denkmälern stilprägend wirkte. Eines seiner Hauptwerke ist das Reiterstandbild Kaiser Josephs II. am Wiener Josefsplatz.

Langsamer als in anderen Ländern ging in Tirol im späten 18. Jahrhundert das Zeitalter des Barock zu Ende. Es hatte in einer letzten Phase nach dem höfischen Wiener Rokoko auch noch die Anfänge des Klassizismus verarbeitet. Die Epoche hinterließ nicht nur viele Kirchen und Kunstwerke und war in manchen Teilen des Landes mitbestimmend für das Bild der Landschaft und der Städte. Auch die Volkskunst, die Trachten und Bräuche und andere bis heute fortwirkende Traditionen wurden von Geisteshaltung und

Formempfinden des Barock geprägt.

Ein besonderer Stellenwert kam dem Theater zu. Die Tradition der mittelalterlichen Spiele war nie ganz abgebrochen, wenn auch Reformation und Gegenreformation Inhalte und Spielweisen veränderten. Jetzt wurden die Lehrstücke der Jesuiten und anderer Orden auf dem Land volkstümlich umgeformt und fanden viel Anklang. Neben verschiedenen Legendenstoffen, historischen Themen und der lokalen Verarbeitung der in ganz Europa

*„Der Raub der Proserpina",
Figurengruppe aus Elfenbein
von Simon Troger.*

*Rechts: Stift Melk von Jakob
Prandtauer.*

verbreiteten Faust-, Don-Juan- und Jedermann-Motive lebten auch die Passionsspiele wieder auf. Obwohl Maria Theresia 1751 die Aufführung geistlicher Spiele gleich vielen dem aufgeklärten Geist als sinnlos scheinenden Bräuchen verbot, konnte sich das Volkstheater am Land, wohin der lange Arm der Behörden nicht reichte, weitgehend behaupten. Um nicht Anstoß zu erregen, spielte man allerdings mehr Stücke weltlichen Inhalts, was die Tradition der Ritter- und Räuberstücke des 19. Jahrhunderts begründete.

Mit der Aufhebung von Klöstern und Bruderschaften, der Schließung vieler Kirchen und Kapellen und einer neuen Pfarreinteilung griff der Staat in der zweiten Hälfte des 18. Jahrhunderts fühlbar ins geistige Leben ein. Nur wenig davon wirkte sich positiv aus. Auf dem Gebiet der Bildung freilich bedeutete die Schulgesetzgebung Maria Theresias und Josephs II. mit der Begründung eines weitverzweigten Netzes von Pflichtschulen und einer geregelten Lehrerbildung einen kaum zu überschätzenden Fortschritt. Die in den größeren Städten existierenden Gymnasien übernahm nach der Auflösung der Orden der Staat.

Seit der 1669 erfolgten Gründung der Universität in Innsbruck konnten Tiroler im eigenen Land auch höhere Studien absolvieren. 600 Hörer gab es um die Mitte des 18. Jahrhunderts. Das Niveau der Innsbrucker Hochschule konnte freilich mit der europäischen Entwicklung der Wissenschaften in den meisten Fächern nicht Schritt halten. Immerhin waren die Leistungen der Mediziner auf der Höhe der Zeit. Die Gründung der Universitätsbibliothek (1745), deren Bestände unter Joseph II. durch die Bücher der aufgehobenen Klöster bedeutend vergrößert wurde, erleichterte Lehre und Forschung

Bei Professor Ignaz Weinhart, einem der angesehendsten Professoren, absolvierte Peter Anich (1723–1766), ein Bauer aus Oberperfuß, neben seiner landwirtschaftlichen Arbeit ein mehrjähriges Privatstudium in Mathematik, Astronomie und Kartographie und verfertigte anschließend einen Himmels- und einen Erdglobus. Auf Grund dieser aufsehenerregenden Leistung und mehrerer kartographischer Probearbeiten erhielt er 1760 den Regierungsauftrag, das Land zu vermessen und eine Karte von Tirol zu zeichnen. In den Sümpfen südlich von Bozen holte sich Anich im vierundvierzigsten Lebensjahr den Tod. Die Karte des nördlichen Landesteils war bereits fertig. Den Süden ergänzte sein Dorfgenosse und Schüler Blasius Hueber, ebenfalls Bauer.

Im Gottesbund gegen die Feinde

1796: Die Freiheitskämpfe beginnen • Wer war das Mädchen von Spinges?

Ereignisse und Gedankengut der Französischen Revolution wurden auch in Tirol bekannt und heftig diskutiert. Dann brachten die revolutionären Armeen den Krieg ins Land. Als im Frühjahr 1796 der junge General Napoleon Bonaparte die Österreicher zum Rückzug aus der Lombardei gezwungen hatte, rückten Schützenkompanien an die bedrohte Südgrenze. Den Feind von Tirol fernzuhalten, geboten nicht nur Freiheitsliebe und Patriotismus, sondern auch die Treue zu Religion und Kirche, die unter der Revolution in Frankreich und in den von ihren Armeen eroberten Ländern zu leiden hatten.

Bezeichnend für die Stimmung im Land ist das am 1. Juni 1796 von den Volksvertretern in Bozen beschlossene Gelöbnis, das Herz-Jesu-Fest besonders feierlich zu begehen. Die Verehrung des heiligsten Herzens Jesu war seit Mitte des 18. Jahrhunderts von den Volksmissionaren gefördert worden, wurde jedoch später von staatlichen und kirchlichen Aufklärern möglichst unterdrückt, ja sogar mit Verboten belegt, was viel Unmut auslöste. Vor diesem Hintergrund gewinnt das Herz-Jesu-Gelübde, das bald schon als ein Bündnis, als „Gottesbund" im alttestamentarischen Sinn aufgefasst wurde, größere Bedeutung. Offenbar ging es nicht nur darum, den Beistand Gottes im Kampf gegen äußere Feinde zu erflehen. Es war auch der Höhepunkt einer Auseinandersetzung mit Andersdenkenden im eigenen Land und an der Spitze des Staates.

Im Herbst 1796 entschloss sich Napoleon, seine Stellungen rund um das belagerte Mantua durch einen Angriff auf Tirol abzusichern. Er marschierte nordwärts und besetzte Trient, erst bei Salurn konnte der Vorstoß aufgehalten werden. Zu Beginn des Jahres 1797 wurde die Lage für Tirol durch den Fall Mantuas wieder bedrohlich, da Napoleon jetzt mit der Hauptarmee über Friaul in Richtung Wien vorrückte und General Joubert zum Flankenschutz über das Etschtal, Eisacktal und Pustertal marschieren ließ. Die Abwehrlinien bei Salurn hielten nicht stand, am 23. März erreichte Joubert Bozen, am Tag darauf Brixen. Die kaiserlichen Truppeneinheiten und die einheimischen Landesverteidiger zogen sich nach Sterzing zurück und ließen von dort aus dem Feind keine Ruhe. Am 2. April kam es zu jenem berühmten Gefecht bei Spinges, das nach anfänglichen Schießduellen zu einem blutigen Ringen Mann gegen Mann wurde und auf beiden Seiten große Verluste forderte. Der Ausgang war im Grunde unentschieden. Zwar mussten sich die Tiroler schließlich vor der anrückenden französischen Verstärkung zurückziehen, doch hatten sie den Feind entscheidend geschwächt und ihm Angst und Schrecken eingejagt. Vom berühmten „Mädchen von Spinges", der ladinischen Bauernmagd Katharina Lanz, die mit einer Heugabel in den Kampf am Friedhof von Spinges eingegriffen hat, weiß man wenig Gesichertes. Sie wurde jedenfalls zu einer Symbolgestalt für tirolischen Freiheitswillen.

In den folgenden Tagen bedrängten die Tiroler den Feind von allen Seitentälern heraus und vor allem über die Berghänge herab. Als die Lage für Napoleons General unhaltbar wurde, zog er mit seinen rund 1000 Mann in Richtung Lienz ab, um in Kärnten zur Hauptarmee zu stoßen. Auch in Lienz war es inzwischen zu Kämpfen gekommen, als

Das „Mädchen von Spinges" in einer zeitgenössischen Darstellung, erschienen in dem in Wien herausgegebenen „Tiroler Almanach auf das Jahr 1802".

von Kärnten aus französisches Militär die Stadt besetzte. Bauern der Umgebung wagten am Abend des 3. April einen Überraschungsangriff, vertrieben die Eindringlinge und besetzten die Schanzen am Kärntner Tor, um eine Rückkehr der Feinde zu verhindern. Doch die kamen nun von der anderen Seite, aus dem Pustertal herab. Es waren schlimme Tage für Lienz. Die Soldaten plünderten, und offiziell wurde die Lieferung von 36.000 Portionen Brot, 10.000 Rationen Fleisch, 30 Ochsen und 20.000 Maß Wein gefordert. Und wegen der Vorfälle vom 3. April sollte die Stadt 100.000 Gulden Kontribution bezahlen. Als nur 24.000 Gulden aufgebracht werden konnten, nahmen die Franzosen bei ihrem Abzug am 13. April einige Geiseln mit.

Da inzwischen die Franzosen Welschtirol wieder geräumt hatten, war nun das ganze Land befreit. Voll Stolz und Selbstbewusstsein weigerten sich die am Kärntner Tor stehenden Landesverteidiger, die im Vorfrieden von Leoben zwischen Erzherzog Karl und Napoleon ausgehandelten Waffenstillstandsbedingungen anzuerkennen, da sie den Franzosen eine Wiederbesetzung des Lienzer Talbodens gestatteten. Fast wäre es wieder zu Kämpfen gekommen, doch das Läuten der Sturmglocken und Täuschungsmanöver der Tiroler veranlassten die von Oberdrauburg aus anrückenden Kolonnen zur Umkehr. Die Lienzer Geiseln wurden nach Bezahlung von weiteren 12.000 Gulden freigelassen.

Der Friede von Campoformio, der den Krieg zwischen Frankreich und Österreich im Oktober 1797 beendete, brachte für Tirol keine Veränderungen. Schon im März 1799 kam es jedoch zum zweiten Waffengang der antirevolutionären Staatenkoalition. Hauptkriegsschauplätze waren Süddeutschland und erneut Oberitalien. Nach Tirol stießen die Franzosen diesmal über Graubünden vor und verwüsteten den obersten Vinschgau; Glurns, Mals und Schluderns wurden in Brand gesteckt. Im Jahr darauf wurde das Außerfern angegriffen, bevor es zum Waffenstillstand und am 9. Februar 1801 zum Frieden von Lunéville kam. Die Habsburgermonarchie konnte den Länderbestand wahren, das Reich musste jedoch alle Gebiete westlich des Rheins an Frankreich abtreten.

Zur Entschädigung der betroffenen Fürsten gingen die geistlichen Fürstentümer östlich des Rheins in ihren Besitz über. Der „Reichsdeputationshauptschluss" von 1802/03 führte auf diese Weise zu einer Vereinfachung der Landkarte Deutschlands. Wenig später wurden auch die Gebiete der reichsunmittelbaren Adeligen und Städte den benachbarten Fürstentümern einverleibt. Diese „Flurbereinigung" hatte auch für Tirol größte Bedeutung, gab es doch innerhalb der Grenzen des Landes zwei bis dahin offiziell selbständige geistliche Fürstentümer: Trient mit etwa 4100 qkm und 145.000 Einwohnern, Brixen mit nur 900 qkm und 26.000 Einwohnern. Durch Verträge mit der Grafschaft Tirol war allerdings die Souveränität beider Territorien seit Jahrhunderten eingeschränkt. Mit ihrer Einverleibung war ein Zustand beseitigt, der schon lange als unzeitgemäß galt.

Das Ende der geistlichen Fürstentümer bedeutete noch nicht die Vereinheitlichung der Diözesangebiete. Außer Brixen und Trient hatten bis 1785 neun andere Diözesen Anteil am Tiroler Gebiet (Chur, Augsburg, Freising, Salzburg, Chiemsee, Aquileia bzw. Görz, Feltre, Padua und Verona). Dann fielen die Welschtiroler Pfarren an Trient, Brixen übernahm 1789 den kleinen Tiroler Anteil der Erzdiözese Görz. Im Osten und Norden dauerte der alte Zustand noch etwas länger. Aber nach der napoleonischen Ära wurden auch hier zeitgemäße Regelungen getroffen. Nur Salzburg blieb weiterhin für zahlreiche Tiroler Pfarren zuständig.

Als geistliches Fürstentum hatte Salzburg mit dem „Reichsdeputationshauptschluss" zu existieren aufgehört. Das Land wurde zum Herzogtum, das ein Bruder des Kaisers regierte. An den Grenzen zu Tirol änderte sich nichts: Das Brixental, das Zillertal, Windisch-Matrei, ein Teil des Defereggentals und Lengberg bei Lienz blieben bei Salzburg und wurden 1805, als Tirol zu Bayern kam, österreichisch. Aus der „salzburgischen Geschichte Tirols" darf das traurige Kapitel der Deferegger Protestanten nicht unerwähnt bleiben, die im späten 17. Jahrhundert ihre Heimat verlassen mussten. Über 900 Deferegger traf dieses Schicksal, konnte doch der jeweilige Landesherr nach geltendem Reichsrecht die Religion seiner Untertanen bestimmen.

Der letzte Brixner Fürstbischof Karl Franz Graf Lodron.

Das komplizierte Gebilde des alten „Römisch-Deutschen Reiches" überdauerte die an sich sinnvolle Umstrukturierung von 1802/03 nur für kurze Zeit. Die Gründung des „Rheinbundes" einiger deutscher Kleinstaaten unter dem Protektorat Napoleons mit der Verplichtung, ihm Kriegshilfe zu leisten, bedeutete praktisch die Auflösung des Reichsverbandes und veranlasste Kaiser Franz II., im Jahr 1806 die römisch-deutsche Kaiserkrone niederzulegen. Zwei Jahre zuvor hatte er den Titel eines Kaisers von Österreich angenommen (als solcher Franz I.), um ein Gegengewicht zum neuen Kaisertum Frankreich zu schaffen.

WARUM DIE TIROLER NICHT BAYERN SEIN WOLLTEN …

Der Anschluss an Bayern und die Gründe für die Erhebung von 1809

Im Krieg von 1800 waren Österreich und Bayern noch verbündet. Fünf Jahre später standen sie sich als Feinde gegenüber. Max IV. Joseph hatte sich mit Napoleon verbündet, sein Kurfürstentum – durch die Einverleibung der geistlichen Fürstentümer Freising und Augsburg sowie mehrerer kleiner Herrschaften und der Reichsstädte größer und mächtiger geworden – wurde von diesem am 1. Jänner 1806 zum Königreich erhoben. Schon vorher hatte das von Napoleon schwer geschlagene Österreich im Frieden von Preßburg (26. Dezember 1805) die gefürstete Grafschaft Tirol abtreten müssen.
Die Unterwürfigkeit und Schmeichelei, die eine Tiroler Delegation in München dem neuen Lan-

Amtstafel des verhassten, weil für die Steuereinbringung zuständigen königlich-bayerischen General-Taxamtes für Tirol aus den ersten Monaten der neuen Herrschaft. Das von den bayerischen Löwen gehaltene Königswappen, aus dem im September 1806 der von der Kurfürstenwürde herrührende Reichsapfel verschwand, wird hier noch vom Tiroler Adler überragt.

desherrn gegenüber an den Tag legte, konnte nicht darüber hinwegtäuschen, dass die meisten Tiroler dem neuen Regime wenig Liebe entgegenbrachten. Alte Rivalitäten und frühere militärische Auseinandersetzungen waren nicht vergessen. Dass man auch mit der Wiener Regierung nicht immer zufrieden gewesen war, fiel angesichts des erzwungenen Herrschaftswechsels nicht ins Gewicht. Bayerns König Max I. Joseph empfand für seine neuen Untertanen aufrichtige Zuneigung und war bemüht, sie für sich zu gewinnen. In diesem Sinn versprach er schriftlich, Verfassung und Sonderstellung des Landes nicht anzutasten, und schickte den aus altem Welschtiroler Adel stammenden Grafen Karl Arco als Hofkommissär nach Innsbruck, um die Verwaltung des Landes zu leiten. Er sollte alles vermeiden, was zu Beschwerden Anlass geben könnte.
Die Einverleibung Tirols in das bayerische Königreich konnte aber nicht ohne harte Maßnahmen erfolgen, da man in München einen modernen Einheitsstaat schaffen wollte. Die dazu notwendigen Reformen betrafen ganz Bayern, besonders alle seit 1802 erworbenen Gebiete und darunter wieder hauptsächlich Tirol, wo vieles nachzuholen war. Zum Teil waren es ähnliche Maßnahmen, wie sie bereits die österreichischen Herrscher Maria Theresia und Joseph II. begonnen oder zumindest beabsichtigt hatten. Was man sich schon vom angestammten Landesvater nicht gerne gefallen ließ, musste als Diktat einer Fremdherrschaft besonders verbittern. Dazu kam statt Behutsamkeit oft eine unkluge Vorgangsweise vor allem untergeordneter Beamter. Dass vieles am Reformwerk der bayerischen Regierung vor allem auf dem Gebiet des Gerichtswesens und der Verwal-

Karl Graf Arco, bayerischer Hof-, später Generalkommissär, der 1806 bis 1808 die Verwaltung Tirols leitete.

tung, aber auch im schulischen Bereich und im Sanitätswesen längst an der Zeit war, wurde von fortschrittlichen Tirolern durchaus eingesehen. Doch die Mehrheit wollte nichts davon wissen. Außerdem brachten selbst gut gemeinte und an sich sinnvolle Maßnahmen einzelnen Tirolern große persönliche Nachteile. So wurden Hebammen und Bötinnen arbeitslos, weil für die einen Ausbildung und Prüfungen vorgeschrieben wurden und den anderen die Ausdehnung des Postmonopols jede Verdienstmöglichkeit nahm. Gleichzeitig litt die Allgemeinheit darunter, weil für die entsprechenden Dienste (noch) kein Ersatz zur Verfügung stand.

Zu Beginn der bayerischen Herrschaft war es vor allem die drastische Erhöhung des Steuerdrucks, die den Unmut der Tiroler erregte. Schlimm war, dass gleichzeitig das Wirtschaftsleben stockte oder gar unter Rückschlägen litt. Dabei hatten sich ursprünglich viele Händler und Gewerbetreibende – vor allem in Innsbruck – vom Wechsel der Staatszugehörigkeit als Folge verstärkter Wirtschaftsbeziehungen zum bayerischen Raum spürbare Vorteile erhofft.

Auch in kulturpolitischer Hinsicht konnten sich freisinnige städtische Kreise von der aufgeklärten Münchener Regierung einiges erwarten. Entsprechend ihrer Geisteshaltung hatten Beamtenschaft, Professoren und höhere Bürgerkreise meist nichts gegen die aufklärerische Kirchen- und Religionspolitik der neuen Regierung einzuwenden, die ansonsten im ganzen Lande abgelehnt wurde. Im Sinne des aufgeklärten Absolutismus fühlten sich die staatlichen Organe berechtigt, regelnd und reformierend in den kirchlichen Bereich einzugreifen und das religiöse Leben von allem zu säubern, was der neue Geist als unsinnig, unnütz und veraltet betrachtete.

Wahrscheinlich hat niemand daran gedacht, wie sehr die Flut von Verboten und Verordnungen das religiöse Gefühl der Bevölkerung verletzen musste. Tatsächlich waren die Bayern vom Maß der Empörung völlig überrascht, die das Verbot der Mitternachtsmette zu Weihnachten des Jahres 1806 auslöste. Doch die Einmischung in kirchliche Angelegenheiten ging weiter: Feiertage wurden abgeschafft, Bittgänge und Prozessionen verboten, das Wetterläuten und Glockengeläute am Feierabend unter Strafe gestellt usw. Bischöfe und Klerus wurden mit nahezu unannehmbaren Forderungen konfrontiert, die alle auf eine völlige Unterwerfung der Kirche unter den Staat hinausliefen. Die sieben großen Klöster des Landes und eine Reihe geistlicher Vereinigungen wurden aufgehoben, die Stiftsgüter konfisziert. Dass diese Maßnahmen bereits unter Joseph II. vorexerziert worden waren, änderte nichts an ihrer Wirkung auf die Stimmung der Bevölkerung, die in den Bayern allmählich eine gottlose Bande sehen musste.

Der ärgste Schlag gegen das Tiroler Selbstverständnis war die Ausrufung der neuen Verfassung des Königreichs am 1. Mai 1808, die mit allem Althergebrachten völlig brach und einen modernen Einheitsstaat verwirklichen sollte. Die alten Provinzen als historisch gewachsene Einheiten wurden bewusst zerschlagen, an ihre Stelle traten kleinere Kreise nach rein administrativ-geographischen Gesichtspunkten. Solches Vorgehen traf andere Landesteile Bayerns nicht minder hart, war also keineswegs gegen Tirol gerichtet. Dennoch musste es gerade die Tiroler brüskieren, wenn ihr Land zu bestehen aufhörte und an seine Stelle nach den Hauptflüssen Inn, Eisack und Etsch benannte Kreise traten. Gleichzeitig verschwand – entgegen allen Versprechungen des Königs – die landständische Verfassung, auf welche die Tiroler so stolz gewesen waren, auch wenn sie längst nicht mehr die einstige Bedeutung besessen hatte. Die landständischen Behörden, Ausschüsse und Amtsträger wurden aufgelöst bzw. abgesetzt.

Mit der Einführung der neuen Staatsverfassung bestand kein Hindernis mehr, Tiroler zum bayerischen Militärdienst heranzuziehen. In München wusste man wohl, was eine allgemeine Konskription für die bisher davon befreiten Tiroler bedeutete. Doch Napoleon forderte von seinen Verbündeten immer mehr Soldaten, und so mussten alle Rücksichten fallengelassen werden. Als man am 12. und 13. März 1809 tatsächlich Rekruten ausheben wollten und dafür Axams bei Innsbruck ausersah, flohen die betroffenen Burschen in die Wälder. Militär schwärmte aus, um die Entlaufenen festzunehmen, eine bayerische Patrouille wurde in die Flucht geschlagen, in einigen umliegenden Dörfern läuteten die Sturmglocken. Bauern griffen zu den Waffen, nahmen Soldaten gefangen und schickten sie entwaffnet nach Innsbruck zurück.

Die Folge dieses missglückten Rekrutierungsversuchs waren Unsicherheit auf bayerischer und Selbstvertrauen auf tirolischer Seite. Die vom wiederaufgerüsteten und kriegsbereiten Österreich kräftig geschürte Widerstandbereitschaft wuchs. Maßgebliche Kreise in Wien, an ihrer Spitze Erzherzog Johann, forderten die Tiroler über Abgesandte und Flugblätter zum Aufstand auf, versprachen ihnen alle Hilfe und versuchten, ein gewaltsames Vorgehen gegen die rechtmäßige Regierung moralisch und juridisch zu rechtfertigen. Immer wieder wurde behauptet, Bayern habe mit der Aufhebung der Landesverfassung die Bestimmungen des Friedensvertrags von Preßburg gebrochen und dadurch das Recht auf Tirol verwirkt. Der in Wien wirkende Tiroler Historiker, Archivdirektor und Dichter Josef Freiherr von Hormayr, ein Berater Erzherzog Johanns, sorgte durch seine propagandistische Tätigkeit dafür, dass diese Auslegung des Vertrags zum Allgemeingut der Tiroler wurde. Auch die einstigen Versprechen des bayerischen Königs spielten bei der Rechtfertigung des Aufstandes eine wichtige Rolle. Einem wortbrüchigen Herrscher sei man nicht zur Treue verpflichtet, hieß es.

Nachdem einige Führer des Tiroler Widerstandes – unter ihnen der Passeirer Sandwirt Andreas Hofer – in Wien konkrete Vereinbarungen getroffen hatten, kam es im ganzen Land zur organisatorischen Vorbereitung eines Aufstandes gegen die schwachen Besatzungstruppen. Sofort nach der österreichischen Kriegserklärung an Bayern und Frankreich und dem Einmarsch des österreichischen Militärs in Tirol sollte losgeschlagen werden.

Josef Freiherr von Hormayr, Propagandist der Volkserhebung und „Intendant" der provisorischen österreichischen Verwaltung nach der Vertreibung der Bayern.

„WERFT SIE DEN BERG HINAB ..."

Die Erhebung, die Kämpfe am Bergisel und Hofers Regiment

Am 9. April 1809 war es soweit: Österreich erklärte Frankreich und seinen Verbündeten den Krieg, und General Chasteler rückte im Drautal auf bayerisches Gebiet vor. Einen Tag vorher hatte Erzherzog Johann in Villach eine Urkunde unterzeichnet, mit der Österreich Tirol wieder in Besitz nahm. Freiherr von Hormayr, der zum „Intendanten" für das wiedereroberte Land ernannt worden war, hatte auf die Verlautbarung eines solchen „Besitzergreifungspatentes" großen Wert gelegt, damit sich die Tiroler nicht mehr als bayerische Untertanen fühlen mussten. Wer gegen Bayern kämpfte, sollte kein Rebell, sondern Angehöriger des militärischen Aufgebotes sein, wie es in der alten Landesordnung vorgesehen war. Im ganzen Land wurden Proklamationen verbreitet, die zu den Waffen riefen. Der Krieg war inzwischen in vollem Gang, Erzherzog Karl marschierte mit der österreichischen Hauptarmee Richtung München.

Bei der Kunde vom Kriegsausbruch erhoben sich überall in Tirol bewaffnete Bauernscharen, nahmen missliebige Beamte gefangen und überwältigten oder vertrieben die schwachen Militäreinheiten. Einen Oberbefehl gab es nicht, ja selbst bei Einzelaktionen fehlte oft eine wirkliche Führung. Der Passeirer Kommandant Andreas Hofer bei den Kämpfen in Sterzing und Josef Speckbacher bei der Gefangennahme der Besatzung von Hall und Volders waren Ausnahmen. Die schwersten Kämpfe ereigneten sich am 11. und 12. April um und in Innsbruck, wo die verzweifelt kämpfenden Bayern besiegt und gefangengenommen wurden. Einen Tag später musste eine über den Brenner kommende französische Abteilung von 4600 Mann kapitulieren.

Im befreiten Land versuchte Intendant Hormayr eine geordnete österreichische Verwaltung in Gang zu bringen. General Chasteler oblag die militärische Sicherung des errungenen Erfolges, eine zu schwierige Aufgabe, wie sich bald zeigen sollte. Denn Napoleon hatte inzwischen die Österreicher aus Bayern zurückgedrängt und rückte gegen Wien vor. Er wollte keinen Unruheherd im Rücken und gab seinem Marschall Lefebvre den Befehl, mit zwei bayerischen Divisionen Tirol wieder zu unterwerfen.

Obwohl die Tiroler die Grenzpässe nur schwach besetzt hielten, stieß der französische Feldherr am 11. Mai mit über 10.000 Mann am Pass Strub bei Lofer auf erbitterten Widerstand. Neun Stunden wurde gekämpft. Die Bayern verloren rund 1000 Mann an Toten und Verwundeten, bevor der Durchbruch gelang. Die Soldaten waren wütend. Aufgehetzt durch wochenlange Propaganda, die die Tiroler als treulose Unmenschen hinstellte, ließen sie sich beim Marsch über St. Johann nach Wörgl zu ärgsten Ausschreitungen hinreißen. Es wurde geplündert, Feuer gelegt, gemordet, dass den Offizieren schauderte. Bei Wörgl erlitt das österreichische Korps eine schwere Niederlage. Beim Eingang ins Zillertal kam es erneut zu Kämpfen und zu Ausschreitungen. Dann wurde Schwaz erobert und in Brand gesteckt, ebenso Vomp und andere Dörfer rundherum.

Der Feuerschein und die Nachrichten vom Wüten der Bayern hatten weitum Schrecken verbreitet, noch mehr aber Zorn und Hass. Die Grausamkeit des Feindes weckte in der bereits entmutigten bäuerlichen Bevölkerung erneut die Widerstandsbereitschaft. Wäh-

Der Brand von Schwaz und der umliegenden Dörfer im Mai 1809, gezeichnet von einem Zeitgenossen, dem Innsbrucker Servitenpater Benitius Mayr.

rend es im Inntal zu einer Kampfpause kam und die bayerischen Truppen in Innsbruck einzogen, rief südlich des Brenners Andreas Hofer dazu auf, dem „nördlichen Vaterland" Hilfe zu bringen und die „Mordbrenner" zu vertreiben. General Chasteler war dafür nicht zu gewinnen, zog über das Pustertal ab und ließ nur einen kleinen Rest seiner Truppen zur Unterstützung der Tiroler zurück.

Als von Innsbruck die Kunde ins Tiroler Hauptquartier nach Sterzing gebracht wurde, dass General Lefebvre seine Aufgabe in Tirol offenbar für beendet hielt und mit einem Teil der Truppen abzog, entschied sich ein Kriegsrat für den Angriff. Andreas Hofer, der von den Schützen und Landsturmabteilungen der südlichen Täler als ihr Oberkommandant betrachtet wurde, schickte zum ersten Mal seine markig formulierten „Laufzettel" in alle Teile des Landes. Sogleich strömten von überall bewaffnete Scharen in Sterzing zusammen. In den Morgenstunden des 25. Mai traf das etwa 5000 Mann starke Bauernheer in Matrei ein und besetzte die Hänge südlich von Innsbruck, deren Mittelstück von der Sillschlucht bis zum Anstieg nach Natters damals allgemein als Bergisel bezeichnet wurde, ein Name, der heute nur mehr für den Hügel am Ausgang der Sillschlucht üblich ist. Speckbacher führte vom Unterinntal etwa 1000 Schützen heran. Die Tiroler wurden von rund 1200 Mann österreichischer Infanterie unterstützt.

Einen Schlachtplan hatten die Tiroler nicht. „Wenn ihr die Bayern trefft, so schlagt drauflos und werft sie über den Berg hinab!" war Andreas Hofers einfaches taktisches Konzept. Es sollte sich bewähren. Bald kam es auf breiter Front zu Kämpfen mit den knapp 5000 bayerischen Soldaten unter General Deroy. Diese „erste Bergiselschlacht" dauerte nur wenige Stunden, ein heftiges Gewitter und die einbrechende Nacht trennten die Kämpfenden, ohne dass eine Entscheidung gefallen wäre. Nachdem Andreas Hofer Verstärkungen herbeigerufen hatte, ließ er am 29. Mai 1809 noch einmal angreifen. Zuerst waren die bayerischen Truppen ganz in die Verteidigung gedrängt, dann berannten sie ihrerseits die Berghänge. Vergeblich. Ihre Verluste waren groß. Als am Abend die Lage für Deroy bedrohlich wurde, fasste er den Beschluss zum heimlichen Abzug in der Nacht. Zum zweiten Mal hatten die Tiroler die Bayern aus dem Land vertrieben.

Napoleon war inzwischen am 21. und 22. Mai nahe Wien bei Aspern und Eßling von der österreichischen Armee unter Erzherzog Karl besiegt worden, konnte jedoch seinerseits die Österreicher bei Wagram schlagen und sie zu einem Waffenstillstand zwingen, der am 12. Juli in Znaim unterzeichnet wurde und Tirol neuerlich den Feinden auslieferte. Die Meldung wurde in Tirol zunächst nicht geglaubt, da Kaiser Franz erst am 29. Mai „seiner getreuen Grafschaft Tirol" feierlich versichert hatte, keinen Frieden mehr zu unterzeichnen, der das Land von Österreich trennt. Nun war freilich ein Waffenstillstand noch kein Friedensschluss, und der Vertrag von Znaim, von dem die Tiroler alsbald offiziell in Kenntnis gesetzt wurden, enthielt ja „nur" die Bestimmung, dass Tirol von den Österreichern geräumt werden müsse. Von einer neuerlichen Besetzung war nicht die Rede, was einige Optimisten weiter hoffen ließ.

In Wahrheit hatte Napoleon andere Absichten. Seinen eigenen Worten zufolge hatte er den Waffenstillstand nur abgeschlossen, um das rebellische Land endgültig unterwerfen zu können. Rund 20.000 Mann stellte er ab, um sie von vier Seiten ins Land eindringen zu lassen. Das Oberkommando erhielt wieder General Lefebvre. Bei der Besetzung des Inntals in den letzten Julitagen kam es zu keinen Übergriffen oder Grausamkeiten der Soldaten, die aber auch auf keine Gegenwehr stießen.

Zugleich mit dem Einmarsch des französischen Generals, der neben zwei bayerischen auch eine sächsische Division mit sich führte, zogen sich die noch in Tirol verbliebenen österreichischen Einheiten über den Brenner und das Pustertal nach Österreich zurück. Auch Freiherr von Hormayr und einige Tiroler Kommandanten verließen das Land. Innerhalb der Bevölkerung gab es verschiedene Strömungen. Viele Leute wollten von weiteren Kämpfen nichts mehr wissen. Angesehene Männer wirkten in diesem Sinne und riefen zu Ruhe und Besonnenheit auf. Nicht wenige waren anderer Meinung. Hatte man nicht gesehen, was ein Bauernheer leisten kann? Und nun wollte man kampflos die Freiheit verlieren? An die Spitze dieser „Kriegspartei" stellte sich Andreas Hofer, der im noch unbesetzten Süden getreue Kommandanten um sich sammelte und für den weiteren Widerstand warb. Seiner Überzeugung nach hatte Napoleon kein Recht, während des Waffenstillstandes den Krieg in Tirol fortzusetzen. Der Kaiser sei getäuscht worden. Jeder Tiroler habe deshalb die heilige Pflicht, den durch Lüge und Verrat ins Land gekommenen Feind zu vertreiben.

Inzwischen hatte General Lefebvre von Innsbruck aus strenge Befehle und Drohungen erlassen, doch gelang es ihm nicht, die Anführer der Erhebung festzunehmen. Er musste den südlichen Landesteil besetzen, wusste er doch aus bitterer Erfahrung, dass der Besitz der Hauptstadt noch nicht die Eroberung Tirols bedeutete. Der Kriegsplan sah vor, den Kern des Landes von mehreren Seiten anzugreifen. Lefebvre selbst schickte sogleich eine starke Abteilung durch das Oberinntal in den Vinschgau und eine andere, die zum größten Teil aus Sachsen bestand, über den Brenner nach Brixen. Sie sollte sich dort mit einer über das Pustertal einmarschierenden französischen Division unter General Ruska vereinigen. Außerdem war im Süden eine französische Brigade zum Angriff durch die Veroneser Klause auf Trient angetreten, eine andere hatte den Auftrag, über Ampezzo ins Pustertal vorzustoßen. So war das südliche Tirol von allen Seiten eingekreist.

Doch Hofers Aufrufe hatten ihre Wirkung getan. Ohne voneinander zu wissen, griff die einheimische Landbevölkerung überall zu den Waffen und verwehrte dem Feind den Eintritt ins Land oder den Vorstoß in einen noch nicht besetzten Landesteil. In Kämpfen um die Lienzer Klause, an der Ehrenberger Klause (bei Reutte), an der Pontlatzer Brücke (zwischen Landeck und Prutz) und in der Eisackschlucht zwischen Sterzing und Brixen fügten Bauern den kampferprobten und gedrillten Soldaten vernichtende Niederlagen zu. Ruska musste mit seinen Franzosen nach Kärnten abziehen und ließ aus Rache noch die Dörfer rund um Lienz in Flammen aufgehen. Im Oberinntal wurde der Vormarsch von 1400 bayerischen Fußsoldaten, einer Einheit Dragoner und einer Abteilung Artillerie vereitelt, wobei wie 1703 auch die Taktik von Steinlawinen angewendet wurde.

Südlich von Sterzing gingen sächsischen Kontingente in die Falle der Tiroler Landesverteidiger. Sie fanden die engen Wege durch Baumstämme und Felsbrocken verlegt, wurden von allen Seiten aus dem Hinterhalt beschossen und mit Steinlawinen überschüttet. Nachdem sich ihr General zurückgezogen hatte, um Verstärkung zu holen, verbluteten seine im Ort Oberau verschanzten Soldaten in zweitägigem Kampf. Die Schlucht zwischen Mauls und Franzensfeste wird seit damals „Sachsenklemme" genannt.

Als Lefebvre in Innsbruck vom mörderischen Ringen in der Eisackschlucht erfuhr, brach er sofort mit 7000 Mann und 10 Geschützen auf, um den Weg über den Brenner nach Südtirol freizukämpfen. Aber auch er musste unter schweren Verlusten den Rückzug antreten. Der Marschall erlebte am eigenen Leib, was seinen Untergebenen das Kriegführen in Tirol schon längst verleidet hatte. Die ungewohnten äußeren Bedingungen im Gebirgsland, vor allem aber den wilden Mut der Tiroler und ihre für reglementgewöhnte Armeesoldaten unbekannte Kampfesweise waren bei den Truppen und Offizieren der napoleonischen Allianz gefürchtet.

Lefebvres fluchtartiger Rückzug von Mauls über Sterzing und den Brenner nach Innsbruck, wo er sich den nachdrängenden Tirolern zum Kampf stellen musste.

Die dritte Bergiselschlacht am 13. August 1809, dargestellt von Jakob Placidus Altmutter, einem unmittelbaren Augenzeugen, der hinter den bayerischen Linien Skizzen anfertigte.

Auf seinem Rückzug von Sterzing nach Innsbruck folgten Lefebvre Tausende Tiroler Schützen, die sich unter der Führung von Andreas Hofer, Josef Speckbacher, Peter Mayr, dem Wirt an der Mahr, und Pater Haspinger zur dritten Bergiselschlacht formierten. Die nächsten Tage mussten eine Entscheidung bringen. In Innsbruck wurde die Lebensmittelknappheit so groß, dass Lefebvre seine entkräfteten Truppen nicht schonen konnte und die Schlacht annehmen musste. Am 13. August griff er die auf den Hängen von Volders bis Kranebitten stehenden Tiroler an. 15.000 Schützen waren es diesmal, eine Verstärkung durch reguläres Militär gab es freilich nicht. Die bayerische Streitmacht war etwa gleich groß. Nach einer heftigen Kanonade marschierten die Sturmbataillone gegen die Hänge. Den ganzen Tag über wurde mit letztem Einsatz gerungen. Immer wieder trieben die französischen Kommandanten das bayerische Fußvolk in das mörderische Feuer der Tiroler. In manchen Abschnitten der Frontlinie kam es auch zu verzweifelten Nahkämpfen. Die Tiroler behielten bis zum Abend ihre Stellungen und bauten sie sogar aus. Um der Einschließung und Gefangennahme zu entgehen, blieb Lefebvre nichts anderes übrig, als in der Nacht zum 15. August den Rückzug anzutreten. Zahlreiche Höfe und Ansitze rund um Innsbruck, die bisher heil geblieben waren, ließ er vorher niederbrennen. Auch einige Geiseln wurden mitgenommen.

Tirol war wieder frei, das Land aber völlig auf sich allein gestellt. Von außen konnte man keine Hilfe erwarten. Und im Innern fehlte eine gesetzmäßige Autorität. In dieser kritischen Situation suchte alles einen Mann, der imstande war, die Zügel in die Hand zu nehmen und chaotische Zustände zu verhindern. Es gab nur einen, Andreas Hofer, den Wirt und Viehhändler aus dem Passeier. Er hatte sich nie vorgedrängt, sondern war dank seiner Persönlichkeit und seiner Führungsqualitäten vom Schützenhauptmann seines Heimattales zum Oberkommandanten des ganzen Landes aufgestiegen. Nun wurde er von allen Seiten aufgefordert, auch die zivile Verwaltung zu übernehmen. Aus Verantwortungsbewusstsein willigte er ein. Er verstand sich als Treuhänder des Kaisers und wollte das Land eben regieren, „so gut i's dermachen kann".

Mit der schwierigen Aufgabe, die Geschicke eines Volkes zu lenken, war der einfache Wirt gewiss überfordert. Hausverstand und Bauernwitz, natürliches Rechtsempfinden, ein respektgebietendes Auftreten, Redlichkeit, Volksverbundenheit, Gottvertrauen und Patriotismus reichten nicht aus. Andreas Hofer war eben kein Staatsmann. Deshalb verließ er sich in den meisten Belangen auf Berater aus allen Ständen. In der Hauptsache war es aber ein Bauernregiment, das nun in der Innsbrucker Hofburg herrschte. Es steuerte einen radikal-konservativen Kurs, ließ angesehene Professoren nicht nur wegen ihrer Bayernfreundlichkeit, sondern wegen aufklärerischer Tendenzen verhaften und schritt durch den Erlass von „Sittenmandaten" gegen „aufreizende" Mode ein.

Die Landesverwaltung wurde notdürftig wieder in Gang gesetzt. In Hall ließ Hofer Tiroler Münzen prägen, die als „Hofer-Zwanziger" bekannt wurden. Wichtig war die Beschaffung von Geldmitteln durch Anleihen bei Handelsfirmen und Einzelpersonen.

Vor allem aber ging es darum, die Landesgrenzen abzusichern. Im gefährdeten Osten und Nordosten sollten starke Vorposten geschaffen werden. Tatsächlich gelang es, Teile der Salzburger Bevölkerung gegen die französisch-bayerische Besatzung aufzuwiegeln und den Steinpass zwischen Lofer und Bad Reichenhall sowie den Pass Lueg südlich von Hallein zu besetzen.

Andreas Hofer machte sich keine Illusionen. Bald nach der dritten Befreiung ließ er dem österreichischen Kaiser einen dringenden Brief schreiben: „Wir haben nochmals den Feind hinausgeworfen. Aber es drohen uns große Gefahren. Da ersuchen wir Ew. um Hilfe. Sollten jedoch die Umstände unmittelbare Hilfe unmöglich machen, so wollen E. M. dem getreuen Lande wenigstens die gegenwärtige Lage der Dinge mitteilen, um hieraus ersehen zu können, ob weiterer Widerstand die Rettung des so teuren Vaterlandes oder den gänzlichen Untergang desselben herbeiführen würde."

Doch am Kaiserhof zögerte man. Es war nicht sicher, ob man die Tiroler nicht noch einmal brauchen würde. So weckte man in Innsbruck Hoffnung und Zuversicht und ließ das Land in die Katastrophe schlittern.

Der Tiroler Oberkommandant und Landesregent Andreas Hofer, porträtiert von der Schwazerin M. A. Moser. Dieses authentische Bildnis wurde vielfach kopiert und als Kupferstich verbreitet.

Den Siegern ausgeliefert

Hofers Versagen und das Ende, Strafgerichte und Dreiteilung des Landes

Anfang Oktober 1809 mehrten sich in Tirol die unterschiedlichsten Gerüchte über angebliche Schlachten, Siege, Niederlagen, über einen Frieden und die Zukunft Tirols. In verantwortungsloser Weise ließ Wien die Tiroler über die Lage Österreichs im Unklaren, bestärkte sie sogar in ihrem Eifer, auch als längst klar war, dass im bevorstehenden Friedensschluss Tirol für Österreich nicht zu retten war. Als dann die Meldung vom Frieden zu Schönbrunn (14. Oktober) eintrafen, wollte man sie nicht glauben. Selbst günstige Friedensangebote der Franzosen und des bayerischen Thronfolgers Ludwig, eines erklärten Freundes der Tiroler, wurden abgelehnt. Trotz bedrückter Stimmung wollte man eine Besetzung des Landes noch einmal verhindern.

Noch am Tag des Friedensschlusses von Schönbrunn hatte Napoleon den Befehl gegeben, Tirol endgültig zu unterwerfen. Drei bayerische Divisionen, eine unter Führung von Thronfolger Ludwig, traten zum Sturm auf Tirol an, warfen die Tiroler Vorposten aus ihren Stellungen und rückten im Inntal vor. Obwohl sich die Bayern bewusst Zeit ließen, um den Tirolern das Einlenken zu ermöglichen, standen sie bereits am 24. Oktober vor Innsbruck. Drei Tage vorher hatte Andreas Hofer die Landeshauptstadt verlassen. Verwirrt und ohne Plan zog er zwischen den Wipptaler Orten hin und her. Von allen Seiten redete man auf ihn ein. Jeder wollte und behauptete etwas anderes. Dass Österreich Tirol abgetreten habe, konnte Andreas Hofer im Vertrauen auf das feierliche Versprechen des Kaisers einfach nicht glauben. Die Möglichkeit eines neuerlichen Sieges über das Invasionsheer war jedoch nicht sehr groß, da viele der besten Anführer und Kompanien nicht mehr mittun wollten und allerorten Niedergeschlagenheit herrschte.

Am 27. Oktober trafen im bayerisch-französischen Lager die Plakate mit den Friedensbedingungen ein. Sie enthielten die Zusicherung der Straflosigkeit für alle, die die Waffen sofort niederlegten. Mehrere Pakete mit diesen Schriftstücken sandte man an Hofers Hauptquartier hinter dem Bergisel. Angesichts der Tatsachen entschloss sich der Oberkommandant endlich, einen Waffenstillstandsbefehl auszugeben und selbst beim Kronprinzen vorzusprechen. Doch ein wütender Pater Haspinger vermochte Hofer umzustimmen. Also musste es noch einmal zum Kampf kommen.

Am 1. November in der Früh traten die Bayern zum Sturm auf den Bergisel an. Es genügten eine kurze Beschießung und ein knapp zweistündiger Kampf. Die früher so todesmutigen Tiroler leisteten kaum Widerstand. Doch selbst diese letzte, verlorene Bergiselschlacht war noch nicht das Ende. Andreas Hofer brach jetzt unter der ihm aufgebürdeten Verantwortung zusammen und wurde zum Werkzeug fanatischer Hitzköpfe. Vergeblich mahnten einige seiner treuesten Gefolgsleute, vor allem Jakob Sieberer und der Priester Josef Danei, dass nur eine Unterwerfung dem Lande noch größeres Leid ersparen könne. Die Kriegspartei gewann die Oberhand. Ein siegreiches Gefecht am Küchelberg bei Meran (16. November) und kurz darauf die Gefangennahme von 1000 Franzosen in St. Leonhard in Passeier schienen diesen Leuten Recht zu geben. Sieberer und Danei, die weiter für den Frieden eintraten, wurden eingesperrt und zum Tode verurteilt, sie ver-

Gedenktafel an die Erschießung zweier Bewohner des Marktes Windisch-Matrei (heute Matrei in Osttirol), die am 29. Dezember 1809 der Rachejustiz des französischen Generals Broussier zum Opfer fielen.

dankten anrückenden Franzosen ihr Leben. Noch bis in den Dezember wurde da und dort gekämpft. Viele Blutopfer und Hunderte Brandruinen waren die Folge.

Durch die Missachtung der Friedens- und Amnestieangebote hatten sich die Aufständischen jede Schonung verwirkt. Das Strafgericht der Sieger war jedoch nicht überall gleich hart. In Nordtirol gab es überhaupt keine Todesurteile. Dagegen errichtete General Broussier im Pustertal ein wahres Schreckensregiment. In fast jedem größeren Ort fand er ein Opfer. Oft wurde ein Mann einfach willkürlich aus der Schar der Dorfbewohner herausgegriffen und abgeurteilt. Erst nach 25 Hinrichtungen ließ der Franzose von seinem hasserfüllten Wüten. Gerechter, aber ebenfalls streng gingen die Befehlshaber in Bozen und Brixen vor. Hier gab es eine Reihe von Exekutionen, andere Gefangene wurden zu langjähriger Festungshaft verurteilt und kehrten zumeist nicht mehr heim.

Für milde Urteile trat auch der für Tirol zuständige französische Vizekönig Italiens ein, Napoleons Stiefsohn Eugène Beauharnais. Er wollte auch den auf der Pfandleralm verhafteten und in sein Hauptquartier nach Mantua überstellten Andreas Hofer begnadigen, weil er sich gegenüber dem Feind menschlich verhalten und viel Unglück vermieden habe. Doch der Kaiser der Franzosen ordnete höchstpersönlich Hofers rasche Verurteilung und Hinrichtung an. Das Militärgericht konnte nicht mehr frei entscheiden.

Andreas Hofer war Ende November auf die Kellerlahn im Passeier, dann auf den Pfandlerhof und schließlich auf die Pfandleralm geflüchtet. Vom Feind war er geächtet, zur Flucht nach Österreich hatte er sich nicht überreden lassen. Zu viel verband ihn mit dem Schicksal dieses Landes, zu schwer lastete auf ihm die Verantwortung für Not und Leiden seines Volkes. Noch immer konnte er aber nicht glauben, dass alles umsonst gewesen sein soll. In einem letzten Brief an den verehrten Erzherzog Johann fleht er verzweifelt um militärische Hilfe. Hofer fühlt sich in seinem Vertrauen auf den Kaiser enttäuscht und zugleich in Schuld verstrickt. Vielleicht betrachtete Hofer, vom Verräter Franz Raffl den Franzosen ausgeliefert, den Tod als Sühne für eigene Schuld und als Erlösung von Zweifel und Gewissensqualen, wie es der Dichter Franz Kranewitter in seinem Andreas-Hofer-Drama darstellt. „Ade mein schnede Welt, so leicht khombt mir das sterben for, das mir nit die augen naß werden …" Das schrieb Andreas Hofer vor seiner Erschießung in Mantua am 20. Februar 1810.

Der Freiheitskampf des Tiroler Volkes erregte durch seine Erfolge, aber auch durch sein tragisches Ende und die Erschießung Andreas Hofers in ganz Europa großes Aufsehen. Er wirkte wie ein Fanal und weckte oder bestärkte den Widerstand gegen den verhassten Unterdrücker. So gesehen waren die Opfer der Tiroler nicht vergebens, sondern leiteten die Befreiung von 1813/14 ein.

Zum Jahreswechsel 1809 konnte man das jedoch nicht ahnen. Die Zukunft Tirols war ungeklärt und düster. Napoleon wollte das Tiroler Volk schwächen und zerstückelte das Land. Welschtirol und der südlichste Teil des deutschsprachigen Tirol (mit Bozen) kamen zum Königreich Italien, ebenso Toblach im Pustertal, das in seinem östlichen Teil (mit Lienz und dem Iseltal) zu den Illyrischen Provinzen Frankreichs geschlagen wurde, deren Hauptstadt Laibach war. Nur das heutige Nordtirol und von Südtirol das Eisacktal mit Brixen bis südlich von Klausen, das Pustertal westlich von Toblach sowie der Vinschgau bis südlich von Meran blieben bei Bayern.

Die Münchener Regierung hatte aus der traurigen Erfahrung gelernt. Sie entsandte den Kronprinzen Ludwig als Generalgouverneur des Inn- und Salzachkreises nach Innsbruck. Dem leutseligen Prinzen, der mit seiner Gemahlin Therese in der Innsbrucker Hofburg residierte, gelang es, die Zuneigung der Tiroler zu gewinnen und zur Versöhnung beizutragen. Und Generalkommissär Lerchenfeld war bemüht, frühere Fehler gutzumachen und Missstände abzustellen. Die Konskription blieb allerdings von der verbitterten Bevölkerung mit Resignation hingenommen. Die zum italienischen Königreich geschlagenen südlichen Landesteile bildeten das Departement Alto Adige, also Hochetsch, da nach französischem Vorbild die Verwaltungseinheiten nach Flüssen benannt wurden. Hier und in den Gerichten Sillian, Lienz und Windisch-Matrei, die jetzt „Cantone" der Illyrischen Provinz Kärnten waren, wurde das zentralistische französische Verwaltungssystem eingeführt.

Mit der Niederringung Napoleons 1813/14 ging für Tirol die bayerisch-italienisch-französische Fremdherrschaft zu Ende. Das bayerische Königreich war zwar rechtzeitig ins Lager der Napoleongegner übergetreten, doch beharrte Österreich verständlicherweise darauf, sich Tirol bei der Neuordnung der Verhältnisse wieder anzugliedern. Die südlichen Landesteile wurden schon im Laufe des Jahres 1813 von Österreich besetzt. Und im Sommer 1814 war ganz Tirol wieder österreichisch. Die Gerichte Matrei und Lengberg im heutigen Osttirol, die bis 1805 zu Salzburg gehört hatten, wurden jetzt mit Tirol verbunden, 1816 auch die bis dahin salzburgischen Gerichte im Zillertal und im Brixental sowie das Städtchen Vils an der Nordgrenze. Vorarlberg wurde Tirol verwaltungstechnisch angegliedert, behielt jedoch seinen eigenen Landtag. Auf die früheren „Vorlande" hatte Österreich auf dem Wiener Kongress verzichtet. Im Süden grenzte Tirol an die neue österreichische Provinz Lombardei-Venetien.

Kronprinz Ludwig von Bayern, ein Freund der Tiroler und Gegner Napoleons, wurde 1810 Generalgouverneur des Inn- und Salzachkreises.

POLITIK UND KULTUR ZWISCHEN POLIZEI UND ZENSUR

Enttäuschung über Österreich • Vormärz und Biedermeier (1814–1848)

Die Neuorganisierung der österreichischen Verwaltung dauerte mehr als zwei Jahre. Im September 1814 schickten Vertreter von 34 Städten und Landgerichten eine ausführliche Denkschrift zum Kaiser, in der die Rechtsansprüche Tirols auf Wiederherstellung der alten Verfassung betont und verschiedene Wünsche geäußert wurden. Genützt hat es nichts, denn der Herrscher und seine Regierung waren nicht bereit, auf Bitten ihrer Untertanen einzugehen. Dabei hatten die Tiroler in Wien einen eifrigen Anwalt, nämlich Erzherzog Johann, der gern als Generalgouverneur – wenn schon nicht als Landesfürst – nach Innsbruck übersiedelt wäre. Doch der Kaiser wollte keine Sonderstellung Tirols und keinen Regenten, auf dessen Popularität er eifersüchtig sein musste.
Die Treue der Tiroler und ihre Verdienste in den Kriegsjahren wurde mit Undank und Misstrauen belohnt. Nicht nur, dass der Steuerdruck gegenüber der Bayernzeit noch erhöht wurde; vor allem herrschten Enttäuschung und Erbitterung, dass Wien die alte Verfassung Tirols ebenso missachtete wie vorher München. Wohl erließ der Kaiser 1816 nach einem ernüchternden Ringen der Vertreter Tirols „huldvoll" eine neue Landesverfassung, allein, sie bedeutete einen Sieg des Zentralismus und Absolutismus. Wie schon unter Maria Theresia stand dem Gouverneur als Vertreter der Staatsmacht kein Landeshauptmann als Vertreter der Landesinteressen gegenüber. Auch waren im neuen Landtag wieder alle vier Stände gleich stark vertreten, obwohl es inzwischen viele Kritiker dieses Systems gab. Aber die Volksvertretung hatte ohnehin nichts zu sagen.
Man kann verstehen, dass der Wiener Regierung jede Erinnerung an das Jahr 1809 peinlich sein musste. Damals hatte man die Tiroler aufgefordert, sich gegen die Missachtung der alten Rechte durch Bayern zu wehren; jetzt kümmerte sich Österreich genauso wenig darum. Die Behörden hatten deshalb auch nicht viel übrig für eine Verherrlichung Andreas Hofers. Als jedoch Offiziere des jungen Kaiserjägerregiments 1823 die Gebeine des Freiheitshelden in Mantua heimlich exhumierten und nach Tirol brachten, konnte die Regierung eine feierliche Beisetzung doch nicht gut untersagen. Also machte man eine Kehrtwendung und erklärte den Sandwirt zum opferbereiten Kämpfer für Österreich und Habsburg und gewährte ihm Grab und Denkmal in der Hofkirche.
Alle Enttäuschungen, die aufgebürdeten Lasten und die Spannungen zwischen Tirol und Wien hatten den Patriotismus der meisten Tiroler nicht erschüttern können. Kaiser Ferdinand I., der 1835 den Thron bestiegen hatte, erfuhr dies eindrucksvoll, als er 1838 zur Erbhuldigung nach Tirol kam und überall mit Jubel empfangen wurde. Allerdings waren die kritischsten Jahre da schon vorbei, die Notzeiten nach der langen Kriegsepoche überwunden, was die Volksstimmung positiv beeinflusste. Ein Wirtschaftsaufschwung setzte ein, der vornehmlich den größeren Städten zugute kam. Der Staat finanzierte bedeutende Vorhaben in Tirol, etwa die „Franzensfeste" bei Brixen und – ebenfalls aus strategisch-politischen Motiven – die kühne Serpentinenstraße über das 2757 m hohe

Stilfser Joch. Der Ausbau anderer Straßen sollte Tirol als europäisches Transitland wieder attraktiv machen.

Auf politischer Ebene wird die Epoche bis 1848 „Vormärz" genannt, weil es im März 1848 in mehreren europäischen Hauptstädten zur Revolution kam. In Europa war eine Fürsten- und Politikergeneration an der Macht, die es als ihre Hauptaufgabe ansah, nach Revolution und Krieg für Ruhe und Ordnung zu sorgen. Die einzelnen konservativ-autoritären Regierungen stützten sich auf Bürokratie, Polizei und Zensur. Wer sich von Politik fernhielt und sich den Behörden nicht verdächtig machte, konnte relativ gut leben, konnte die Kultur und das rege gesellschaftliche Leben der „Biedermeierzeit" genießen.

In Tirol war nur eine Minderheit der Bevölkerung, nämlich die städtische Intelligenz, Teile des Bürgertums und der Beamtenschaft sowie die akademische Jugend als Träger liberalen Gedankenguts vom Polizei- und Zensurwesen des Vormärzregimes betroffen. Der Liberalismus war noch keine politische Bewegung, sondern mehr eine Geisteshaltung, aus der heraus freilich auch gesellschaftspolitische Forderungen erhoben wurden: Vor allem ging es um persönliche und geistige Freiheit und um eine Staatsverfassung mit demokratischen Grundzügen als Schranke für die Allgewalt der Herrschenden. Auch der Tiroler Landtag, in dem die konservativen Kreise dominierten, wurde von den Liberalen kritisiert. So war die Ausweisung der Zillertaler Protestanten im Jahr 1837, in deren Verlauf über 100 Familien wegen ihrer religiösen Überzeugung die Heimat verlassen mussten, für sie ein deutlicher Beweis für die geistige Knechtung Tirols.

Sammelbecken für liberal gesinnte Tiroler waren verschiedene gesellige und kulturelle Vereinigungen, die in Innsbruck und Bozen entstanden und in den kleineren Städten nachgeahmt wurden. Dass höchste Beamte mitmachten, minderte nicht das Misstrauen und die Wachsamkeit der Polizei. Selbstverständlich waren Studentenverbindungen verboten. Von den Akademikern erwartete man ja geradezu, dass sie vom gefürchteten „Freiheitsgeist" besessen waren. Um eine ungünstige Beeinflussung zu verhindern, war Tiroler Studenten der Besuch ausländischer Universitäten verboten.

Ein wichtiges Mittel zur Eindämmung unerwünschter geistiger und politischer Strömungen waren die Zensur und das Verbot zahlreicher im Ausland erschienener Bücher. Auch hier gab es in Tirol Lücken in der Durchführung und Ausweichmöglichkeiten. Dennoch muss die Bevormundung bedrückend gewesen sein. Die Engstirnigkeit der Zensoren bekam zum Beispiel Johann Chrysostomus Senn, der Sohn des Richters Michael Senn von Ried im Oberinntal, zu spüren, als 1838 seine Gedichtsammlung im Druck erscheinen sollte und ein harmloses Trinklied amtlicherseits gestrichen wurde, weil es zu Fraß und Völlerei verleite. Senn ist ein eindrucksvolles Beispiel für eine vom Vormärz-System und dem damals allmächtigen Amtsschimmel zerstörte Existenz: Er war als Student in Wien wegen Teilnahme an einer angeblich re-

Der Dichter Hermann von Gilm auf einem Foto, das wenige Jahre vor seinem Tod entstand.

volutionären, in Wirklichkeit jedoch nur poetisch-philosophischen Gesellschaft, in der auch Franz Schubert verkehrte, mit der Polizei in Konflikt geraten. Über ein Jahr saß er in Untersuchungshaft. Schließlich wurde er – obwohl freigesprochen – als politisch Gebrandmarkter nach Tirol abgeschoben. Nach langer Militärdienstzeit lebte Senn verarmt und verbittert in Innsbruck ohne feste Anstellung. Der öffentliche Dienst war ihm verwehrt. Senn starb 1857 als Sonderling, dem Alkohol verfallen, krank. In seinen Gedichten findet man Intellekt, Leidenschaft und ein empfindsames Gemüt.

Zu Senns Bewunderern zählte Hermann von Gilm, einer der bedeutendsten Tiroler Lyriker nicht nur seiner Zeit. 1812 in Innsbruck geboren, führte ihn eine Beamtenlaufbahn nach Schwaz, Bruneck, Rovereto, später nach Wien und Linz. Natur, Frauen und Freiheit sind die großen Themen seiner Gedichte, über denen trotz Gilms Lebenslust vielfach ein Hauch von stiller Wehmut liegt.

Mehrere der bedeutendsten Köpfe des geistig-kulturellen Tirol finden wir während der Biedermeierzeit im Ausland, etwa Jakob Philipp Fallmerayer (1790–1861), einen Bauernsohn aus Tschötsch bei Brixen, den angesehensten Orientalisten seiner Zeit; oder den Maler Joseph Anton Koch aus Elbigenalp (1768–1839), der in Rom lebte und wirkte. Im Lande selbst war die Kultur von Bescheidenheit und provinzieller Enge geprägt. Es fehlte eine vollwertige Universität als Ausbildungsstätte und Sammelpunkt der heimischen Intelligenz. Das noch von den Bayern anstelle der aufgelassenen Universität eingerichtete Lyceum war kein Ersatz, auch wenn nach und nach der Studienbetrieb den Verhältnissen einer Hochschule angepasst und 1826 die Neugründung der Innsbrucker Universität gefeiert wurde. Wichtig für Bildung und Wissenschaft war das 1823 gegründete, auf Vereinsbasis organisierte Landesmuseum Ferdinandeum. Es genoss die Unterstützung höchster Landesstellen und seines Protektors Erzherzog Johann.

Auf dem Sektor der bildenden Künste wirkte in Tirol eine Reihe von Meistern mit lokaler Bedeutung, die entweder dem späten Klassizismus bzw. dem Nazarenerstil huldigten oder der typisch bürgerlichen Biedermeierkultur zuzurechnen sind. Neben Szenen aus dem bürgerlichen Milieu wurden die Natur und das Volkstum zu ihren bevorzugten Objekten. Einer der besten Vertreter dieser Richtung war Jakob Placidus Altmutter (1780–1890). Selbst miterlebte Kriegsereignisse aus dem Jahr 1809 sind seine bekanntesten Werke. Hoher dokumentarischer Wert kommt auch seinen qualitätvollen Bildern aus dem Volksleben zu.

Für Architekten fehlten im damaligen Tirol lohnende Aufgaben. Lediglich auf dem Sektor der technischen Nutzbauten wurden herausragende Leistungen erbracht. Im dafür zuständigen Tiroler Gubernium arbeitete zwölf Jahre lang der im welschtirolischen Primiero als Sohn eines italienischen Vaters und einer Deutschtiroler Mutter geborene Alois Negrelli (1799–1858), der später internationale Karriere machen sollte und durch seinen Plan für den Suezkanal berühmt wurde, vor dessen Ausführung er starb.

Alois Negrelli, der durch seinen Plan für den Suezkanal berühmt wurde.

Die Südgrenze verteidigen

Eine Verfassung für ein Jahr und die Kriege von 1848, 1859 und 1866

Als im März 1848 in Wien die Revolution losbrach, blieb es in Tirol ruhig. Der Kaiser floh sogar nach Innsbruck, da er sich hier sicher fühlen konnte.

Das Jahr 1848 brachte mit dem zeitweiligen Sieg des Liberalismus dem österreichischen Kaiserreich erstmals eine Staatsverfassung. In Tirol arbeitete ein ständischer Ausschuss eine demokratischere Landesverfassung aus. Dem Landtag sollten wie bisher je 13 Prälaten und Adelige angehören, die Zahl der Bürger- und Bauernvertreter wurde dagegen von je 13 auf 23 und 35 erhöht. Schon vor den entsprechenden Initiativen des österreichischen Parlaments, des Reichstags, wurde vom neuen Landtag die Ablösung der auf den bäuerlichen Gütern liegenden Lasten beschlossen. Eine regelrechte „Bauernbefreiung" wie in anderen Ländern war in Tirol nicht notwendig.

Ein Problem war das Verhältnis zum Gesamtstaat, das in Wien und in Innsbruck verschieden gesehen wurde. Die Tiroler wollten es auf föderativer Grundlage neu geregelt wissen. Sogar liberale Abgeordnete hielten einen gesamtösterreichischen Reichstag für ein unglückliches Experiment und plädierten dafür, Tirol mit Österreich nur durch den gemeinsamen Monarchen zu verknüpfen. Trotz dieser Vorbehalte nahmen Tiroler Abgeordnete 1848/49 an den Beratungen des Reichstages teil. Auch in der deutschen Nationalversammlung in Frankfurt saßen gewählte Tiroler Vertreter. Während die Abgeordneten Welschtirols im Landtag nicht erschienen, waren sie in Wien und in Frankfurt sehr wohl vertreten und stritten um ihre nationalen Rechte.

In den südlichen Kreisen Trient und Rovereto zählte man 1846 rund 315.000 Einwohner, davon waren etwa 300.000 Italiener. Deutschtirol hatte 450.000 Einwohner mit wenigen Tausend Italienern. Die immer stärker werdende Idee des Nationalismus bedeutete für den Bestand dieses multinationalen Tirol natürlich eine Gefahr. Die führenden Politiker des italienischen Landesteils, den man damals Südtirol nannte, forderten denn auch die Abtrennung ihres Gebietes und die Angliederung an die zu Österreich gehörige Provinz Lombardei-Venetien. Als die lombardische Revolutionsregierung im März 1848 ihre Unabhängigkeit von Österreich und den Anschluss Oberitaliens an einen zu bildenden italienischen Nationalstaat erklärte und gleichzeitig italienische Freischaren zum Angriff auf Welschtirol antraten, versicherte man, „die Grenzen Welschlands" nie zu überschreiten: „Bozen ist deutsch und wird immer deutsch bleiben ... "

So ganz glaubte man in Tirol den Mailänder Proklamationen nicht. Man sah das mehrsprachige Tirol als Einheit und wollte es nicht zerreißen lassen. So folgten die Schützen dem Aufruf des Tiroler Landtags und griffen zu den Waffen – nur zur Verteidigung der Heimat wohlgemerkt; den österreichischen Truppen in Oberitalien zu Hilfe zu kommen, wie es der dort kommandierende Feldmarschall Radetzky verlangte, dazu wäre kaum jemand bereit gewesen. Schon im April standen 760 bewaffnete Freiwillige an den wichtigsten Grenzpunkten, und ab Mai waren 6000 Schützen im Einsatz. Es war auch höchste Zeit. Ganz Oberitalien stand in Aufruhr, die österreichischen Truppen waren bis Verona zurückgedrängt, König Albert von Piemont-Sardinien rückte zur Unterstützung

Die Imster Scharfschützen vor dem Auszug in den Krieg von 1866.

der nationalen Revolution mit seiner Armee in die Lombardei ein. Die lombardischen Freischaren unter Giuseppe Garibaldi, etwa 5000 Mann, und nicht viel weniger venezianische Freischärler hatten die Grenzen Tirols überschritten und Judikarien, Teile des Nonsbergs und die Valsugana in ihre Hand gebracht. In der Stadt Trient sympathisierten nationale Kreise mit ihnen, das welschtirolische Landvolk blieb passiv.

Die Schützen mussten im Trentino keine großen Schlachten schlagen; dafür zogen sich zahllose Gefechte bis in den August hin. Die Kompanien der einzelnen Orte und Gerichte wechselten einander ab; insgesamt waren 16.553 Mann im Einsatz. Es gelang den Tirolern gemeinsam mit dem regulären Militär, die italienischen Freischaren aus den Welschtiroler Tälern zurückzudrängen. Die Entscheidung im Krieg fiel aber weiter südlich, in der Schlacht bei Custozza, wo Radetzky den entscheidenden Sieg errang.

Nicht nur die nationale Revolution der Italiener war erfolglos. Auch die Idee eines neuen Deutschen Reiches konnte sich nicht durchsetzen. Und die Errungenschaften der liberalen Revolution in Österreich waren rasch beseitigt, als der im Revolutionsjahr auf den Thron gekommene, erst 18-jährige Kaiser Franz Joseph I. und seine Minister die Zügel wieder fest in der Hand hielten. In Tirol wurde die gerade erst eingeführte fortschrittliche Landesverfassung wieder außer Kraft gesetzt.

Die 1848 abgewehrte Bedrohung Tirols wiederholte sich im Krieg von 1859 gegen das Königreich Piemont Sardinien und dessen Verbündeten Frankreich, ohne dass die aufgebotenen Schützen in Kämpfe verwickelt worden wären. Nach zwei frühen Niederlagen (bei Magenta und bei Solferino) musste Österreich einen Waffenstillstand akzeptieren und im Friedensvertrag die Lombardei abtreten, offiziell an Frankreich, das die Provinz an das im Entstehen begriffene Königreich Italien weitergab.

1866 gab es neuerlich Krieg zwischen Österreich und Italien. Wieder bekämpften sich nicht nur die gegnerischen Armeen, sondern auch italienische Freischaren und freiwillige Tiroler Schützen im Trentiner Grenzgebiet. In Oberitalien blieben diesmal die Österreicher Herr der Lage (Siege zu Land bei Custozza und zur See bei Lissa), doch auf Grund der Niederlage gegen die mit Italien verbündeten Preußen im Norden bei Königgrätz ging der Krieg verloren, und der Kaiser musste jetzt auch Venetien abtreten.

Tirol grenzte im Süden nun an keine österreichische Provinz mehr, sondern zur Gänze an das groß gewordene Italien, das die italienischsprachigen Bewohner der südlichen Tiroler Landesteile als „unerlöste" Brüder betrachtete.

ENDLICH MEHR DEMOKRATIE

Kuriensystem, Kulturkampf und das Entstehen der demokratischen Parteien

Die Errungenschaften des Revolutionsjahres 1848/49 hatten keinen Bestand. Auf Dauer ließ sich jedoch der in Wirtschaft und Kultur immer stärker hervortretende Liberalismus politisch nicht entmündigen. Als Österreich 1859 einen Krieg verlor, war das Ende des „Neoabsolutismus" gekommen. 1860/61 erhielt die Monarchie wieder eine Verfassung, auch neue Landesverfassungen wurden erlassen. Das ständische Prinzip wurde vom „Kurien"-System abgelöst, in dem das Stimmrecht eine Mindeststeuerleistung voraussetzte, die für jede „Kurie" oder Wählerklasse verschieden angesetzt war.

Dem Tiroler Landtag gehörten nun 68 Abgeordnete an. Die Bischöfe von Brixen, Trient und Salzburg und der Rektor der Universität hatten kraft ihres Amtes Sitz und Stimme. Von den 64 gewählten Abgeordneten gehörten vier zur Kurie der Prälaten; sie wurden von 15 Stiften und Klöstern entsandt. Die adeligen Großgrundbesitzer, ungefähr 270, delegierten 10 Vertreter. Nur drei mehr wurden in den Städten und Märkten gewählt. Drei Mandate vergaben die Handels- und Gewerbekammern. Auf die ländlichen Gemeinden, in denen der größte Teil der Tiroler Bevölkerung wohnte, entfielen 34 Abgeordnete. Gegenüber der früheren Zusammensetzung des Landtags war also ein Fortschritt zu verzeichnen, doch blieb die Verteilung der Mandate ungerecht.

Für die Entwicklung einer modernen Demokratie war die Bildung von Parteien unerlässlich. Die liberal Gesinnten hatten sich in den Jahren der Verfassungskämpfe zu einer Art politischen Partei zusammengetan. Ihr Widerpart waren die Katholisch-Konservativen, auch Klerikale Partei genannt. Beide Gruppen stützten sich auf Vereine, auch wenn sie vordergründig meist nicht politisch ausgerichtet waren, und auf eigene Zeitungen. Der Landtag wählte zur Erledigung der von der Verfassung festgelegten Landesangelegenheiten einen sechsköpfigen „Landesausschuss". Den Landeshauptmann ernannte der Kaiser; er musste nicht der stärksten Partei angehören.

Die Differenzen zwischen den beiden Parteiblöcken – im Landtag besaßen die Konservativen eine sichere Mehrheit – betrafen in erster Linie kultur- und kirchenpolitische Probleme und staatsrechtliche Fragen, wobei beides eng zusammenhing. Die konservative Landtagsmehrheit in Tirol wollte sich nämlich nicht von der liberalen Mehrheit im österreichischen Reichsrat in Wien Gesetze aufzwingen lassen, die man aus weltanschaulichen Gründen ablehnte. Dies betraf vor allem die Beschlüsse der Wiener Regierung zum Verhältnis zwischen Kirche und Staat, die Zulassung von Konfessionen, die Ehegesetzgebung und eine Reform des Schulwesens.

Bisher war die Schule in Tirol eine Sache der Kirche. Nun sollte nach dem Reichsvolksschulgesetz eine staatliche Behörde die Schulaufsicht innehaben, und schon befüchteten konservative Politiker und der Großteil des Klerus eine Entchristlichung der Erziehung. Als der Staat gegen den Willen der Landtagsmehrheit mit der Durchführung des Gesetzes in Tirol begann, verlagerte sich der Kampf von der politischen Ebene auf die Straße und in die Dörfer. Es kam vor, dass anrückende Schulinspektoren von wütenden Frauen empfangen und mit Besen und Knüppeln in die Flucht geschlagen wurden.

Am 9. März 1876 kam es zu einem Landtagsskandal, als die Mehrheit der Abgeordneten aus Protest gegen eine Maßnahme der Wiener Regierung den Sitzungssaal verließ. Ein anonymer Zeichner hielt die turbulenten Szenen fest.

Der „Tiroler Kulturkampf", wie man die damalige Auseinandersetzung nennt, wurde im Landtag, von den Kanzeln herab, in Gerichtssälen und in den Zeitungen mit einer heute kaum mehr vorstellbaren Schärfe geführt und fand seine Fortsetzung in den Wirtshäusern und nicht selten im Familienkreis.

Obwohl die Tiroler dies als Verfassungbruch betrachteten, wurde 1873 die direkte Volkswahl der Mitglieder des gesamtösterreichischen Parlaments eingeführt, die bisher von den Landtagen entsandt worden waren. Zu einem regelrechten Skandal kam es 1876, als der Kultusminister von Wien aus per Erlass die Gründung von protestantischen Kirchengemeinden in Meran und Innsbruck genehmigte, was dem Tiroler Landesgesetz von 1866 zur Wahrung der „Glaubenseinheit" wiedersprach. Aus Protest verließ die Mehrheit der Abgeordneten den Sitzungssaal, nachdem es vorher zu Tumulten und Handgreiflichkeiten gekommen war. Erreicht wurde damit nichts, im Gegenteil. Die starre Haltung schadete dem Land, wie überhaupt die einseitige Fixierung auf einige wenige kulturpolitische und staatsrechtliche Probleme die Lösung vieler lebenswichtiger Anliegen im wirtschaftlichen und sozialen Bereich unmöglich machte. Und die gegenseitige Verteufelung der politischen und weltanschaulichen Gegner riss eine tiefe Kluft im Volk auf.

Gegen Ende des Jahrhunderts wollte eine neue Generation von Politikern die Probleme in Angriff nehmen, die unter den Bedingungen des alten Systems ungelöst geblieben waren. Erstmals traten wahlwerbende Gruppen mit vorwiegend sozialer und wirtschaftlicher Zielsetzung auf. Innerhalb der Konservativen Partei bildete sich eine Gruppe der „schärferen Tonart", die sich nach heftigen Auseinandersetzungen 1901 als Christlichsoziale Partei Tirols von ihr trennte. Ihre führenden Persönlichkeiten, an der Spitze der Sillianer Wirt Josef Schraffl, gründeten 1904 den Tiroler Bauernbund. Im Zentrum des christlichsozialen Parteiprogramms stand die neue Soziallehre der Kirche, die Papst Leo XIII. mit der Enzyklika „Rerum novarum" verkündet hatte. Trotzdem war der hohe Klerus gegen die neue Parteirichtung, da man eine Schwächung der Konservativen und eine Gefährdung ihrer weltanschaulichen Zielsetzungen befürchtete. Dafür hatten die Christlichsozialen die jungen Seelsorger ganz auf ihrer Seite. Erst 1918 schlossen sich

Josef Schraffl, christlichsozialer Politiker und erster Obmann des Tiroler Bauernbundes, Landeshauptmann von 1916–1923, in einer Karikatur von Max Esterle.

die beiden verfeindeten Schwesterparteien zur „Tiroler Volkspartei" zusammen.

Die zweite politische Kraft der frühen Verfassungszeit, der Liberalismus, war nach 1880 vom nationalen Gedanken abgelöst worden. Die Liberale Partei war durch mehr oder weniger liberale, vor allem aber nationale Gruppen ersetzt worden, die sich „fortschrittlich", „freiheitlich" oder „national" nannten. Was blieb, war der tief eingefressene Gegensatz zu den Konservativen und zur neuen Christlichsozialen Partei. Wegen deren Nahverhältnis zur Kirche und der weltanschaulichen Differenzen wurde der politische Kampf auch zu einer Kampagne gegen den Katholizismus. Die wichtigste der national-liberalen Parteien war die „Deutsche Volkspartei" mit den Bürgermeistern Julius Perathoner von Bozen und Wilhelm Greil von Innsbruck als den führenden Persönlichkeiten. Sie vereinigte sich 1907 mit anderen Gruppen zur „Deutschnationalen Landespartei für Tirol". Ihre stärkste Position hatten die Nationalliberalen, wie man sie auch nannte, in den Städten.

Während der Landtagsperiode 1908–1914 waren die Christlichsozialen mit 25 Mandaten erstmals die stärkste Partei. Die Konservativen waren nur noch mit acht Abgeordneten vertreten, zwölf Sitze hatten die Deutschnationalen inne. Die Trentiner „Popolari", die den Christlichsozialen nahestehende katholische Volkspartei Alcide Degasperis, stellten 14 Abgeordnete, die italienischen Nationalliberalen sechs. Landeshauptmann war bis zu seinem Tod im Jahr 1916 Dr. Theodor Kathrein, ihm folgte Josef Schraffl, der Mitbegründer der Christlichsozialen Partei und des Bauernbundes.

Die sozialdemokratische Bewegung konnte sich lange nicht durchsetzen. Ihre Vorläufer waren Arbeitervereine in den Orten mit Industrie oder Großbetrieben des Verkehrswesens. Um 1890 wurde eine Landesorganisation aufgebaut und eine Zeitung gegründet, und es kam zur Bildung von gewerkschaftlichen Organisationen. Im Tiroler Landtag blieb den Sozialdemokraten ein Sitz bis 1914 versagt. Sie scheiterten daran, dass die ärmsten Volksschichten bei Landtagswahlen noch nicht stimmberechtigt waren. Für die Wahlen in den österreichischen Reichsrat wurde 1907 das allgemeine und gleiche Wahlrecht (für Männer) eingeführt. Für den Tiroler Landtag galt dieses demokratischere Wahlrecht nicht. Hier waren Leute, die keine Steuerleistung erbrachten, weiterhin von der Stimmabgabe ausgeschlossen. Die führenden Landespolitiker wollten dies zwar ändern, die Verhandlungen darüber gestalteten sich jedoch schwierig. 1914 war es endlich soweit, dass bei der Landtagswahl unter Beibehaltung des alten Kuriensystems eine allgemeine Wählerklasse eingeführt wurde. Doch war die neue Regelung kompliziert und unbefriedigend, sie brachte auch keine großen Änderungen im Parteienverhältnis. Immerhin konnten 1914 die Sozialdemokraten mit zwei Mandaten ins Landhaus einziehen. Der neue Landtag musste seine Arbeit aber schon im Sommer 1914 wegen des Kriegsausbruchs einstellen.

MIT DEM DAMPFROSS KOMMEN DIE FREMDEN

Die großen Verkehrsbauten und der Beginn des modernen Tourismus

Der 25. Juli 1867 war für Tirol ein historischer Tag: Der erste Zug fuhr über den Brenner. Mit dem Bau und der Eröffnung der Brennerbahn begann eine neue Epoche in der Geschichte des Verkehrslandes. 1858 waren die Eisenbahnpioniere von Kufstein bis Innsbruck und 1859 von Ala bis Bozen vorgestoßen. Dann konnte das bisher als zu schwierig geltende Verbindungsstück geplant werden. Die private Südbahngesellschaft brachte das Kapital auf und betraute Baudirektor Carl von Etzel mit der Projektierung und Ausführung des gewaltigen Vorhabens. 1864 konnte mit dem Bau begonnen werden, fertig war das Werk in einem selbst für unsere Begriffe unvorstellbar raschen Tempo, wofür 20.000 Arbeiter – die meisten aus Welschtirol und Oberitalien – gesorgt hatten.

Die ersten Züge über den Brenner waren mit rund sieben Stunden Fahrzeit zwischen Innsbruck und Bozen noch recht langsam, aber der schnellste Pferdepostwagen hatte noch über 15 Stunden benötigt. Um die Jahrhundertwende legte dann der schnellste Zug die gleiche Strecke in drei Stunden und 25 Minuten zurück.

Nach dem Brenner wurde mit der Pustertalbahn eine innerösterreichische Verbindung zwischen Tirol und Wien in Angriff genommen. Ende November 1869 erfolte der Spatenstich, und schon am 20. November 1871 wurde die neue Bahnlinie dem Verkehr übergeben. Gleich nach der Pustertalbahn kam die Schienenverbindung von Wörgl über Kitzbühel und Hochfilzen nach Salzburg an die Reihe. Und 1880 begann man mit dem Bau der Arlbergbahn, deren Tunnelabschnitt 1884 eröffnet wurde. Damit war die Einbindung Tirols in das internationale Eisenbahnnetz vollendet. Nach 1880 wurde zur Erschließung der abseits von den großen Verkehrslinien gelegenen Gebiete des Landes eine Vielzahl von Lokalbahnen errichtet.

Der traditionelle Frachtverkehr mit Pferd und Wagen erlebte durch die Bahnbauten einen letzten Höhepunkt, hörte dann freilich entlang der Bahnlinien völlig auf. Fast über

Bauarbeiten am Bahnhof Niederdorf der Pustertalbahn (1870/71).

Nacht gab es Hunderte Arbeitslose, weil ja auch die damit zusammenhängenden Gewerbe (Schmiede, Wagner, Gasthäuser) betroffen waren. In die Seitentäler dagegen nahm der private und öffentliche Personen- und Lastentransport durch die Belebung der Wirtschaft und den beginnenden Fremdenverkehr sogar noch zu.

Ähnliche Probleme wie das Dampfross brachte später das Automobil, das um 1900 Tirol zu erobern begann. Auch dieses neue Verkehrsmittel erforderte ein Umdenken und ein Umstellen der Branche, was natürlich nicht von einem Tag auf den anderen ging. Den Benzinkutschen kam das großzügige Tiroler Straßenbauprogramm der Jahrzehnte vor der Jahrhundertwende zugute. Eine Pioniertat war der 1908 vollendete Bau der Dolomitenstraße, auf der von Anfang an regelmäßig Autobusse fuhren.

Die Revolution im Verkehrswesen erleichterte den Export von Holz, Obst und Wein, aber auch der Erzeugnisse des Handwerks und der Industrie. Und Grundnahrungsmittel kamen zu einem billigeren Preis ins Land, allerdings auch Massenware als Konkurrenz für das heimische Handwerk. Gleichzeitig entstand mit dem Fremdenverkehr ein völlig neuer Wirtschaftszweig, der bald zu den wichtigsten Lebensgrundlagen eines großen Teils der Bevölkerung zählen sollte.

Als Erste fuhren Engländer zur Erholung und zum Vergnügen in die Alpen. Als Maler und Schriftsteller machten sie schon in der ersten Hälfte des 19. Jahrhunderts Propaganda für das Land. Schließlich wurden sie zu Pionieren des Alpinismus, der auch in Mitteleuropa zunehmend Anhänger fand. Als um 1860 die Eroberung der Tiroler Bergwelt begann, gab es freilich kaum Einrichtungen für den Alpintourismus. Immerhin gab es im Ortlergebiet, im hinteren Ötztal, in Kals und in einigen Dolomitentälern bereits bekannte und geschätzte Bergführer. Um den Nachwuchs in dieser Berufsgruppe kümmerten sich ab 1870 die jungen alpinen Vereine. War der 1862 gegründete „Österreichische Alpenverein" eher auf wissenschaftliche Leistungen bedacht, so kümmerte sich der 1869 gegründete Deutsche Alpenverein von Anfang an um praktische Hilfen für den Bergfreund. Als sich 1874 die beiden Organisationen vereinigten, ging die Erschließung der Berge durch Wegbauten und Hütten zügig voran. Dazu kamen Einzelinitiativen zum Ausbau der alpinen Infrastruktur. Zum Pionier auf diesem Sektor wurde der „Gletscherpfarrer" Franz Senn, der zuerst im Ötztal, dann im Stubaital wirkte.

War der Alpinismus die eine Wurzel des Tiroler Fremdenverkehrs, so waren Sommerfrischen und Bäder die andere. Heilquellen und Badegasthäuser hatten seit dem Mittel-

Die Stüdlhütte mit dem Gipfel des Großglockners (Lithographie von ca. 1875). Rechts ist die Apparatur eines Fotografen zu erkennen.

Nicht weit vom traditionsreichen Bauernbadl Altprags entstand um die Jahrhundertwende das „Wildbad Neuprags" als Kurhotel mit modernem Komfort. Das Plakat sollte die 50 Zimmer füllen helfen.

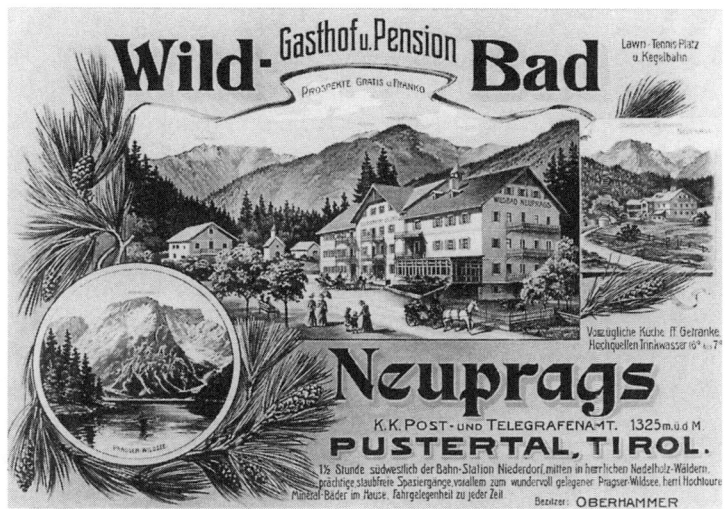

alter für die Tiroler Bevölkerung große Bedeutung. Sie waren auch bei den Städtern und selbst in adeligen Kreisen sehr beliebt. Im 19. Jahrhundert wurden zahlreiche Schwefel- und Eisenbäder, Mineralquellen, Sauerbrunnen und Warmbäder neu erschlossen. Die Ausstattung der Badhäuser wurde verbessert, und die Gästezahlen stiegen. Neben den einheimischen Besuchern stellten sich seit der Mitte des 19. Jahrhunderts immer mehr Gäste von auswärts ein. Um 1880 betreuten die bekannteren Badeorte wie Prags bei Niederdorf zwischen 500 und 1000 Personen im Jahr, das Brennerbad sogar rund 1400. Die traditionsreichen „Badln" waren zur Fremdenverkehrsattraktion geworden. Die Heilkraft mancher Quelle genoss internationalen Ruf. Von Ärzten wurden Tiroler Bäder aber auch wegen ihrer Höhenlage und der gesunden Luft empfohlen.

Die Vorzüge des Klimas konnten auch ohne heilkräftige Quelle den Aufstieg eines Ortes zum internationalen Kurzentrum bewirken. In Meran wussten weitblickende Persönlichkeiten die natürlichen Voraussetzungen besonders gut zu nützen. Die ersten Gäste waren in der ersten Hälfte des 19. Jahrhunderts „brustkranke" Patienten. Stadtväter, Ärzte und Fremdenverkehrsfachleute kurbelten die Betrieb an: Trauben- und Molkekuren wurden propagiert, eine Kaltwasserheilanstalt und ein Kursaal errichtet. Verschiedene Initiativen der Kurverwaltung und die Vermehrung des Unterhaltungsangebots durch Kurkapelle, Theater und Sportveranstaltungen ließen die Zahl der Gäste emporschnellen. Die Saison dauerte von September bis Mai. In dieser Zeit gaben sich hier die Oberen Zehntausend vieler europäischer Länder ein Stelldichein. Die durchschnittliche Aufenthaltsdauer der ca. 40.000 Fremden, die 1913 in Meran gezählt wurden, betrug 30 Tage. Gries bei Bozen stand nicht viel hinter dem noblen Weltkurort Meran zurück.

Im Sommer zog es dieselbe geldkräftige Klientel in die hochgelegenen Luftkurorte wie Madonna di Campiglio im Trentino oder Toblach und Niederdorf im Pustertal, wo das Erlebnis einer zünftigen Bergbesteigung zum Angebot gehörte, oder die in den neunziger Jahren erbauten mondänen Berghotels wie jene in Trafoi, in Sulden und am Karersee. Daneben blieben die einfachen „Sommerfrischen", wie sie in Tirol seit eh und je von den Einheimischen aufgesucht wurden, als Ferienorte für alle erschwinglich.

Werbung für Tirol machten seit der Mitte des Jahrhunderts einige Reiseschriftsteller, wie Ludwig Steub aus Bayern mit seinen zahlosen Artikeln und Büchern. Außerdem trug der Aufenthalt prominenter Persönlichkeiten zur internationalen Bekanntheit mancher Orte bei. So nahm die niederländische Königin Wilhelmine regelmäßig in Igls Quartier, die österreichische Kaiserin Elisabeth in Madonna di Campiglio oder Meran. Manche Künstler bevorzugten noch weniger überlaufene Erholungsorte. Gossensaß beherbergte durch Jahre den Dichter Henrik Ibsen, und in Toblach komponierte Gustav Mahler einige seiner wichtigsten Werke, um nur zwei Beispiele zu nennen.

Bald begann Tirol der bekannteren und in ihrer Erschließung weiter fortgeschrittenen Schweiz auf dem jungen „Tourismusmarkt" Konkurrenz zu machen. Seit Eröffnung der wichtigsten Eisenbahnlinien benützten Erholungsuchende und Reiselustige in Scharen die billige und relativ bequeme Fahrgelegenheit in die Alpen. Die Zeit des Massentourismus hatte begonnen. Und die Bedeutung des Fremdenverkehrs für die Wirtschaft des Landes war nicht mehr zu übersehen. 1890 wurde ein „Landesverband der vereinigten Cur- und Fremdenverkehrsvereine für Tirol" gegründet, der durch Studientagungen, Werbemaßnahmen, Gesetzesinitiativen und verschiedene Aktionen wesentlich zum Aufschwung des Tourismus beitrug. 1895 wurden in Tirol (ohne Trentino) 322.000 Gäste mit 1,8 Millionen Übernachtungen gezählt, 1909 waren es 811.000 mit 4,5 Millionen Nächtigungen. Der Weltkrieg stoppte diese rasante Entwicklung.

Führend im Ausbau des Fremdenverkehrs und seiner Einrichtungen war Deutschsüdtirol (so nannte man jetzt den Landesteil zwischen Brenner und Salurn). Hier wurden die schönsten und modernsten Hotels errichtet, Service und Komfort hatten einen hohen Standard, verschiedene Attraktionen, z. B. die ersten Seilbahnen, versprachen zusätzliches Vergnügen. Den mondänen Sammelpunkten des Nobeltourismus in Meran, Gries, im Ortlergebiet, in den Dolomiten, im Hochpustertal und in Gossensaß hatte Nordtirol trotz aufstrebender Sommerfrischen und erster Alpinzentren nur Igls bei Innsbruck entgegenzusetzen. Auch einen Winterbetrieb gab es lange Zeit nur in den südlichen Kurorten mit ihrem milden Klima. Erst das Aufkommen des Wintersports in den neunziger Jahren machte es einzelnen Orten nördlich des Brenners möglich, eine „zweite Saison" aufzubauen. Das erste bekannte Schizentrum Tirols mit internationalem Publikum war Kitzbühel. Nach 1900 folgten St. Anton am Arlberg und bald weitere Orte, die mit ihrem Schneereichtum um Gäste warben.

Zugleich mit dem Tourismus, der das wirtschaftliche, gesellschaftliche und kulturelle Leben in Tirol revolutionierte, entstand quasi aus dem Nichts ein anderes Phänomen: der Sport. Die Turnbewegung der ersten Hälfte des 19. Jahrhunderts machte den Anfang. Mit dem um 1880 einsetzenden Siegeszug des Fahrrades waren es vor allem Radfahrerclubs, die auch andere sportliche Betätigungsfelder suchten und in eigenen Sektionen betrieben. Ähnliches gilt für die in den achtziger Jahren gegründeten Eislaufvereine. Bald nach 1900 hielt der Fußball Einzug in unsere Städte, während Tennis eher in Kurorten mit internationalem Publikum gespielt wurde oder in noblen Zirkeln, wie es die Offiziersgesellschaften waren. Ähnliches gilt für exklusive Wintersportarten wie das in St. Moritz von Engländern „erfundene" Bobfahren, übrigens ein Beweis dafür, dass traditionelle Vergnügen wie das Schlittenfahren gerne in neue Regeln gekleidet und als moderne Sportarten propagiert wurden.

FABRIKEN IM BAUERNLAND

Krise der Landwirtschaft und deren Überwindung • Neuerungen im Gewerbe, Konjunkturaufschwung und Pioniere der Technik

Tirol war in der zweiten Hälfte des 19. Jahrhunderts noch ein Bauernland. Rund 65 % der Bevölkerung Alttirols lebten um 1890 von der Landwirtschaft. Viele Bauern allerdings waren in eine arge Notlage geraten, seit im späten 18. Jahrhundert die letzten Bergwerke zugesperrt hatten und so eine zusätzliche Verdienstmöglichkeit wegfiel. Das oft als Ersatz dafür begonnene Hausgewerbe verlor wegen der Konkurrenz moderner Fabrikwaren und geänderter Kaufgewohnheiten die Abnehmer. Mancher Bursch entschloss sich zur Auswanderung, andere verdingten sich als Saisonarbeiter außer Landes. Auch Kinder wurden in die Fremde geschickt, weil daheim das Essen rar und jedes verdiente Geldstück wertvoll war. Aus dem Oberinntal und dem Vinschgau zogen im Frühjahr Hunderte Buben und Mädchen als „Schwabenkinder" zu Fuß – später mit der Bahn – nach Süddeutschland, um sich dort den Sommer über als Hilfskräfte zu verdingen.
Auch in Gegenden mit besseren natürlichen Voraussetzungen hatten die Bauern keinen leichten Stand. Die Folgen der langen Kriegsjahre zu Beginn des 19. Jahrhunderts waren lange kaum zu überwinden gewesen. Eine wirkungsvolle Hilfe der öffentlichen Hand gab es nicht. Die im Landtag bereits in den dreißiger Jahren geforderte Errichtung landwirtschaftlicher Lehranstalten wurde erst 1874 und 1879 mit den Fachschulen von San Michele an der Etsch und Rotholz im Inntal verwirklicht. Bis dahin waren Artikel in Zeitschriften und Kalendern, Ausstellungen und der Einsatz von Wanderlehrern ziemlich die einzigen Möglichkeiten zur Verbreitung neuer Methoden und Grundsätze in der Landwirtschaft. Erfolgreich wirkte in dieser Hinsicht der Ötztaler Priester Adolf Trientl, der als Berater und Lehrer der Bauern herumzog, viele Aufsätze und Schriften verfasste und als „Mistapostel" in die Geschichte der Tiroler Landwirtschaft einging.
Was den Bauern ganz besonders fehlte, war eine wirkungsvolle Interessenvertretung. Ausbildungsmangel und veraltete Arbeitsweisen waren ja nicht die einzigen Ursachen für die Krise der Landwirtschaft. Das Hauptübel war eine übermäßige Verschuldung.

Jungbauern auf der Schulbank: eine Klasse in der 1879 gegründeten landwirtschaftlichen Lehranstalt Rotholz (Aufnahme von 1904).

Der Priester Adolf Trientl erwarb sich als Wanderlehrer und Publizist in Sachen Landwirtschaft den humorvollen Titel „Mistapostel".

Gründe dafür gab es viele. Einer wurzelte sogar in einer als Förderung des Bauernstandes gedachten Maßnahme: der Abschaffung der Grundherrschaft im Revolutionsjahr 1848. Die Bauern mussten nämlich dafür eine Entschädigungssumme zahlen, weshalb das neue Besitzverhältnis in der Regel mit einer Hypothekarschuld begann. Hochwasser und Murbrüche, Missernten und bisher unbekannte Schädlinge taten ein Übriges. Dazu kamen die Folgen der liberalen Wirtschaftspolitik: Landwirtschaftliche Produkte erzielten wegen vermehrter Einfuhren und billiger Konserven geringere Preise, während die Belastung der Bauern stieg. Fast alles, was sie brauchten, wurde teurer. Und neue Errungenschaften wie chemische Schädlingsvernichtung oder moderne Maschinen erforderten einen hohen Einsatz an Barmitteln.

Als Anfang der achtziger Jahre die Krise der Landwirtschaft einen Höhepunkt erreichte, wurde endlich vom Gesetzgeber eine mit Kompetenzen und Geldmitteln ausgestattete Organisation zur Landwirtschaftsförderung geschaffen: der Landeskulturrat und die Bezirksgenossenschaften der Landwirte als dessen Unterorganisationen. Dieser straff organisierte Verband konnte auf die Politik Einfluss nehmen und hatte es jetzt auch mit einer neuen Politikergeneration zu tun, die sich für die Lösung sozialer und wirtschaftlicher Probleme einsetzte. So wurde die Landeshypothekenanstalt gegründet, die langfristige und unkündbare Kredite vermittelte; und 1900 kam das „Tiroler Höfegesetz" zustande, das die weitere Zersplitterung sowie den Ausverkauf des bäuerlichen Grundbesitzes verhinderte.

Gleichzeitig begann der Aufbau des Genossenschaftswesens zum gemeinsamen Bezug von Waren, zu Produktion, Vermarktung und Maschineneinsatz. Seit 1889 wurden allerorten Spar- und Darlehenskassen nach dem System des deutschen Wirtschaftspioniers Raiffeisen gegründet. Dabei ging es um die Sammlung und Verwertung aller verfügbaren Gelder der bäuerlichen Bevölkerung. Der Aufbau einer über Genossenschaften und Vereine weitverzweigten Organisationsstruktur bot zudem den Verantwortlichen des Landeskulturrates die Möglichkeit, Beratung und Schulung, Serviceangebot und andere Förderungsmaßnahmen günstig abwickeln zu können.

Um die Jahrhundertwende fand die Landwirtschaft den Anschluss an den allgemeinen Wirtschaftsaufschwung. In den Städten und Märkten hatte die günstige Konjunkturentwicklung seit den siebziger Jahren den Wirtschaftstreibenden bessere Erträge gebracht und damit neue Investitionen ermöglicht. Neben der jungen Fremdenverkehrswirtschaft verzeichnete das Baugewerbe dank der vielen Straßen- und Bahnprojekte und dem Anwachsen der Städte den größten Zuwachs an Umsatz und Beschäftigten.

Aber auch mit der Industrie ging es in der zweiten Hälfte des 19. Jahrhunderts aufwärts. Bis dahin hatte es in Tirol nur ganz wenige Unternehmungen gegeben, die man nach heutigen Begriffen als Fabriken bezeichnen könnte. Wenn man vom Salzbergwerk in Hall und der Schwazer Tabakfabrik mit mehreren Hundert Beschäftigten absieht, gehören diese ältesten Tiroler Industriebetriebe durchwegs der Textilbranche und dem Bereich der Metallverarbeitung an. Die Lodenindustrie, Baumwollfabriken, Webereien und andere Textilwerke, nicht zu vergessen die Seidenspinnereien in Welschtirol, beschäftigten um 1890 über 11.000 Männer und Frauen und hatten überregionale Bedeutung. In der Sensenunion Jenbach wurde Tiroler Eisen fabriksmäßig zu Sensen und Sicheln verarbeitet und bis nach Russland verschickt. Die Stubaier Kleineisenindustrie hatte durch die Gründung einer Werkgenossenschaft ihre Konkurrenzfähigkeit verbessert.

Der Waldreichtum des Landes ermöglichte den Export von Rundholz und den Aufbau einer holzverarbeitenden Industrie. Der Marmor von Laas verließ das Land zum Teil in rohen Blöcken für die Prunkbauten in Wien und München, zum Teil in verarbeitetem Zustand. Das allgemeine Baufieber ließ auch die Granit- und Porphyrwerke im Eisacktal und andere Steinbrüche aufblühen. Neu war die Zementindustrie, die sich eine Spitzenstellung in der ganzen Monarchie eroberte. Um 1840 hatte der gebürtige Bozner Franz Kink in der Nähe von Kufstein begonnen, Kalkmergel abzubauen und Zement herzustellen, dessen Qualität dem englischen Portland-Zement glich. Weitere Zementfabriken entstanden, die noch lange den Inn als traditionellen Transportweg nützten.

Ähnlich steil war der Aufschwung der chemischen Industrie, deren größte Betriebe um 1900 das Carbidwerk in Matrei am Brenner und eine Kunstdüngerfabrik in Rovereto waren. Auch die Nahrungsmittelerzeugung stellte sich auf moderne Verarbeitungsmethoden und Produkte um, wobei die Obst- und Fleischkonservenfabrikation in Bozen die größte Bedeutung erlangte.

Eine lange Tradition hatte die Glasfabrikation. Dass Daniel Swarovski, der in Georgenthal in Nordböhmen eine Fabrik für Glasdünnschliffartikel betrieb, nach Tirol übersiedelte, hat allerdings damit nichts zu tun, sondern mit der hier angebotenen billigen Energie aus Wasserkraft, die er für seinen neuen Schleifapparat für Schmucksteine brauchte. Er ließ sich 1895 in einer aufgelassenen Lodenfabrik in Wattens nieder und beschäftigte um 1900 schon über hundert Arbeiter, für die er Wohnungen und soziale Einrichtungen schuf. Eine neue Glashütte und ein Forschungslaboratorium sollten noch vor dem Ersten Weltkrieg zur Weiterentwicklung der aufstrebenden Firma beitragen.

Ein ganz neues Element im Wirtschaftsleben stellten seit der Mitte des 19. Jahrhunderts das Gas als Energiequelle und gegen Ende des Jahrhunderts die Elektrizität dar, zu deren Gewinnung in den neunziger Jahren erste Wasserkraftwerke entstanden.

Die Begeisterung für den technischen Fortschritt weckte in vielen Tirolern eine erstaunliche Erfindungsgabe. Zum Teil ohne entsprechende Ausbildung wurden große Leistungen erbracht, die freilich nur in den seltensten Fällen wirtschaftlich genutzt werden

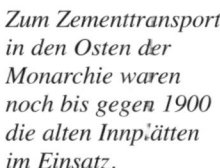

Zum Zementtransport in den Osten der Monarchie waren noch bis gegen 1900 die alten Innplätten im Einsatz.

konnten. Die Reihe beginnt – um nur drei Namen zu nennen – mit dem Kufsteiner Schneidermeister Josef Madersperger, der um 1814 eine Nähmaschine erfand. Der Tischler Peter Mitterhofer aus Partschins bei Meran stellte zwischen 1864 und 1869 mehrere Modelle einer Schreibmaschine her. Johann Kravogl aus Lana, der in Imst das Schlosserhandwerk erlernte und nach Innsbruck übersiedelte, baute den ersten leistungsfähigen Elektromotor, mit dem er 1867 auf der Pariser Weltausstellung Aufsehen erregte.

Neben der Landwirtschaft, dem Handwerk und der Industrie nahm im Tiroler Wirtschaftsleben das Kunstgewerbe eine wichtige Stellung ein. Ein Musterbetrieb dieser Sparte war die Glasmalereianstalt in Innsbruck-Wilten, deren kunstvolle Fenster und Mosaike weltweites Ansehen genossen. Im kunstgewerblichen Bereich hatte die Hausindustrie in manchen Tälern noch eine Chance, vor allem dann, wenn das Niveau der Erzeugnisse durch Schulung und Ausbildung der Mitarbeiter verbessert werden konnte, wie dies bei den Grödner Schnitzern der Fall war. In St. Ulrich, wo es schon seit 1825 eine Zeichenschule gab, errichtete die Regierung 1872 eine „Holzschnitzereischule für kirchliche Arbeiten". Im Gegensatz zur staatlichen Förderung im Grödental war der Aufschwung der Spitzenklöppelei im Ahrntal der Privatinitiative des Pfarrers Johann Peskosta zu danken, der drei Prettauer Mädchen zur Ausbildung nach Wien schickte. 1908 eröffnete auch hier der Staat einen Fachkurs, der regen Besuch verzeichnen konnte.

Auch in anderen Bereichen des Wirtschaftslebens wusste man eine gute Ausbildung zu schätzen. Der Ausbau des Gewerbe- und Fachschulwesens machte große Fortschritte. Der Staat konnte es sich leisten, größere Summen in den Tiroler Nachwuchs zu stecken. Immerhin war das Land aus der Sicht des österreichischen Gesamtstaates wirtschaftlich und finanzpolitisch überaus aktiv. Im Jahr 1910 betrugen die Ausgaben der Staatskasse für Tirol 34 Millionen Kronen, die Einnahmen aus Tirol wurden dagegen mit 45 Millionen beziffert. Wie lange die Wirtschaftsblüte angedauert hätte, weiß niemand. Manche Forscher sehen rückblickend die ersten Krisenzeichen schon in den Jahren vor Ausbruch des Ersten Weltkriegs, der dann alles zerstörte, was zwei Generationen aufgebaut hatten.

NEUE WEGE IN STÜRMISCHER ZEIT

Das Tiroler Kultur- und Geistesleben in den Jahrzehnten um 1900

Wie in Wirtschaft und Politik waren die Jahre um 1900 auch in geistig-kultureller Hinsicht eine Zeit stürmischer Entwicklungen. Angeregt durch verschiedene Kunstströmungen des Auslandes gingen Tiroler Künstler neue Wege. Bevor es aber so weit kommen konnte, musste eine längere Periode der Stagnation überwunden werden, für die nicht zuletzt der lange Zeit alles lähmende Kampf zwischen den beiden weltanschaulichen Lagern der Konservativen und der Liberalen mitverantwortlich war.

Auch die Innsbrucker Universität hatte lange gebraucht, bis sie aus ihrem Schattendasein der ersten Hälfte des 19. Jahrhunderts herausfand und wieder Einfluss und Ausstrahlung gewinnen konnte. 1857 wurde die Theologische, 1869 die Medizinische Fakultät wiedererrichtet. Und allmählich stellten sich auf allen Gebieten wissenschaftliche Erfolge ein. Die Zahl der Studenten stieg von 277 im Jahr 1850 auf 1364 im Jahr 1913. Professoren kamen aus dem ganzen deutschen Sprachraum nach Innsbruck, umgekehrt wirkten Tiroler Gelehrte an auswärtigen Universitäten.

Als Professor für Mineralogie und Geologie wirkte Adolf Pichler (1819–1900) an der Universität, die beherrschende Tiroler Dichtergestalt der zweiten Hälfte des 19. Jahrhunderts. Er gilt als der Meister der niveauvollen Tiroler Volkserzählung, schilderte Natur und Bergwelt aber auch in klassizistischen Gedichten. Geschichten aus dem Volksleben schrieb auch der Priester Sebastian Rieger (1867–1953), der zu den Dichtern und Schriftstellern der katholisch-konservativen Richtung zählt und als „Reimmichl" berühmt wurde. Durch seine Romane, in denen er Unterhaltung geschickt mit Belehrung verbindet, durch seinen weitverbreiteten Kalender und das von ihm redigierte Wochenblatt „Tiroler Volksbote" erlangte er weitgehenden Einfluss auf das geistig-kulturelle Bewusstsein und die politische Haltung der bäuerlichen Bevölkerung, wobei die christlich und sozial motivierte antisemitische Komponente aus heutiger Sicht nicht unerwähnt bleiben darf.

Dass Franz Kranewitters Drama „Andre Hofer" 1903 im Innsbrucker Stadttheater einen Skandal auslöste, ist darauf zurückzuführen, dass die Tiroler ihren Heros kaum wiedererkannten. Hier zeigte man ihnen plötzlich keinen Helden ohne Fehl und Tadel, sondern einen Menschen aus Fleisch und Blut, der unter der aufgebürdeten Verantwortung zusammenbricht. Die Werke des in Nassereith geborenen Franz Kranewitter (1860–1938) gehören zum Besten, was in Tirol gedichtet worden ist. Menschliche Leidenschaft und schicksalhaftes Verhängnis, den Fluch des Bösen und seine Folgen bannte Kranewitter voll

Der Volksschauspieler Ferdinand Exl mit Masken der von seiner Bühne bevorzugt aufgeführten Autoren, oben links Franz Kranewitter, oben rechts Karl Schönherr. Karikatur von Max von Esterle, um 1910.

Titelseite der erste Nummer der Zeitschrift „Der Brenner".

Wucht und Eindringlichkeit in die Einakterfolge der „Sieben Todsünden", an der er zwanzig Jahre lang arbeitete. Zusammen mit Karl Schönherr (1867–1943), der in Wien lebte, eröffnete Kranewitter dem Tiroler Volksschauspiel neue Dimensionen, indem sie am Beispiel der bäuerlichen Gesellschaft allgemeine Probleme auf die Bühne brachten. Meisterhaft aufgeführt wurden ihre Stücke von der 1902 gegründeten „Exl-Bühne".

Entstand im Volksschauspiel neues Leben aus alter Tradition heraus, so machte sich in anderen Sparten der Literatur das Aufgreifen von Tendenzen des Auslandes bemerkbar. Bahnbrechend auf dem Weg der Tiroler Dichtung bis hin zum Anschluss an die europäische Entwicklung war Ludwig von Ficker, der 1910 in Innsbruck die literarisch-philosophische Zeitschrift „Der Brenner" gründete und sie zum Forum für eine neue Dichtung machte. Er scheute auch nicht die Veröffentlichung von so herausfordernden und für die Zeitgenossen vielfach unverständlichen Gedichten wie jenen von Georg Trakl. Der vom Krieg hinweggeraffte Dichter stammte aus Salzburg, hatte in Ficker einen Freund und Förderer, wohnte oft bei ihm und liegt in Mühlau begraben.

Der intensivere Gedankenaustausch über die Grenzen hinweg gab auch anderen Sparten der Kunst neue Impulse. Bis zur Jahrhundertwende beherrschte noch die dekorative Historienmalerei und die naturalistische Darstellung von volkstümlichen Szenen aus den Freiheitskriegen und dem Bauernleben die Tiroler Kunst. Gleichsam stilprägend war dabei der aus Stronach bei Lienz stammende und in München wirkende Tiroler Franz von Defregger (1835–1921), der – wie der Pitztaler Genremaler Alois Gabl – an der königlichen Akademie unterrichtete und zahlreiche Landsleute als Schüler hatte, etwa Matthias Schmid von See im Paznauntal, Hugo Engl aus Lienz, Josef Moroder-Lusenberger aus dem Grödental oder Rudolf Nissl aus Fügen.

Schüler von Defregger war auch die alles beherrschende Figur der Tiroler Kunst des frühen 20. Jahrhunderts, der ebenfalls aus Osttirol stammende Albin Egger-Lienz (1868 bis 1926). Er fand jedoch bald zu einem ganz eigenen Stil und zu „seinem" Thema, dem bäuerlichen Lebenskreis als Sinnbild menschlichen Seins, und verdichtete es in seinen Werken immer ausdrucksstärker und immer radikaler. So wurde er zu einem Wegbereiter des Expressionismus in Österreich. Egger-Lienz wirkte zwischen 1893 und 1899 in München, übersiedelte dann nach Wien, folgte einem Ruf nach Weimar und ließ sich 1913 in Bozen nieder. Schon vorher hatte er die künstlerische Kraft für seine Arbeit aus langen Heimataufenthalten geschöpft. Anders als Egger-Lienz hatte sein ebenfalls berühmter Welschtiroler Kollege Giovanni Segantini (1858–1899), der in der Schweiz lebte, nur wenig Verbindung zu seiner Heimat.

Einer von den Tiroler Malern, die in ausländischen Kunstzentren auf völlig neue künstlerische Wege geführt wurden, war der Meraner Leo Putz (1869–1940), der zunächst in München studierte, dann für zwei Jahre nach Paris ging, um anschließend nach München zurückzukehren. Seine zeichnerisch-virtuosen Skizzen, die dem Jugendstil zuzurechnenden Umschlagentwürfe für Zeitschriften und seine spätimpressionistischen Gemälde von vibrierender Sinnlichkeit haben Leo Putz in der bayerischen und in der tirolischen Kunstgeschichte einen festen Platz gesichert.

Auch in der Plastik zeigten sich vor dem Ersten Weltkrieg Ansätze zu einer Überwindung des jeweils herrschenden akademischen Einheitsstils. Zu einem eigenständigen Stil fanden Josef Bachlechner (1871–1923) in seinen an gotische Vorbilder anknüpfenden, naiv empfundenen Krippendarstellungen und Altären sowie Ludwig Penz (1876 bis 1918), der sich weiter von der Tradition entfernte und seine höchste Gestaltungskraft in Kleinplastiken aus Holz entfaltete, doch stammt auch das Haller Speckbacher-Denkmal von ihm. Der Denkmäler-Boom jener Jahre brachte einer Reihe von Künstlern schöne Aufträge. Am bekanntesten ist wohl das Andreas-Hofer-Monument am Bergisel von Heinrich Natter (1893), einem in Wien lebenden und wirkenden Tiroler.

In der Baukunst wurden bis zur Jahrhundertwende fast ausschließlich historische Stile nachgeahmt. Erst dann setzten sich neue Tendenzen durch, in erster Linie die aus München kommende Regionalromantik, die sich mit der traditionellen heimischen Baukultur auseinander setzte.

Während langer Aufenthalte in Tirol schuf Egger-Lienz viele seiner symbolträchtigen Gemälde. Dazu gehört „Der Totentanz", dessen erste Fassung im Ötztal entstand.

DAS „UNERLÖSTE" WELSCHTIROL
Der Nationalitätenstreit in Alt-Tirol und der italienische Irredentismus

Seit 1848 wurde die Idee einer Loslösung Welschtirols von Tirol und die Bildung eines selbständigen österreichischen Kronlandes Trient oder eines Anschlusses an die österreichische Provinz Lombardei in national-italienischen Kreisen diskutiert und gefordert. Da es seit 1866 kein österreichisches Oberitalien mehr gab, sondern Welschtirol nun an das nach Gebietsgewinnen strebende Königreich Italien grenzte, wäre die Gewährung einer Autonomie ein Gebot der politischen Klugheit gewesen, um zu verhindern, dass aus der Parole „Los von Innsbruck" ein „Los von Wien" würde.

Neben den 500.000 Deutschtirolern lebten um 1900 im Land rund 350.000 Welschtiroler. Sie hatten volle kulturell-nationale Autonomie: Italienisch war Amts- und Gerichtssprache; es gab genügend italienische Schulen; Aufschriften und Namenstafeln waren durchwegs italienisch. Nicht nur die Beamten der autonomen Behörden wie der Gemeinden waren stets Italiener, auch staatliche Stellen wurden fast durchwegs mit italienischsprachigen Einheimischen besetzt. Aber die führenden Welschtiroler wollten mehr: einen eigenen Landtag, eine eigene gesetzgebende und ausführende Gewalt. Man war im Tiroler Landtag nicht großzügig genug, diesem Wunsch Rechnung zu tragen.

Zwischen 1900 und 1902 kam es zu mehreren ernsthaften Versuchen, das Problem zur beiderseitigen Zufriedenheit zu lösen. Jedoch die Verhandlungen scheiterten, worauf sich Taktik und Ziele der Trentiner Politiker änderten. Die extremen italienischen Nationalisten wollten gar keine Autonomie mehr, um das ungelöste Problem für ihre Forderung nach einem Anschluss an Italien ausnützen zu können. Der christlichsoziale „Partito Popolare", dessen rasch wachsende ländliche Anhängerschaft durchaus österreichisch gesinnt war, arrangierte sich hingegen mit den führenden Männern in Innsbruck, um in Trient seine Ziele verwirklichen zu können. Dem Trentino kam diese realistische oder – je nach Standpunkt – opportunistische Politik sehr zugute, nicht zuletzt in wirtschaftlicher Hinsicht. Die „Popolari" nützten die Situation propagandistisch: Alles Positive war ihr Verdienst, alles Negative konnten sie der deutschen Mehrheit anlasten.

Statt einer zukunftsweisenden Lösung näherzukommen, nahmen Radikalisierung und Misstrauen auf beiden Seiten zu. In Trient orientierten sich bürgerliche Kreise immer mehr nach Italien. Für die zahlenmäßig schwachen Trentiner Sozialdemokraten zog 1914 Cesare Battisti ins Innsbrucker Landhaus ein, der in einer Welschtiroler Autonomielösung einen Beitrag zur Bewältigung des Nationalitätenproblems im Vielvölkerstaat Österreich sah. Da sie nicht erreicht werden konnte, wurde er schließlich einer der eifrigsten Kämpfer für ein Italien bis Salurn. Bei Kriegsausbruch emigrierte Battisti nach Italien, setzte sich für einen Kriegseintritt des Königreichs gegen Österreich ein und kämpfte in der italienischen Armee. Als er 1916 gefangengenommen wurde, lautete das Urteil auf Hochverrat und Tod durch den Strang.

Das Königreich Italien war 1882 im „Dreibund" zum Partner der Habsburgermonarchie und Deutschlands geworden. Der „Irredentismus", die politisch-nationale Idee vieler Italiener, die noch „unerlösten" italienischen Gebiete ihrem jungen Staat einzugliedern,

Das Dante-Denkmal in Trient (Foto von der verregneten Enthüllungsfeier am 11. Oktober 1896) wurde von vielen Deutschtirolern als nationalistische Provokation empfunden.

konnte seitdem von der Regierung in Rom natürlich nicht mehr offiziell vertreten werden. Die auf privater Basis gegründeten irredentistischen Vereinigungen setzten ihre Propaganda und ihre Agitation aber auch in dieser Zeit ziemlich ungehindert fort.

Seit dem späten 19. Jahrhundert begnügten sich einige extreme italienische Nationalisten nicht mehr mit der Forderung nach Vereinigung des Trentino mit dem italienischen Staat, sondern verfochten unter dem Schlagwort von der Hauptwasserscheide als der „natürlichen" Grenze Italiens imperialistische Ziele. Es war das Werk eines Privatmannes, des aus Rovereto gebürtigen Lehrers Ettore Tolomei, dass diese „Wasserscheidentheorie" und die Ansprüche Italiens auf Tirol bis zum Alpenhauptkamm in Italien immer populärer wurden. Er unterstützte seine These von der Italianität Südtirols durch willkürlich übersetzte Ortsnamen und pseudowissenschaftliche Arbeiten.

Als im Sommer 1914 der Erste Weltkrieg ausbrach, erklärte sich Italien neutral und begann mit beiden kriegsführenden Parteien zu verhandeln. Es forderte von Österreich dalmatinische Küstengebiete, Triest und ganz Welschtirol, was Kaiser Franz Joseph zuerst strikt ablehnte. Erst als in Italien die Befürworter einer Kriegserklärung an Österreich-Ungarn an Boden gewannen, war man in Wien zu größeren Zugeständnissen bereit, und man erklärte, das Trentino abtreten zu wollen und hinsichtlich der anderen italienischen Wünsche zu größten Konzessionen bereit zu sein.

Die gleichzeitigen Verhandlungen mit den Gegnern Österreichs schienen der italienischen Regierung aussichtsreicher. Tatsächlich erhielt Italiens Botschafter in London weitgehende Zusagen als Preis für einen Kriegseintritt auf der Seite der Entente, wie das Bündnis Großbritanniens, Frankreichs und Russlands genannt wurde. So kam es am 26. April 1915 zur Unterzeichnung des „Londoner Vertrags", in dem Italien die Brennergrenze versprochen wurde. Am 4. Mai kündigte Italien den Dreibund und erklärte am 23. Mai 1915 seinem früheren Bündnispartner Österreich-Ungarn den Krieg.

DER KRIEG IN FELS UND EIS

Tirol im Ersten Weltkrieg, Zusammenbruch und Waffenstillstand

Tirol schien 1915 dem Angriff Italiens schutzlos ausgeliefert. Nicht nur die zur k.u.k. Armee gehörigen Kaiserjägerregimenter, auch die Landesschützen, die einen Teil der Landwehr bildeten, und sogar die als Reserve geltenden Landsturmregimenter, zu denen die Männer vom 37. bis 42. Lebensjahr einberufen wurden, kämpften und verbluteten auf den Schlachtfeldern Serbiens und Russlands. So standen im Frühjahr 1915 einschließlich Gendarmerie und Finanzwache keine 20.000 Mann im Land.

In dieser von der obersten Heeresleitung verschuldeten Situation kam alles auf die oft belächelte Kampfreserve des Landes an, auf die in die Listen der Schießstände eingetragenen Standschützen, den letzten Rest der alten Tiroler Wehrtradition. Alle dienstpflichtigen Männer von 21 bis 42 Jahren waren längst eingezogen. Von den 60.000 im Jahr 1913 gezählten Scheibenschützen waren nur die Jüngsten, Ältesten oder Untauglichen im Land geblieben und wurden jetzt als das „letzte Aufgebot" einberufen. Tausende junger Burschen und alter Männer schrieben sich beim nächsten Schießstand ein, um mit ausrücken zu dürfen. Insgesamt waren es rund 32.000 Mann, darunter 2000 Vorarlberger und 3400 Welschtiroler, die ab Mitte Mai an die nur notdürftig durch Verteidigungsanlagen gesicherte Grenze geschickt wurden. Verzweifelter Mut beseelte die Standschützen und ihre selbst gewählten Offiziere. Dennoch traute ihnen kaum ein Militärfachmann zu, dass sie der übermächtigen italienischen Armee standhalten könnten. Doch der befürchtete italienische „Spaziergang nach Innsbruck" fand nicht statt. Das unerwartete Auftreten von Truppen an der Grenze eines wehrlos geglaubten Landes veranlasste die Angreifer zum Zögern und zur Vorsicht. Trotz der Unterstützung durch das hauptsächlich aus bayerischen Soldaten bestehende Deutsche Alpenkorps trugen bis zum Herbst 1915

Die Standschützen von Matrei in Osttirol vor dem Abmarsch an die bedrohte Landesgrenze.

die Standschützen die Hauptlast der Verteidigung. Dann kamen endlich die Tiroler Kaiserjäger und die Landesschützen, nach 1916 Kaiserschützen genannt, von den anderen Kriegsschauplätzen in ihre umkämpfte Heimat zurück.

Drei Jahre dauerte der Kampf um Tirol. Es war ein blutiges Ringen in Fels und Eis, ein erbarmungsloser Stellungskrieg im Hochgebirge, wo es nicht nur den Feind, sondern auch die Natur zu bekämpfen galt. Rund 350 km lang war die Front vom Ortler bis zum Kamm der Karnischen Alpen. Bis auf jene kleinen Gebiete, die vom Tiroler Landesverteidigungskommando schon vor Kriegsbeginn aufgegeben worden waren, etwa das Ampezzaner Becken, konnten die Italiener nirgends auf Tiroler Boden vordringen. Durchbruchversuche ins Pustertal, ins Gader- bzw. ins Fassatal und über den Pasubio ins Etschtal wurden in verlustreichen Kämpfen abgewehrt.

Im Frühjahr 1916 trat die österreichische Armee ihrerseits zum Angriff an, um über die Höhen südöstlich von Trient in die oberitalienische Tiefebene durchzustoßen, doch musste die Offensive abgebrochen werden, da gleichzeitig schwere Kämpfe an der russischen Front eine Konzentration aller Kräfte unmöglich machten. Erst im Herbst 1917 brachte der österreichische Sieg an der Südostfront gegen Italien eine Wende: In der letzten der zwölf Isonzoschlachten wurden die Italiener bis an den Piave zurückgeschlagen, was sie gleichzeitig zur Aufgabe der Dolomitenfront zwang.

Der Krieg hatte für die Tiroler Zivilbevölkerung große Belastungen mit sich gebracht, auch wenn das Kampfgeschehen nur wenige Orte unmittelbar hinter der Front direkt berührte, am ärgsten Sexten, das durch Artilleriebeschuss zerstört wurde. Die anfängliche Hurra-Stimmung wich bald der Ernüchterung. Im letzten Kriegsjahr wurden die Lebensmittel immer knapper. Die Produktion im eigenen Land litt unter dem Mangel männlicher Arbeitskräfte. Bald trugen die Bäuerinnen zusammen mit alten Leuten und Kindern fast allein die Last der gesamten Arbeit. Der Einsatz vorwiegend russischer Kriegsgefangener brachte kaum Erleichterung. Dafür erschwerten Bewirtschaftungsgesetze und Militärbürokratie die Situation.

Stellung im Ortlergebiet.

Das durch Artilleriebeschuss zerstörte Sexten.

Als unmittelbares Front- und Aufmarschgebiet war ganz Tirol südlich des Brenners der strengen Kontrolle des Militärs unterstellt, was weitgehende Eingriffe ins tägliche Leben mit sich brachte. Am ärgsten war es in Welschtirol, wo die Militärverwaltung aus Furcht vor Spionage und Hilfeleistung für den Feind besonders hart vorging. Verdächtige Personen kamen in ein Internierungslager bei Linz. Und die Bevölkerung frontnaher Gebiete wurde „aus Sicherheitsgründen" ins Innere der Monarchie evakuiert.

Am 21. November 1916 starb Kaiser Franz Joseph I. Sein Nachfolger Karl I., der die Situation in Tirol aus eigener Erfahrung kannte, machte in Deutsch-Südtirol der fast diktatorischen Militärkontrolle ein Ende und leitete Erleichterungen für Welschtirol ein. In seinen Friedensbemühungen war der junge Herrscher ebenso erfolglos wie in dem Versuch, durch einen föderalistischen Umbau die Donaumonarchie zu retten. Sein Manifest vom 18. Oktober 1918, in dem er allen Nationalitäten seines Reichs die Bildung von eigenen Parlamenten und Regierungen gestattete, bedeutete nicht die Rettung in letzter Minute, sondern den Beginn der Auflösung. Es kam viel zu spät.

Damals war längst klar, dass trotz einzelner Erfolge und trotz der enormen Opfer – allein das deutschsprachige Tirol hatte 20.000 Gefallene zu beklagen – die totale Niederlage nicht mehr zu vermeiden war. Noch bevor die Waffen schwiegen, riefen einzelne der neuen Nationalregierungen innerhalb der Donaumonarchie ihre Truppen von den Fronten zurück. Die verbleibenden Kämpfer waren unterernährt, mangelhaft ausgerüstet, enttäuscht und über die Vorgänge im Inneren ihres Vaterlandes verwirrt. Unter diesen Umständen musste die österreichische Heeresleitung, die eine großangelegte Offensive der Italiener am Piave nicht stoppen und bei Vittorio Veneto eine Niederlage nicht verhindern konnte, schnellstens einen Waffenstillstand herbeiführen. Jede Bedingung musste angenommen werden, auch die Preisgabe Südtirols bis zum Brenner.

Was die Italiener in dreieinhalb Kriegsjahren bei allem Einsatz von Menschen und Material und aller Tapferkeit ihrer Elitetruppen nicht erobern konnten, fiel ihnen jetzt in wenigen Tagen kampflos in die Hände. Folgenschwer waren Missverständnisse und mangelnde Information rund um den Zeitpunkt, an dem der in der Villa Giusti bei Padua unterzeichnete Waffenstillstand vom 3. November 1918 in Kraft treten sollte. Aus nicht restlos geklärten Gründen wurden auf österreichischer Seite die Kampfhandlungen einen Tag früher eingestellt als bei den Italienern. So gerieten über 350.000 Soldaten, die sich bereits auf dem Rückzug befanden, ohne Gegenwehr in die Gefangenschaft der vorrückenden italienischen Truppen.

Die von diesem Schicksal nicht betroffenen Einheiten, demoralisiert und hungernd, fluteten teils geordnet, teils in Auflösung begriffen nach Norden. Nicht wenige Soldaten aus nichtdeutschen Teilen der Monarchie, die als erste die Südfront verlassen hatten, benahmen sich dabei wie in Feindesland. Da und dort bildeten sich Bürgerwehren, um das Ärgste zu verhindern. Wie es weitergehen sollte, wusste niemand.

WIE ES ZUR ZERREISSUNG TIROLS KAM

Die Gründung der Republik Österreich • Die „vierzehn Punkte" des amerikanischen Präsidenten Wilson und das Diktat von Saint Germain

Noch vor Kriegsende war die Donaumonarchie endgültig auseinandergebrochen. In Wien gab es zwar noch eine kaiserliche Regierung, die Geschicke des deutschsprachigen Restes der Monarchie lenkten aber bereits eine auf Grund des kaiserlichen Manifestes vom 18. Oktober zusammengetretene provisorische Nationalversammlung und ein von ihr eingesetzter Staatsrat. Die Frage der Staatsform dieses neuen Staates „Deutsch-Österreich" wurde am 11. November 1918 mit der Verzichtserklärung Kaiser Karls und am 12. November mit einem Beschluss der Nationalversammlung zugunsten einer demokratischen Republik entschieden.

In Tirol hatte sich im Oktober 1918 eine tirolische Landes- oder Nationalversammlung gebildet, mit einem „Tiroler Nationalrat" als Vollzugsausschuss und Landesregierung. Im Juni 1919 wählten die Tiroler – erstmals nach dem allgemeinen und gleichen Verhältniswahlrecht ohne Unterschied des Geschlechts – einen verfassunggebenden Landtag, der am 1. Juli zur ersten Sitzung zusammentrat. Da in dem von den Italienern besetzten Teil Tirols nicht gewählt werden konnte, wurden die Südtiroler Abgeordneten (ohne Welschtirol) aufgrund des Parteienverhältnisses der letzten Wahl ernannt. Diese Delegation aus dem südlichen Landesteil nahm erst am 16. November 1920 Abschied vom Tiroler Landtag, nachdem am 10. Oktober dieses Jahres die formelle Eingliederung Südtirols in das italienische Königreich erfolgt war.

Dass es jemals so weit kommen könnte, hatte im November 1918 kaum jemand geglaubt. Zwar wusste man in Tirol von den Ansprüchen Italiens auf die Brennergrenze, doch vertraute man auf das feierlich gegebene Wort des mächtigsten Mannes der Welt von der Selbstbestimmung der Völker und vom gerechten Frieden: Die berühmten 14 Punkte des amerikanischen Präsidenten Woodrow Wilson sollten Grundlage für eine Friedensordnung in Europa sein. Der zweite dieser Artikel versprach „die Regelung aller Fragen […] auf Grund einer freien Annahme durch das Volk, das unmittelbar damit betroffen ist, und nicht auf der Grundlage materieller Interessen oder des Vorteils irgendeiner anderen Nation …" Und im Punkt 9 heißt es: „Es soll eine Berichtigung der Grenze Italiens durchgeführt werden nach den klar erkennbaren Linien der Nationalität."

Die Einheit Deutschtirols schien angesichts der Erklärungen Wilsons nicht bedroht. Daran änderte auch die Tatsache nichts, dass Italien Südtirol besetzt hielt. Das war für die meisten Tiroler eben eine Waffenstillstandsbedingung, nichts weiter, das italienische Militär hatte sich ja auch die Besetzung einiger wichtiger Punkte in Nord- und

Der österreichische Staatskanzler Karl Renner bei seiner Ankunft in Paris (Illustriertenfoto).

Osttirol ausbedungen. Dass die Italiener nicht gewillt waren, sich aus Südtirol wieder zurückzuziehen, wurde allerdings den weitsichtigeren Politikern bald klar. Zuerst erkannten die Südtiroler selbst die Gefahr. Protestbriefe aller deutschen und der zwölf ladinischen Gemeinden gegen die drohende Annexion wurden wegen der italienischen Überwachung auf verschneiten Gebirgswegen nach Innsbruck geschmuggelt und von dort nach Bern zum amerikanischen Gesandten weitergeleitet. Doch die Hoffnung auf Wilson sollte enttäuscht werden. Südtirol wurde zum Schacherobjekt.

Denn schon im Jänner 1919 war Wilson entschlossen, im Falle Südtirols seine 14 Punkte außer Acht zu lassen und das italienische Argument von der strategischen Notwendigkeit der Brennergrenze anzuerkennen, um Italien dafür zu entschädigen, dass das ebenfalls von Rom beanspruchte Dalmatien mit seinem vor allem in den Städten hohen italienischen Bevölkerungsanteil dem neuen südslawischen Staat zugesprochen wurde. Davon wollte Wilson auf keinen Fall abgehen. Der Londoner Vertrag von 1915, der Italien die Brennergrenze als Preis für seinen Kriegseintritt auf der Seite Frankreichs und Englands zusicherte, war für die Südtirol-Frage also nicht entscheidend. Nach ihm hätte Italien ja auch die dalmatinische Küste bekommen müssen. Der Präsident der Vereinigten Staaten war an das Abkommen Italiens mit Frankreich und England nicht gebunden. Eine völlige Verstimmung der italienischen Regierung wollte Wilson aber verhindern, vor allem weil er ihre Unterstützung für seinen Völkerbundplan brauchte. Auf Kosten des Verlierers Österreich konnte er sich am leichtesten aus der Affäre ziehen. Dabei hätte es nach dem Willen der meisten italienischen Politiker umgekehrt kommen sollen, war doch die Brennergrenze ursprünglich nur als Faustpfand gedacht, das man im Tausch gegen die Erfüllung der Forderung nach Dalmatien wieder aufzugeben gedachte.

Die Frage nach der Nationalität der Bevölkerung Südtirols spielte bei den Verhandlungen auf der Friedenskonferenz in Saint-Germain-en-Laye bei Paris, wo ab Mitte April 1919 die Tiroler Frage auf der Tagesordnung stand, eine viel geringere Rolle, als meist angenommen wird. Der als Berater der italienischen Delegation in Paris weilende Ettore Tolomei legte zwar seine „Beweise" für die Italianität Südtirols vor, doch war Präsident Wilson – wie wir heute wissen – über die tatsächlichen ethnischen Verhältnisse in Tirol gut informiert. Dennoch bedeutete es natürlich einen Nachteil für Österreich und die in Paris anwesenden Tiroler Politiker und Experten, dass die Italiener Wilson direkt bearbeiten konnten, während die österreichische Delegation zu mündlichen Verhandlungen nicht zugelassen war und ihren Standpunkt nicht vorbringen konnte.

Es hätte am Schicksal Tirols auch nichts geändert, wenn auf Seite Österreichs weniger Fehler gemacht worden wären. Vor allem die Tatsache, dass die Volksvertretung dieses neuen Österreichs gleich bei der Staatsgründung erklärt hatte, sich an Deutschland anschließen zu wollen, stimmte die Sieger über eben dieses verhasste Deutschland misstrauisch. Dass die Vertreter Tirols in Paris gerade deshalb eine eigene Politik machten, die mit der offiziellen Haltung Österreichs nicht übereinstimmte, hinterließ andererseits bei den Großmächten den Eindruck, die Tiroler seien gleichermaßen gegen Österreich wie gegen Italien. Doch den verantwortlichen Tiroler Persönlichkeiten ging es darum, ihren letzten Trumpf auszuspielen: Sie waren bereit, Tirol als neutralen Kleinstaat für selbständig zu erklären, wenn auf diese Weise die Einheit des Landes gerettet werden konnte. Dass hinter diesem heute utopisch anmutenden Plan reale Möglichkeiten stan-

Bilder und Postkarten wie diese waren nach der Abtrennung Südtirols weit verbreitet und brachten auf populäre Weise den Schmerz, aber auch die Hoffnung auf Wiedervereinigung der getrennten Landesteile zum Ausdruck.

Auf Wiederfehn!

den, ist sicher. Vor allem die Franzosen hätten eine solche Lösung nicht ungern gesehen, eine Art neutraler Pufferstaat inmitten der Alpen, eine zweite Schweiz sozusagen. Die italienische Diplomatie hatte Sorge, die Tiroler könnten sich mit diesem Schachzug durchsetzen. Sie bemühte sich deshalb, durch direkte Verhandlungen mit dem österreichischen Außenministerium Hoffnungen zu wecken.

In Innsbruck konnte man sich zu keinen konkreten Schritten in Richtung einer Selbständigkeit des Landes entschließen. Die praktischen Schwierigkeiten waren einfach zu groß. Zwar beschloss die Landesregierung am 3. Mai 1919 auf Drängen einer Südtiroler Delegation, „der Pariser Friedenskonferenz zur Kenntnis zu bringen, dass Tirol entschlossen ist, vom Selbstbestimmungsrecht Gebrauch zu machen und das geschlossene deutsche und ladinische Siedlungsgebiet bis zur Salurner Klause als selbständigen, demokratischen und neutralen Freistaat Tirol auszurufen, falls nur dadurch die Einheit dieses Gebietes erhalten werden kann", doch wurde das entsprechende Schreiben von den Allmächtigen in Paris nicht einmal einer Antwort für würdig befunden.

In Italien selbst wurden im Sommer 1919 viele Stimmen gegen eine Annexion Südtirols laut. Die italienischen Sozialisten meldeten ernste Bedenken an und traten dafür ein, sich mit der Eingliederung italienischer Gebiete zu begnügen. Doch die italienische Regierung hörte auf solche Mahnungen nicht. Sie musste ohnehin die anderen imperialistischen Ziele (Dalmatien, Stützpunkte in Albanien, Kolonien) aufgeben, da Italien der schwächste der Siegerstaaten war, umso wichtiger war ihnen der Gewinn Südtirols. Wo es für Italien einen Vorteil bedeutete, war sogar die vielzitierte Hauptwasserscheide plötzlich nicht mehr maßgebend: So wurden vom Bezirk Lienz unter Verletzung dieses Prinzips Innichen und das Sextental abgetrennt.

Der Staatsvertrag von Saint-Germain, der die Zerreißung Tirols besiegelte, wurde vom österreichischen Staatskanzler Karl Renner am 10. September 1919 unterzeichnet. Ohnmächtig musste das Tiroler Volk das Unrecht hinnehmen. Bei der Ratifizierung des Vertrags im österreichischen Parlament verließen die Tiroler Abgeordneten aus Protest den Saal. Als am 21. Juni 1921 erstmals Südtiroler Politiker im römischen Parlament auftraten, protestierten sie feierlich gegen die Annexion ihrer Heimat durch den italienischen Staat, die am 10. Oktober 1920 rechtskräftig geworden war.

Im Trend zum „starken Mann"

Nord- und Osttirol werden ein Bundesland •
Parteienhader, Ständestaat und der „Anschluss"

Während um die Einheit Tirols gerungen wurde, war für
die im November 1918 entstandene Republik Österreich
eine tragfähige Basis geschaffen worden. Eine förmliche
Beitrittserklärung zum neuen Staat hat Tirol im Unterschied zu anderen Kronländern freilich nie abgegeben.
Der Anfang im kleinen Österreich stand unter keinem
guten Stern: Verbitterung über das mit der Teilung des
Landes erlittene Unrecht, katastrophale Ernährungslage,
allgemeine Not, die beinahe das Maß des Erträglichen
überstieg. Außerdem fühlten sich die Tiroler von Wien
stiefmütterlich behandelt.

Kein Wunder, dass alte deutschnationale Traditionen auf-
lebten und man mit letzter Hoffnung auf Deutschland
blickte, das allerdings selbst darniederlag. Was das An-

Werbeplakat zur Anschluss-
abstimmung vom April 1921.

schlussverbot der Siegermächte betrifft, hoffte man auf die Wirkung einer klaren Willenskundgebung der Bevölkerung und auf eine Entscheidung des Völkerbundes. Am
24. April 1921 wurde wirklich – wie in Salzburg – eine vom Landtag beschlossene
Volksbefragung durchgeführt. Bei 87 % Wahlbeteiligung sprachen sich 98,5 % der
Wähler für einen wirtschaftlichen Anschluss an Deutschland aus.

Inzwischen war das Verhältnis Tirols zur Republik Österreich verfassungsrechtlich geregelt worden. In langwierigen Verhandlungen der Parteien- und Ländervertreter war ein
gangbarer Mittelweg zwischen einem zentralistischen Einheitsstaat und dem losen Zusammenschluss selbständiger Länder gefunden worden. Am 1. Oktober 1920 verabschie-
dete der Nationalrat das Verfassungswerk. Nach den Grundsätzen der Bundesverfassung
wurde in Tirol eine neue Landesverfassung erarbeitet und am 8. November 1921 vom verfassunggebenden Tiroler Landtag beschlossen. Erstmals wurden darin die Prinzipien der
modernen parlamentarischen Demokratie und des allgemeinen, gleichen und direkten
Wahlrechts ohne Unterschied des Geschlechts verankert. 40 Abgeordnete sollten von nun
an von der Tiroler Bevölkerung für vier Jahre in den Landtag entsandt werden und hatten dort Landeshauptmann und Landesregierung zu bestimmen. Die Tiroler Abgeordneten zum österreichischen Nationalrat waren direkt vom Volk zu wählen.

Die Zukunft des neuen Staates schien ungewiss. Viele hielten ihn gar nicht für lebens-
fähig. Doch war das größere Problem die mangelnde Erfahrung mit der parlamentarischen Demokratie. Schon nach einer kurzen Phase der Zusammenarbeit stellten die
Parteien das Trennende über das Gemeinsame. Ideologische Verketzerung, demago-
gische Propaganda und der parteipolitische Kleinkrieg ließen die Gräben zwischen dem
von Christlichsozialen und Großdeutschen gebildeten „Bürgerblock" und den Sozialdemokraten immer tiefer werden. Aus Misstrauen und Angst voreinander bauten beide

Seiten starke Wehrverbände auf. Zudem kam Österreich in den Sog einer antiparlamentarischen Strömung, die überall in Europa den Ruf nach dem „starken Mann" laut werden ließ. Der verhängnisvolle Parteienhader griff auch auf das politische Leben Tirols über. Äußeres Zeichen dafür waren Aufmärsche der bewaffneten Selbstschutzverbände. Der Innsbrucker Rechtsanwalt Dr. Richard Steidle stieg innerhalb der österreichischen Heimwehrbewegung, die einen autoritär regierten Staat anstrebte, zur führenden Persönlichkeit auf. Der Heim- oder Heimatwehr im rechten politischen Lager stand der Republikanische Schutzbund im linken gegenüber. Er spielte in Tirol eine geringere Rolle.

Parallel zur Entwicklung in ganz Österreich gelang es Anfang der 30er Jahre den von Deutschland unterstützten Nationalsozialisten, auch in Tirol immer breitere Bevölkerungskreise anzusprechen. Die allgemeine Radikalisierung und die Auswirkungen der Weltwirtschaftskrise trugen dazu bei. Die 1919 in Innsbruck gegründete Tiroler NSDAP hatte jahrelang ein Schattendasein geführt. Die Zahl der Mitglieder betrug Anfang 1931 in ganz Tirol erst 348, doch konnte die Partei bald nicht nur das nationale Lager für sich gewinnen, sondern zunehmend auch Wähler der beiden Großparteien. Während der Tiroler Landtag aus Angst vor NS-Erfolgen beschloss, die fälligen Neuwahlen auszusetzen und die laufende Legislaturperiode zu verlängern, errang die Innsbrucker NSDAP am 23. April 1933 einen sensationellen Wahlsieg: Bei Ergänzungswahlen zum Gemeinderat errang sie neun der zu vergebenden 20 Mandate.

In den Jahren 1933/34 erreichten die auf der Straße ausgetragenen politischen Konflikte ihren Höhepunkt. Vor allem die Nationalsozialisten wollten, gestärkt durch die Machtergreifung Adolf Hitlers in Deutschland, ihre Ziele in Österreich durch massiven Terror durchsetzen. Als die NS-Partei deshalb im Juni 1933 verboten wurde, rächte sich Hitler mit einer „1000-Mark-Sperre": Jeder Deutsche, der nach Österreich wollte, musste eine Gebühr von 1000 Reichsmark entrichten. Der Tourismus erlitt verheerende Verluste! Die Terrorwelle der nun illegalen Nationalsozialisten ging jetzt erst richtig los. An den Grenzen zu Bayern, von wo aus eine „österreichische Legion" geflüchteter Anhänger der verbotenen Bewegung operierte, kam es zu schweren Zwischenfällen. Bei der Abwehr dieser Bedrohung spielte neben der Exekutive die Tiroler Heimatwehr eine wichtige Rolle, doch sah sie den Hauptgegner in der Sozialdemokratie, trat auch ihrerseits gewalttätig auf und versuchte der Landesregierung ihren Willen aufzuzwingen.

Großes Fest der
Heimatwehr in Lienz
(August 1928).

Inzwischen war auf gesamtösterreichischer Ebene das Parlament ausgeschaltet worden (März 1933) und die von der Regierung Dollfuß betriebene Umwandlung Österreichs in einen autoritären Ständestaat fast abgeschlossen. Am 12. Februar 1934 kam es zur bewaffneten Auseinandersetzung zwischen dem Bundesheer und der Heimwehr auf der einen Seite und dem Republikanischen Schutzbund auf der anderen. Die Tiroler Arbeiterschaft verhielt sich während des nur wenige Tage dauernden Bürgerkriegs relativ ruhig. Nur in Wörgl kam es zu einem kurzen Feuergefecht. Da der Tiroler Sicherheitsdirektor Anton Mörl die Verkündigung des Standrechts absichtlich verzögert hatte, wurden die an den Kämpfen beteiligten Arbeiter im Vergleich zu den entsprechenden Urteilen in Ostösterreich eher milde bestraft. Nun wurde auch die Sozialdemokratische Partei verboten.

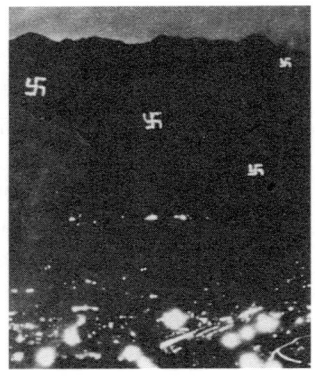

Eine andere Form der Propaganda: Hakenkreuzfeuer auf der Nordkette über Innsbruck.

Am 1. Mai 1934 verkündete Bundeskanzler Engelbert Dollfuß die neue Verfassung Österreichs als „Christlicher deutscher Bundesstaat auf ständischer Grundlage". In Tirol vollzog der Rumpf-Landtag ebenfalls den Schritt zum autoritären Kurs, indem er seine Befugnisse dem Landeshauptmann übertrug. Als einziges Forum politischer Willensbildung fungierte von nun an die „Vaterländische Front", politische Parteien gab es keine mehr. Illegal existierten freilich die verbotene Linke wie auch NS-Gruppen weiter. Bis 1938 wurden über 7000 Tiroler und Tirolerinnen wegen illegaler NS-Aktivitäten bis hin zu Terroranschlägen verhaftet und abgestraft. Linken Widerstand gab es in Tirol wenig.

Der nationalsozialistische Putschversuch am 25. Juli 1934, in dessen Verlauf Bundeskanzler Dollfuß ermordet wurde, hatte auf Tirol nur geringe Auswirkungen. Lediglich eine SS-Schar mit Friedrich Wurnig an der Spitze wurde aktiv und ermordete den Innsbrucker Polizeichef Franz Hickl, und Osttiroler Bundesheer- und Heimatwehreinheiten rückten nach Kärnten aus. Zum Nachfolger von Dollfuß ernannte der Bundespräsident den aus Tirol stammenden Minister Dr. Kurt Schuschnigg, der den innen- und außenpolitischen Kurs seines Vorgängers fortsetzte und in Annäherung an Italien Österreichs Unabhängigkeit gegenüber Deutschland zu erhalten suchte.

In Tirol wurde im November 1934 von Landeshauptmann Dr. Franz Stumpf, der als Nachfolger von Josef Schraffl zwischen 1922 und 1935 an der Spitze des Landes stand, eine neue Tiroler Landesordnung erlassen, nach der sich der Landtag aus Vertretern der Berufsstände zusammensetzen sollte, wie es die österreichische Verfassung vom 1. Mai 1934 vorsah. Schulwesen, Wissenschaft und Kunst, Land- und Forstwirtschaft, Industrie und Handwerk, Verkehr und Handel, öffentlicher Dienst und freie Berufe sowie die Kirche sollten jeweils mit Delegierten im Landtag vertreten sein. Diese wurden auf Vorschlag der betreffenden Verbände vom Landeshauptmann ernannt. Zu einer Wahl der Ständevertreter, wie sie in der Verfassung vorgesehen war, kam es nicht mehr.

Am 9. März 1938 hielt Bundeskanzler Schuschnigg am Höhepunkt der Auseinandersetzung mit dem nationalsozialistischen Deutschland in Innsbruck jene berühmte Rede, in der er eine Volksabstimmung über die Frage ankündigte, ob Österreich selbständig bleiben sollte. Es war jedoch schon zu spät. Um einer Willenskundgebung der Bevölkerung zuvorzukommen, entschloss sich Hitler, rasch zu handeln; die Deutsche Wehrmacht marschierte am 12. März in Österreich ein.

Die unheilvolle Entwicklung der Ersten Republik und ihr Ende hatten nicht zuletzt wirtschaftliche Gründe. Das ärgste Nachkriegselend war noch nicht überwunden, da brach die Währung zusammen. Die Inflation erreichte 1922 ein atemberaubendes Tempo. Spekulantentum und Schleichhandel blühten, ein Großteil des Mittelstandes war verarmt. Das finanz- und wirtschaftspolitische Sanierungswerk der Regierung Ignaz Seipel, das Österreich 1924/25 eine solide Währung sicherte, verlangte neuerlich große Opfer.

Als sich die Wirtschaft zu stabilisieren begann, spielten neben den traditionellen Gewerbezweigen und Industriebetrieben einige Neugründungen eine Rolle wie das Planseewerk in Reutte, das sich auf schwerschmelzbare Metalle spezialisierte. Im Bereich der Energiegewinnung eröffnete das Achenseewerk (1924–1928) die Zeit der Großprojekte. In den zwanziger Jahren wurden auch die Bahnstrecken Tirols elektrifiziert. Nicht nur für das Baugewerbe wichtig war die Anlage einiger neuer Straßen, die zum Teil erstmals Nebentäler für das Automobil zugänglich machten.

Der Fremdenverkehr stieg seit 1922 in ganz Tirol wieder rasch an und erreichte bald schon Vorkriegsniveau. Um mit der Schweizer Konkurrenz mithalten zu können, wurden moderne Hotels und in Innsbruck, Ehrwald, Kitzbühel und St. Anton neue Seilbahnen errichtet, womit auch die Wintersaison neuen Auftrieb erhielt. Weltweites Interesse erweckten die Schiweltmeisterschaften der FIS, die 1933 in Innsbruck durchgeführt wurden. Bald darauf verhängte jedoch Hitler als politisches Druckmittel gegen Österreich die 1000-Mark-Sperre, was die gesamte Tiroler Wirtschaft schwer schädigte und für viele Nordtiroler Tourismusorte einer Katastrophe gleichkam, verzeichnete man doch einen Rückgang der Nächtigungen mancherorts auf unter die Hälfte. Eine intensive Werbung im östlichen Österreich und in anderen Ländern brachte keinen Ausgleich.

Das Tief im Tourismus war umso schlimmer, als die Weltwirtschaftskrise schon Jahre vorher auch Tirol erfasst hatte und vom Aufschwung der zwanziger Jahre nichts übriggeblieben war. Viele Unternehmen mussten zusperren, selbst Gemeinden wurden zahlungsunfähig. Die Zahl der Arbeitslosen nahm sprunghaft zu. Trotz einiger Gegenmaßnahmen der Regierung (etwa Inangriffnahme von Straßenbauten oder Flussregulierungen) konnte sich die Wirtschaft in den folgenden Jahren nicht erholen. Weite Kreise der Bevölkerung lebten in drückender Not und erwarteten sehnlichst einen „Retter".

Pressefotos von der WM 1933 in Innsbruck: Friedl Wolfgang bei der Kombinationsabfahrt vom Pfriemesköpfl und Start zum Damenslalom auf der Seegrube.

KULTUR ZWISCHEN DEN KRIEGEN

Architekten von Weltruf • Egger-Lienz tritt ab •
Nobelpreis für einen Innsbrucker Universitätsprofessor

Die Tiroler Kunstschaffenden ließen sich von den schwierigen Bedingungen der zwanziger und dreißiger Jahre nicht unterkriegen und warteten mit eindrucksvollen Leistungen auf. Die beiden Tiroler Architekten Clemens Holzmeister und Lois Welzenbacher wurden sogar weit über die Grenzen des Landes hinaus berühmt. Auch Architekten, die vorwiegend im Lande selbst tätig waren, setzten bedeutende Azkente, Franz Baumann in erster Linie mit seinen Hotel- und Tourismusbauten – bestes Beispiel sind die Tal- und Bergstationen der Seilbahn Seegrube-Hafelekar –, Siegfried Mazagg ebenfalls mit Hotelbauten und mit dem Achensee-Kraftwerk oder Jakob Albrecht und Theodor Prachensky mit ihren zeitgemäßen sozialen Wohnbauten in Innsbruck.

Zwei herausragende Figuren des kulturellen Lebens im damaligen Tirol, die ihrem studierten Fach nicht treu geblieben sind, kommen von der Architektur: Der eine ist der Maler Alfons Walde in Kitzbühel, dessen Gemälde von verschneiten Bergdörfern als Postkarten um die ganze Welt gingen. Der andere ist das Südtiroler Multitalent Luis Trenker. Der Grödner hatte als Schauspieler, Drehbuchautor und Regisseur große Erfolge und sicherte sich einen bleibenden Platz in der Filmgeschichte. Als Bergsteiger war ihm besonders der Bergfilm ein Anliegen, doch gelangen ihm auch beeindruckende Zeit- und Charakterstudien. Trenkers Romane halten einem Vergleich mit seinem filmischen Schaffen nicht stand. Sein Wirken reicht im Übrigen weit über die Zwischenkriegszeit hinaus; er war noch im hohen Alter ein Medienstar und starb 97-jährig im Jahr 1990.

Clemens Holzmeister:
Haus in Kitzbühel.

Die bildende Kunst wurde noch von der überragenden Gestalt eines Albin Egger-Lienz dominiert, der 1926 in seinem Bozner Heim starb, nachdem er kurz zuvor für das Bezirkskriegerdenkmal in Lienz einen Freskenzyklus rund um Krieg, Tod und Auferstehung geschaffen hatte, ein Thema, das auch die Gemälde seiner letzten Lebensjahre beherrscht. Dabei hatte er immer weniger Rücksicht auf Zeit- und Publikumsgeschmack genommen.

Es gab in Tirol damals aber auch eine Reihe von Künstlern, die sich ganz anderen Stilrichtungen und weniger gedankenschweren Themen zuwandten. Dazu gehören neben Walde die Maler Artur Nikodem, Ernst Nepo und Rudolf Lehnert. Übrigens pendelte nicht nur Egger-Lienz, der 1911 nach Bozen übersiedelt war, zwischen den Tiroler Landesteilen. Fast alle in Südtirol lebenden und wirkenden Künstler hatten trotz der neuen Grenzziehung gute Kontakte zu den Kollegen im Norden und stellten gemeinsam mit ihnen aus, etwa 1925/26 in einer berühmt gewordenen Wanderschau durch verschiedene deutsche Städte, in der das ganze breite Spektrum der damaligen künstlerischen Bestrebungen in Tirol zur Geltung kam. Auch später gelang es den faschistischen Macht-habern in Italien nicht, die Gemeinsam-keit des Tiroler Kunstraumes völlig zu zerstören, was nicht zuletzt jenen Malern zu danken ist, die – wie Hans Weber-Tyrol – als österreichische Staatsbürger nur zeitweise in Südtirol wohnten und arbeiteten. Soll man für diese Zeit Namen von Südtiroler Künstlern nennen, so dür-fen die Brüder Ignaz, Albert und Rudolf Stolz nicht fehlen, dann Carl Moser, des-sen Meisterschaft im Farbholzschnitt frei-lich erst viel später erkannt wurde, sowie als Bildhauer Hans Piffrader.

Das literarische Leben Tirols konzentrier-te sich auf die dramatische Kunst, die wie vor dem Krieg von Karl Schönherr und Franz Kranewitter hochgehalten wurde. Kranewitter stellte sein Hauptwerk „Die sieben Todsünden" erst in den zwanziger Jahren fertig.

Auch Ludwig Fickers „Brenner" spielte weiter eine besondere Rolle im geistig-künstlerischen Leben Tirols, nicht zuletzt indem er bedeutende Dichter und Denker

Mit diesem Bild des auferstandenen Christus in der Lienzer Kriegerkapelle löste Albin Egger-Lienz 1925 einen Skandal aus. Der Maler liegt hier begraben.

aus vielen Ländern zu Wort kommen ließ. Niemand Geringerer als der später berühmt gewordene Philosoph Ludwig von Wittgenstein, damals noch Volksschullehrer in Nieder-österreich, bot Ficker für seinen Brenner-Verlag den später als sein Hauptwerk geltenden „Tractatus logico-philosophicus" an. Ficker, nach dem Krieg in ärgste wirtschaftliche Schwierigkeiten geraten, musste davon Abstand nehmen.

Im geistig-religiösen Bereich musste sich auswirken, dass 1922 der Nordtiroler und Vor-arlberger Teil der Diözese Brixen wegen der neuen politischen Verhältnisse, aber auch aus seelsorglichen Gründen, zur „Apostolischen Administratur Innsbruck-Feldkirch" erhoben wurde. Offiziell war der uralte Diözesanverband nicht aufgelöst, doch machten es die Umstände auch notwendig, für das neue Kirchengebiet ein eigenes Knaben-seminar in Schwaz und ein Priesterseminar in Innsbruck zu errichten.

Die Innsbrucker Universität, deren Neubau am Innrain nach dem Ersten Weltkrieg be-zogen wurde, konnte trotz der ungewöhnlichen Zeitumstände ihren guten Ruf sichern, ja sogar ausbauen. Die höchste Auszeichnung wurde ihr zuteil, als 1936 einem ihrer Professoren der Nobelpreis für Physik verliehen wurde: Es war der Entdecker und Erforscher der kosmischen Strahlung, der gebürtige Steirer Victor Franz Hess, der von 1931 bis 1937 hier wirkte und in einem Laboratorium auf dem Hafelekar hoch über Innsbruck seine entscheidenden Forschungsarbeiten durchführte.

Im Würgegriff des Faschismus

Ein staatliches Italianisierungsprogramm und der Widerstand der Südtiroler

Rund 240.000 Tiroler deutscher und ladinischer Muttersprache waren durch den Vertrag von Saint-Germain unter italienische Herrschaft gekommen. Eine Verpflichtung zum Schutz dieser Minderheit hatte das zentralistisch regierte Königreich Italien nicht übernehmen müssen. Dennoch schien es zunächst so, als würden die Tiroler gewisse autonome Rechte erhalten. Darauf ließen die ersten Proklamationen des einrückenden Militärs, Versprechungen während der Friedensverhandlungen und eine Erklärung des italienischen Königs in der Thronrede vom 1. Dezember 1919 schließen.

Doch die Bemühungen der Südtiroler um eine Autonomie hatten letztlich keinen Erfolg, obwohl Verhandlungen in Rom fast schon vor einem positiven Abschluss standen. Zur besseren Vertretung der Südtiroler gegenüber Rom hatte die politische Führung im Land die alten Parteischranken überwunden. Im Oktober 1919 schlossen sich die Katholische Volkspartei und die Deutschfreiheitliche Partei zum „Deutschen Verband" zusammen. Seine Tätigkeit erstreckte sich auch auf das ladinische Gebiet Südtirols, was umso wichtiger war, als die italienische Regierung die Ladiner als Italiener ansah und ihnen ein eigenständiges Volkstum absprach. Im Mai 1920 ergriffen deshalb rund 70 Vertreter der ladinischen Bevölkerung von Gröden, Enneberg, Buchenstein, Ampezzo und Fassa die Initiative, trafen sich am Grödner Joch und vereinbarten den Zusammenschluss aller Ladiner, um die Forderung nach Anerkennung als eigene Volksgruppe besser durchsetzen zu können. Damals entstand auch die blau-weiß-grüne Ladinerfahne.

Bei den folgenden Wahlen zum italienischen Parlament (Mai 1921) errangen die Südtiroler durch eine fast geschlossene Stimmabgabe vier Mandate. Obwohl auch unter der damaligen liberal-demokratischen Regierung nationalistische Tendenzen immer stärker wurden, konnten die Südtiroler noch hoffen, vor allem als 1921 eine „Beratende Kommission zum Studium der Autonomie" eingesetzt wurde. Doch zu diesem Zeitpunkt war das Land bereits mit dem Terror der Faschisten konfrontiert. Eine Vorahnung auf die kommenden Jahre brachte der 24. April 1921, als faschistische Kommandos in Bozen einen Trachtenumzug überfielen, der Lehrer Franz Innerhofer erschossen und 40 weitere Südtiroler verletzt wurden. Ein Jahr später stellten die Faschisten an den Bozner Gemeinderat unzumutbare Forderungen, die dieser ablehnte. Daraufhin rückten einige Tausend aus dem Süden herbeitransportierte Faschisten in Bozen ein und besetzten das Rathaus. Die staatliche Verwaltung sanktionierte die Gewalttat durch die geforderte Absetzung des Bürgermeisters Julius Perathoner. Dem „Marsch auf Bozen" vom 2. Oktober 1922 folgte Mussolinis Machtergreifung durch den „Marsch auf Rom" am 28. Oktober 1922.

Die Haltung des von nun an die Politik bestimmenden Faschistischen Rates in Rom zur Südtirolfrage war ganz von Ettore Tolomei geprägt, der nach dem Krieg in Bozen ein „Kommissariat für die Sprache und Kultur des Oberetsch" eingerichtet hatte und nun zum Senator ernannt wurde. Seine Thesen von der Italianität Südtirols erhielten unter Mussolini so gut wie amtlichen Charakter. Im Juli 1923 verkündete Tolomei im Bozner Stadttheater ein 32 Punkte umfassendes Italianisierungsprogramm, das in den folgenden

Protestkundgebung auf dem Bozner Viehmarktplatz (heute Verdiplatz) gegen den Terrorüberfall faschistischer Kommandos vom 24. April 1921.

Jahren schrittweise durchgeführt wurde. Das erste Ziel war die Ausmerzung der deutschen Sprache. Dazu wurde in allen Schulen die italienische Unterrichtssprache eingeführt und der Deutschunterricht verboten. Außerdem wurde Italienisch zur ausschließlichen Amts- und Gerichtssprache erklärt.

Ein zweiter Punkt war die Italianisierung der Verwaltung auf allen Ebenen. Südtirol und das Trentino wurden zur Provinz „Venezia Tridentina" vereinigt, an deren Spitze ein Präfekt in Trient stand; die Gemeinderäte wurden aufgelöst, die gewählten Bürgermeister entlassen und faschistische Amtsbürgermeister ernannt, denen ausschließlich italienische Gemeindesekretäre zur Seite standen. Einheimische Beamte und Lehrer wurden entlassen bzw. in andere Provinzen versetzt, an ihre Stelle rückten Italiener aus allen Teilen des Königreichs. Die Südtiroler wurden fast völlig aus dem öffentlichen Leben verdrängt. Durch Zensur und Verbote erlangte der Staat die Kontrolle über das Pressewesen. Mit den Vereinen verfuhr man ähnlich: entweder Unterwerfung und Umfunktionierung oder Verbot. Im wirtschaftlichen Bereich kam es zur Ausschaltung der von Einheimischen geleiteten Einrichtungen wie Banken und Genossenschaften.

Die dritte Stoßrichtung der faschistischen Unterdrückungspolitik zielte gegen alles, was mit Tradition zu tun hatte. Das ging so weit, dass Andreas-Hofer-Bilder aus den Schulen verschwinden mussten und keine deutschen Lieder gesungen werden durften. Das Land sollte seine Identität verlieren. Die ausschließliche Verwendung der von Tolomei erfundenen italienischen Ortsnamen war bereits im März 1923 verordnet worden. Bald ging man darüber hinaus, bis Straßen- und Wegbezeichnungen sowie überhaupt alle öffentlichen Aufschriften italienisch waren. Auch der Name Tirol wurde ausgelöscht. Südtirol hieß von nun an „Alto Adige". Und wie das Land sollten auch die Südtiroler keine deutschen Namen mehr tragen. Offiziell sprach man wie bei den Ortsnamen von einer

„Rückführung" in die „italienische Urform". Bei den Taufnamen war die Italianisierung relativ einfach, doch dabei wollte man es nicht belassen. So begann man 1926 mit der Italianisierung der deutschen Familiennamen. Als Grundlage diente ein von Tolomei verfasstes Verzeichnis. Darin gab es versuchte Übersetzungen genauso wie angehängte italienische Endsilben. So sollte ein Gruber zu einem Dalla Fossa werden, ein Fink aber zu einem Finco. Tolomeis Liste war nicht vollständig, auch nicht verbindlich, so konnten einzelne Beamte ihrer Phantasie freien Lauf lassen. Es kam vor, dass Brüder plötzlich verschiedene Familiennamen hatten. Die zwangsweise Umwandlung der deutschen Namen, mit der nach dem Alphabet begonnen worden war, musste bereits nach dem Buchstaben B wegen der massiven ausländischen Proteste eingestellt werden. Von nun an war die Aktion „freiwillig".

Auch rein äußerlich sollte Südtirol ein italienisches Gesicht erhalten, ausdrücklich wurde für Neubauten die Anwendung eines „italienischen Stils" verlangt. In Einzelfällen kam es auch zu Eingriffen in die bestehende Bausubstanz, selbst die Niederreißung der gesamten Nordseite der berühmten Bozner Lauben war geplant. Ein Ärgernis besonderer Art war die Errichtung eines „Siegesdenkmals" in Bozen. Die Grundsteinlegung im Juli 1926 und die Einweihung zwei Jahre darauf wurden mit großem Pomp gefeiert. Symbolcharakter hatte das Denkmal nicht nur wegen der monströsen faschistischen Architektur, sondern auch wegen seiner Inschrift, die stolz verkündete, Italien hätte Sprache, Gesetze und Kultur hierher gebracht.

Die Südtiroler hatten keine Möglichkeiten, sich gegen das Entnationalisierungsprogramm zu wehren. Die völlige Italianisierung war das offizielle Ziel des faschistischen Staates, und er wollte es mit allen Mitteln der Diktatur durchsetzen. Der Demokratie hatte Mussolini ein Ende gesetzt, den Parlamentarismus zur Farce degradiert. Die Diktatur Mussolinis bedeutete für Südtirol – wie für die anderen Minderheiten in Italien – nicht nur einen rücksichtslosen Kampf gegen Sprache und Volkstum, wobei Schikanen, Knüppelterror, Erpressung, Berufsverbot, Gefängnis und Verbannung die Hauptwaffen waren, sondern auch – wie im übrigen Italien – die Aufhebung der staatsbürgerlichen und vieler persönlicher Rechte. Außerdem brachte der faschistische Alltag Behördenwillkür, Korruption und Misswirtschaft mit sich.

Die Südtiroler Bevölkerung leistete in dieser hoffnungslos scheinenden Lage mit verbissener Zähigkeit passiven Widerstand. Zum Vorkämpfer für die Erhaltung der nationalen Eigenart und der traditionellen Kultur wurde Kanonikus Michael Gamper. Ein geheimer, aber gut organisierter Notunterricht der Kinder in ihrer Muttersprache – später „Katakombenschule" genannt – war ihm das größte Anliegen. Nicht nur ausgebildete Lehrerinnen, sondern auch einfache, in geheimen Kursen ausgebildete Mädchen wurden eingesetzt. Alle, die mitmachten, hatten Unannehmlichkeiten oder gar schwerste Strafen zu befürchten und zu erdulden, weil der Hausunterricht zuerst ungern gesehen und behindert wurde und seit 1926 ausdrücklich verboten war.

Die „Katakombenlehrerinnen" ließen sich auch in der härtesten Verfolgungszeit nicht von ihrer wichtigen Aufgabe abbringen. Angela Nikoletti, die in Kurtatsch eine Geheimschule unterhielt, wurde von Carabinieri und Behörden so lange schikaniert, verhört und eingesperrt, bis sie 1930 an den Folgen der ausgestandenen Behandlung starb. Mit roher Gewalt verfolgten die Faschisten auch den Rechtsanwalt Dr. Josef Noldin, der im Bozner Unterland den Unterricht organisierte. Wie manch andere Südtiroler wurde er schließlich in die Verbannung geschickt. Auf der Strafinsel Lipari zog er sich eine todbringende Krankheit zu und starb im Dezember 1929. Diese beiden Namen sollen stellvertretend für alle stehen, die Ähnliches geleistet und erduldet haben.

Im Bereich des höheren Schulwesens wurden die beiden von Ordensschwestern geführten Mädchenlyzeen 1923 abgeschafft und die Anstalten der Franziskaner in Bozen, der Benediktiner in Meran sowie der Augustiner in Brixen so lange schikaniert, bis sie schließen mussten; nur das bischöfliche Vinzentinum in Brixen blieb unangetastet. Außerdem wurde 1928 im Dorf Tirol bei Meran ein Knabenseminar für den Südtiroler Anteil der Diözese Trient gegründet, das Johanneum. In diesen kirchlichen Internatsschulen konnte der Unterricht sogar weiter in deutscher Sprache abgehalten werden.

Die Kirche hatte im faschistischen Italien trotz zeitweiser Anfeindungen und Verfolgungen eine relativ günstige Position, überhaupt nach den 1929 zwischen Mussolini und Papst Pius XI. abgeschlossenen Lateranverträgen. Das nützten die Südtiroler für einen zwar bescheidenen, aber wichtigen Freiraum zur Pflege deutscher Sprache und tirolischer Kultur, zu Informationsaustausch und Gemeinschaftsleben. Auch durften kirchliche

*Notschule in einer
Bauernstube im Sarntal.*

Zeitungen weiter erscheinen und Dinge veröffentlichen, die man sonst nirgends lesen konnte. Katholische Jugendgruppen boten eine Plattform für politische Diskussionen und geistige Auseinandersetzungen, auch mit dem Nationalsozialismus, der in diesen Kreisen kritisch bis ablehnend beurteilt wurde. Dagegen stand der 1933 gegründete „Völkische Kampfring Südtirol" (VKS) bald im Bann der Erfolge Hitler-Deutschlands, wie man überhaupt in Südtirol auf das Erstarken Deutschlands große Hoffnungen setzte. Dass Hitler Italien die Brennergrenze zugestand, war zwar bekannt, wurde jedoch nicht geglaubt.

Die aus Deutschland zur Unterstützung des Volkstumskampfes nach Südtirol fließenden Gelder kamen nach 1933 zunehmend dem VKS zugute. Die ältere Politikergeneration trat gegenüber dieser Bewegung in den Hintergrund. Zum Teil hatten deren Vertreter außer Landes gehen müssen, etwa der frühere Südtiroler Abgeordnete in Rom Eduard Reut-Nicolussi, der nach 1927 von Innsbruck aus für seine Landsleute eintrat. Proteste und Inter-

Ein Oper der faschistischen Unterdrückungspolitik: „Katakombenlehrerin" Angela Nikoletti.

ventionen des Auslandes zu Gunsten der Südtiroler waren spärlich und meist erfolglos. Lediglich die zwangsweise Italianisierung der Familiennamen wurde wegen der Reaktion der Weltöffentlichkeit eingestellt. Auch die Regierungen in Österreich und Deutschland erreichten kaum etwas.

Wie die deutschen Südtiroler widerstanden auch die Ladiner den Italianisierungsmaßnahmen. Nur in Cortina d'Ampezzo, das jetzt zur Provinz Belluno gehörte, gelang den Italienern durch besondere Bemühungen um den Fremdenverkehr und staatlich geförderte Zuwanderung ein tieferer Einbruch. In Gröden kam es unter den Einheimischen zu größeren Spannungen zwischen tirolisch Gesinnten und faschistischen Mitläufern.

Dass sich einzelne Südtiroler dem Willen der Machthaber zur Erreichung persönlicher Vorteile beugten, kam natürlich überall vor, doch muss man bei solchen Beurteilungen vorsichtig sein. Oft genug war eben die Not stärker als der persönliche Wille. So sind z.B. die vielen „freiwilligen" Italianisierungen von Familiennamen zu verstehen. Um Arbeit oder einen Kredit zu bekommen, um beim Bezug der Invalidenpension nicht „benachteiligt" zu werden, verzichtete der eine oder andere eben doch auf seinen deutschen oder ladinischen Familiennamen.

Als man in Rom und Bozen Anfang der dreißiger Jahre allmählich einsah, dass sich die Südtiroler auch durch radikalstes Vorgehen nicht würden zu Italienern machen lassen, begann man die Ansiedlung italienischer Familien noch mehr zu fördern als bisher. In Bozen wurde mit der Anlegung einer Industriezone begonnen. In einem Gebiet intensiver Obst- und Weinkultur entstanden Betriebe der Groß- und Schwerindustrie, denen der Staat den Standortnachteil durch Steuerbefreiung und Transportkostenvergütung ausglich. Südtiroler oder Trentiner durften in der neuen Bozner Industriezone nicht beschäftigt werden. Auch für die Besetzung öffentlicher Dienststellen wurden fast ausschließlich Italiener herangezogen.

BLEIBEN ODER GEHEN?

Warum zehntausende Südtiroler im Zuge der Option die Heimat verließen

Die Zahl der Italiener in Südtirol war von 7000 im Jahr 1910 auf 80.000 im Jahr 1939 gestiegen. Aber die Tatsache, dass 220.000 Deutschtiroler und 20.000 Ladiner innerhalb der italienischen Staatsgrenze lebten, war auch mit der Ansiedlung von Italienern nicht aus der Welt zu schaffen. Eine Radikallösung, nämlich die Vertreibung der unerwünschten Volksgruppe oder eines Teils davon, rückte in greifbare Nähe, als sich Hitler mit Mussolini verbündete. Im Gegensatz zu seinen sonstigen Ansprüchen auf „deutschen Volksboden" hatte der „Führer" von Anfang an erklärt, dass Südtirol für ihn kein Thema sei und er den Brenner als endgültige Grenze Italiens betrachte. Nach dem Anschluss Österreichs im März 1938 bekräftigte er diese Haltung und versicherte Mussolini seine Dankbarkeit dafür, dass er ihm bezüglich Österreich freie Hand gelassen hatte.

Diese Stimmung wurde von Italien dazu benützt, eine Umsiedlung großer Teile der Südtiroler Bevölkerung nach Deutschland vorzuschlagen. Über ein Jahr lang wurden Gespräche geführt, bis im Juni 1939 eine grundsätzliche Vereinbarung zu Stande kam und am 21. Oktober genaue „Richtlinien" dazu formuliert wurden. Wesentlich war, dass es den Südtirolern freigestellt werden sollte, ob sie die italienische Staatsbürgerschaft behalten oder die deutsche Reichsangehörigkeit erwerben und nach Deutschland abwandern wollten. Die Möglichkeit der „Option" (Recht auf Entscheidung) war von den Vertretern der italienischen Regierung verlangt worden. Deutscherseits hatte man eher an einen „Abwanderbefehl" und eine Totalaussiedlung zur „völkischen Flurbereinigung" gedacht. Wer auswanderte, sollte seinen beweglichen Besitz mitnehmen dürfen, Grund und unbewegliche Güter hatte der italienische Staat abzulösen.

In Kreisen der italienischen Regierung war man froh, das leidige Problem endlich lösen zu können, und nahm dafür die voraussehbaren hohen Entschädigungssummen in Kauf. Man wollte ohnehin nur die „radikalen Hetzer" und etwa ein Drittel oder die Hälfte der Bevölkerung loswerden. Eine völlige Entsiedlung der Bergtäler wäre kaum zielführend und auch zu teuer gewesen. Bei entsprechender Zuwanderung wäre man mit den verbliebenen Südtirolern schon fertig geworden.

Als das Umsiedlungsabkommen in Südtirol bekannt wurde, herrschte allseits Empörung. Auch der „Völkische Kampfring Südtirol" wollte vom Ansinnen seiner Geldgeber und Gesinnungsfreunde in Deutschland zunächst nichts wissen. Doch „Reichsführer SS" Heinrich Himmler, der für die Verwirklichung des Plans verantwortlich zeichnete, wusste die Führung des „Kampfrings" umzustimmen. Dazu dürfte entscheidend beigetragen haben, dass Himmler zusicherte, die abwandernden Südtiroler geschlossen anzusiedeln und das Gebiet dafür nur mit ihrer Zustimmung zu wählen. Diese Vereinbarung schien ein geeignetes Mittel, die Durchführung der Umsiedlung hinauszuschieben oder gar zu verhindern. Auch die Entschädigungsverhandlungen wollte man zu diesem Zweck nützen. Überhaupt scheint man im Kreise des VKS zeitweise der Meinung gewesen zu sein, mit einer möglichst hundertprozentigen Option für Deutschland Hitler zur Änderung seiner Haltung in dieser Frage bewegen zu können. Zugleich war es die langersehnte Gelegenheit, dem faschistischen Italien vor aller Welt eine Absage zu erteilen. Tatsächlich gab es Leute, die eine Option für Deutschland befürworteten, damit aber ein Nein zur Umsiedlung verbanden, was die allgemeine Unsicherheit und das herrschende Informationschaos deutlich macht. Kaum jemand wusste, wie er sich entscheiden sollte, was für ihn und das Land am besten sei. Letztlich hatte man immer ein ungewisses Schicksal vor sich. Doch die Bedenkzeit war kurz. Bis 31. Dezember 1939 musste jeder Südtiroler optiert haben: für die Annahme der deutschen Staatsbürgerschaft und die Umsiedlung ins Reich oder für ein Verbleiben im faschistischen Italien.

In der nun einsetzenden Propaganda, die von Deutschland aus massiv mit Geld, Material und Aktivisten unterstützt wurde, stellte der VKS die Option für Deutschland immer mehr als eine Volksabstimmung gegen Italien und die Südtirolpolitik der faschistischen Regierung hin. Gleichzeitig versprach man allen, die zum Verlassen der Heimat bereit waren, das Blaue vom Himmel. Und in ihrer Verzweiflung glaubten die Menschen auch das Unmöglichste. Es hieß aber auch, wer im Land verbleibe, gebe sein Deutschtum auf, unterwerfe sich den Italienern, habe außerdem mit Arbeitslosigkeit und Not zu rechnen, womöglich gar mit einer Umsiedlung nach Sizilien oder in italienische Kolonien.

„Geher" nannte man die Optanten für Deutschland, deren Zahl immer größer wurde. Die anderen waren die „Dableiber". Sie scharten sich um Kanonikus Michael Gamper und einige tirolisch, österreichisch und katholisch-konservativ gesinnte Persönlichkeiten. Sie waren Gegner des Nationalsozialismus, stellten in ihrer Argumentation die Unmöglichkeit einer geschlossenen Ansiedlung von 200.000 Menschen heraus und zeigten Optimismus in Bezug auf die Erhaltung des deutschen Volkstums auch in Italien. Im Gegensatz zu den Befürwortern der Umsiedlung verfügten die „Dableiber" weder über Geld für Propaganda noch über einen organisatorischen Apparat. Erst im November 1939 wurde der „Andreas-Hofer-Bund" mit Friedl Volgger als Obmann gegründet, der sich als antinazistische und antifaschistische Widerstandsbewegung verstand und sich vor allem darum bemühte, den „Dableibern" psychologischen Halt zu geben.

Zur Durchführung der Option und zur Organisierung der Umsiedlung war in Bozen die „Amtliche deutsche Ein- und Rückwandererstelle" eingerichtet worden. Gleichzeitig gründete der „Völkische Kampfring Südtirol" die „Arbeitsgemeinschaft der Optanten für Deutschland" (AdO), die straff organisiert und nach bewährtem NS-Muster in Kreise, Ortsgruppen und Blöcke gegliedert war. Die AdO war nicht nur den Optanten bei der Abwicklung ihrer Angelegenheiten behilflich, sondern war auch politisch aktiv und richtete für die Kinder der „Geher" deutsche Sprachkurse ein. Die deutsche „Parallelverwaltung" war bald so stark, dass die italienischen Behörden vielerorts kaum mehr etwas zu sagen hatten. Die ganze Aktion nahm überhaupt einen völlig anderen Verlauf, als es die Italiener erwartet hatten. Bald mussten sie danach trachten, die Entwicklung zu bremsen, wollten sie nicht eines Tages über ein fast verlassenes Land herrschen. So machten sie den „Dableibern" Versprechungen und unterstützten auch sonst die Propaganda „für das Bleiben", was sich freilich eher zugunsten der Option auswirkte.

Die Option bedeutete eine Entscheidung, die der Einzelne kaum ohne Zweifel, Bangen und Selbstvorwürfe treffen konnte. Umso fanatischer klammerte man sich an die einmal getroffene Wahl. Und umso härter wurde um jede Stimme gerungen, umso heftiger prallten die Meinungen aufeinander. Der Streit entzweite Familien, brachte Freunde für

Im Frühjahr 1940 verließ tagtäglich ein Zug mit Südtiroler Umsiedlern den Bozner Bahnhof.

immer auseinander, schlug Wunden, die noch Jahrzehnte später nicht verheilten. Die Propagandaschlacht artete in gegenseitige Verketzerung aus, etwa wenn die Dableiber einfach als „Walsche" und umgekehrt die Geher als Heimatverräter oder Nazi verschrien wurden, und führte zu mehr als bedenklichen Methoden.

Von der bäuerlichen Bevölkerung erwarteten sich die Dableiber eine Stärkung ihrer Position, doch auch hier war das Erlebnis der faschistischen Unterdrückung stärker, wirkte sich die unmittelbare Bedrohung durch das italienische Enteignungsgesetz aus. Und die weichenden Bauernkinder hatten keine Chance, irgendwo im Land Anstellung und Arbeit zu finden. Zudem drohte vielen Höfen wegen der schlechten Wirtschaftslage Verpfändung oder Versteigerung. So waren auch die meisten Südtiroler Bauern zum Verlassen ihrer Heimat bereit.

Im Zuge der Option entschieden sich schließlich 86 Prozent der 240.000 Südtiroler für die Annahme der deutschen Staatsbürgerschaft und die Aussiedlung in reichsdeutsches Gebiet. Obwohl inzwischen der Zweite Weltkrieg ausgebrochen war und die „Achsenmächte" Berlin und Rom wichtigere Probleme zu lösen hatten, wurde noch im Frühjahr 1940 mit der Umsiedlung begonnen. In den folgenden eineinhalb Jahren verließen etwa 10.000 Südtiroler, die früher die österreichische bzw. die deutsche Staatsbürgerschaft besessen hatten, das Land, ebenso über 60.000 Optanten, vor allem Arbeiter und andere ohne festen Besitz aus den Städten und Märkten. Etwa die Hälfte von ihnen fand in den eigens für sie errichteten Siedlungen in Nord- und Osttirol Unterkunft, die anderen wurden über die österreichischen Länder und Deutschland verstreut. Ein Drittel der Ausgesiedelten sollte nach 1945 wieder in die Heimat zurückkehren.

Nach der ersten Auswanderungswelle im Jahr 1940 geriet die Umsiedlung ins Stocken. Verantwortlich dafür war nicht zuletzt die AdO selbst, die immer neue Gründe zur Verzögerung fand. Probleme gab es mit der Ablöse der Vermögenswerte der Optanten. Aber auch das versprochene Siedlungsgebiet war noch nicht gefunden worden, obwohl es eine Reihe von Vorschlägen gab, die mit dem Kriegsverlauf zusammenhingen. Zur Diskussion standen etwa die Beskiden im Süden Polens, Burgund oder die Krim.

Der Sturz Mussolinis im Juli 1943, der Übertritt Italiens auf die Seite der Gegner Deutschlands und die Besetzung Südtirols durch die Deutsche Wehrmacht (8. September 1943) bedeuteten dann das Ende des Kapitels „Umsiedlung".

Unterm Hakenkreuz

Der „Anschluss" und Gewaltherrschaft im Gau Tirol-Vorarlberg 1938–1945

Als Südtirol im September 1943 vom Joch des Faschismus befreit wurde und dafür unter die Herrschaft des Hakenkreuzes geriet, hatte das übrige Tirol schon mehr als fünf Jahre einer NS-Diktatur hinter sich. In der Nacht vom 11. zum 12. März 1938, noch vor dem von den Massen bejubelten Einmarsch der deutschen Truppen, übernahmen Funktionäre der bisher illegalen NSDAP die Kontrolle im Land. In einer beispiellosen Propagandaschlacht, kombiniert mit konkreten wirtschaftlichen Sofortmaßnahmen, wurde die „Volksabstimmung" vom 10. April vorbereitet, die den bereits vollzogenen „Anschluss" vor der Welt legitimieren sollte. Das Abstimmungsergebnis fiel – wie in einer Diktatur nicht anders zu erwarten – mit fast 100 Prozent wie im übrigen Österreich aus. Nur in Osttirol gab es eine nennenswerte Zahl von Nein- und ungültigen Stimmen.

Begeisterung oder stumme Zustimmung hatten komplexe Gründe: Da war einmal der Traum vom großen Reich, der in Tirol seit 1848 eine alte Tradition hatte; die Bewunderung für die tatsächlichen und scheinbaren Leistungen des Hitler-Regimes und damit die Hoffnung auf ein Ende der Notzeiten; bei manchen wohl auch Sympathie für die nationalsozialistische Ideologie. Andererseits muss das Abstimmungsergebnis zu einem guten Teil als Folge massiver Einschüchterung gewertet werden. Auch waren bekannte Gegner Hitler-Deutschlands unmittelbar nach der Machtübernahme verhaftet worden, oder sie waren – ebenso wie Juden – von der Stimmabgabe ausgeschlossen.

In einem regelrechten Machtkampf zwischen den ehemaligen „Illegalen" unter Führung des neuen Landeshauptmannes und Gauleiters Edmund Christoph und den nach dem Parteiverbot im Juni 1933 ins Deutsche Reich geflüchteten „Exilanten" setzte sich deren Anführer, der 36-jährige Innsbrucker Kaufmann Franz Hofer, durch und übernahm im Juni 1938 die Funktionen des Landeshauptmanns und Gauleiters. Osttirol wurde zum Gau Kärnten geschlagen, Vorarlberg mit Tirol zum „Reichsgau Tirol-Vorarlberg" zusammengefasst. Gauleiter Hofer, ein brutaler Machtmensch, entwickelte sich im Laufe des Krieges mit Rückendeckung höchster Kreise in Berlin zu einem populistisch agierenden „Regionalfürsten", der vor allem zwischen 1943 und dem Kriegsende in vielen Bereichen zunehmend Tiroler und persönliche Eigeninteressen verfolgte.

Die NS-Herrschaft brachte einigen Bevölkerungsgruppen am Anfang spürbare Vorteile. So machte sich der Wirtschaftsaufschwung durch neue Absatzmöglichkeiten und Investitionen bemerkbar, der Fremdenverkehr stieg sprunghaft an, die Arbeitslosigkeit konnte beseitigt werden. Die Bauern kamen in den Genuss von Umschuldungsaktionen. Und die Jugend war begeistert von der großzügigen Sportförderung und anderen Möglichkeiten, die ihr geboten wurden. Doch am 1. September 1939 begann mit dem deutschen Angriff auf Polen der Zweite Weltkrieg. Anstehende Großprojekte wie der Bau einer Autobahn durch das Inntal zum Brenner konnten nicht mehr realisiert werden, das tägliche Leben veränderte sich völlig.

Die Herrschaft des NS-Regimes war von Anfang an durch brutalen Terror, Bespitzelung, Zwangsmaßnahmen der Behörden, Willkürakte der Polizei sowie durch legali-

Jubel beim deutschen Einmarsch in Innsbruck. Das eindrucksvolle Bild stammt vom berühmten Wiener Fotoreporter Lothar Rübelt, der sich damals gerade zufällig in Tirol aufhielt.

siertes Unrecht der NS-Justiz gekennzeichnet. Allein die „Schutzhaft"-Kartei der Innsbrucker Gestapo umfasste 30.000 Personen, die in ihre Fänge geraten waren. Nur wenige nahmen das lebensgefährliche Wagnis auf sich, als Gegner des Regimes aktiv zu werden. Einzelpersonen und kleine Gruppen, die trotz allem Widerstand leisteten, können zwei großen Lagern zugezählt werden, dem katholisch-konservativen und dem sozialistisch-kommunistischen. Die erste Gruppe hatte mehr Aktivisten, die zweite auf Grund des bereits gegen den „Ständestaat" organisierten Widerstandes mehr konspirative Erfahrung. Ihre Aktionen fielen bis 1943 auch weit spektakulärer aus. Und sie bezahlten dafür einen hohen Preis: Zwei linke Widerstandsgruppen wurden von der Gestapo ausgehoben, mehrere Mitglieder zum Tode verurteilt.

Der Totalitätsanspruch der neuen Machthaber und die Ideologie des Nationalsozialismus mussten im katholischen Tirol zwangsläufig zu einem Konflikt mit der Kirche führen. Dieser wurde durch die Tatsache verschärft, dass Gauleiter Hofer besonders antiklerikal eingestellt war. Der im Oktober 1938 eingesetzte Apostolische Administrator des Nordtiroler und Vorarlberger Teils der Diözese Brixen, der junge Bischof Paulus Rusch, der erste Oberhirte, der in Innsbruck seinen Sitz hatte, wurde von ihm nicht anerkannt. Doch die katholische Kirche blieb ein Machtfaktor im Lande, den auch Gauleiter Hofer nicht ignorieren konnte. Daran änderten weder die Auflösung aller katholischen Organisationen noch die Versuche etwas, den katholischen Einfluss aus dem Bildungssystem zu eliminieren, den Religionsunterricht einzuschränken, Priester als Lehrer zu entlassen oder Klöster aufzuheben. Das katholische Pressewesen wurde zerschlagen, kirchlicher Besitz konfisziert, Priester auch in der Ausübung ihres Berufs drangsaliert.

Missliebige Geistliche wurden gauverwiesen oder eingesperrt. Jeder fünfte verbüßte während des Dritten Reiches eine Haftstrafe, elf Priester wurden hingerichtet oder starben

Zwei der elf Tiroler Priester, die während der NS-Diktatur sterben mussten: links der Stellvertreter des Bischofs, Provikar Carl Lampert, rechts Pfarrer Otto Neururer.

im Gefängnis oder KZ. Man verschonte auch die Spitze des Klerus nicht, wie die Hinrichtung des Stellvertreters von Bischof Rusch, Provikar Carl Lampert, zeigt. Zwei der ermordeten Priester wurden 1996 seliggesprochen: Otto Neururer, Pfarrer von Götzens, geboren in Piller, und Pater Jakob Gapp aus dem Orden der Marianisten, geboren in Wattens, zuletzt Kooperator in Breitenwang.

Die Bevölkerung reagierte auf den Kirchenkampf der Nazis unterschiedlich: Einerseits mit Solidaritätsaktionen für bedrängte Priester, andererseits traten bis Kriegsbeginn über 13 Prozent der Tiroler Bevölkerung aus der Kirche aus. Dazwischen gab es auch im „heiligen Land Tirol" die breite Schicht derer, die aus Angst einfach stumm blieben oder gleichgültig bis wohlwollend zuschauten.

Die Verfolgung der kleinen jüdischen Minderheit wurde überhaupt ohne öffentliche Reaktion hingenommen, zu tief waren antisemitische Vorurteile in der Bevölkerung verwurzelt. Juden wurden aus dem öffentlichen Dienst entlassen, ihre Kinder vom Schulunterricht ausgeschlossen, ihre Mietwohnungen gekündigt. Ab Mai 1938 galten die „Nürnberger Rassengesetze". Dadurch wurden zusätzlich zu den etwa 450 Mitgliedern der Israelitischen Kultusgemeinde – den so genannten „Glaubensjuden" – weitere 421 Tirolerinnen und Tiroler, ihrer Religionszugehörigkeit nach Katholiken und Protestanten und ihrem Selbstverständnis nach ganz einfach Tiroler, zu Juden erklärt und den Diskriminierungen und Verfolgungen des Regimes ausgesetzt. Jüdische Geschäfte und Gewerbebetriebe wurden zuerst boykottiert, dann beschlagnahmt und von kommissarischen Leitern übernommen. Rund zwei Drittel davon wurden „arisiert", d.h. zwangsweise zu Schleuderpreisen verkauft, mehrheitlich an verdiente Parteigenossen oder Günstlinge des Gauleiters, der Rest im Zuge der Strukturbereinigung „liquidiert".

Der Gau sollte auf Wunsch des Gauleiters möglichst rasch „judenfrei" sein. Durch Vorladungen zur Gestapo, verbunden mit Misshandlungen und Drohungen, wurden Juden unter Druck gesetzt, schnellstmöglich zu emigrieren. Höhepunkt war im November 1938 die „Reichskristallnacht". Den Vorwand für die beispiellose Menschenhatz im ganzen Reich lieferte das Attentat eines jungen Juden auf den deutschen Legationssekretär in Paris, der zwei Tage später seinen Verletzungen erlag.

Nach dem Geheimbericht eines SS-Untersturmführers hatte Gauleiter Hofer die zuständigen Männer zusammengerufen und angeordnet, „dass sich auch in Tirol in dieser Nacht die kochende Volksseele gegen die Juden erhebe". Dann wurden „jüdische Objekte und

Personen" auf einzelne Gruppen „aufgeteilt". Engagierte Nationalsozialisten und SS in Zivilkleidern spielten „kochende Volksseele", zerstörten Wohnungen und Eigentum der Juden, demolierten die Synagoge in der Sillgasse und scheuten auch vor Morden nicht zurück. Ing. Richard Graubart wurde in seiner Wohnung von hinten erstochen, der Kaufmann Dr. Wilhelm Bauer nach schwerer Misshandlung vor der Haustüre liegend erdolcht. Der Leiter der israelitischen Kultusgemeinde Ing. Richard Berger wurde aus der Wohnung geholt, mit Hieben traktiert und zu Tode gesteinigt. Oberbaurat Josef Adler erlag in der Klinik den erlittenen Verletzungen.

Wer von den Juden nicht ins Ausland flüchten konnte, wurde ab Herbst 1938 zwangsweise nach Wien umgesiedelt. Ende 1939 lebten in Tirol nur noch 45 Juden. Bis 1942 wurden die meisten von ihnen deportiert. Nur ein paar Frauen jüdischer Herkunft konnten die Zeit der Verfolgung als Ehefrauen „arischer" Männer in dauernder Angst vor Verhaftung zu Hause überleben.

Dem Holocaust fielen rund 200 Nordtiroler Jüdinnen und Juden zum Opfer. Den zwei jüdischen Lienzer Familien gelang die Flucht. In Südtirol begann die Judenverfolgung erst im Herbst 1943 nach der Besetzung durch die

In der „Reichskristallnacht" ermordet: Ing. Richard Berger.

Deutschen. Wessen man habhaft werden konnte, der wurde ins Lager Reichenau bei Innsbruck gebracht. Nach Monaten erfolgte die Deportation in verschiedene Vernichtungslager. Das so genannte Arbeitserziehungslager Reichenau war im Sommer 1941 am Stadtrand von Innsbruck für unbotmäßige Fremdarbeiter errichtet worden. In der Folge wandelte sich das Lager, das bis zu 1000 Häftlinge aufnehmen konnte, zu einem KZ-Außenlager und wurde für viele zu einer Zwischenstation auf dem Weg in die Todeslager. Aber schon hier wurden sie im Rahmen eines sadistischen Strafkatalogs gequält. Neben dem Lager Reichenau gab es noch weitere Lager zur Disziplinierung der zu tausenden in der Tiroler Wirtschaft eingesetzten Fremd- und Zwangsarbeiter.

Auch das traurige Kapitel Euthanasie soll nicht vergessen werden. Ab Kriegsbeginn 1939 durfte so genanntes „unwertes Leben" in Tötungsanstalten umgebracht werden. Von Ärzten ausgesucht, wurden 285 Patientinnen und Patienten aus Tiroler Nervenanstalten, Alters- und Pflegeheimen nach Hartheim bei Linz deportiert und dort ermordet. Nach Protesten der Kirchen wurde die Aktion offiziell eingestellt. Im Zuge der nun folgenden „wilden Euthanasie" wurden in Hall weitere 58 Insassen getötet. Nachweislich fielen 502 psychisch Kranke oder Behinderte aus Nordtirol der Euthanasie zum Opfer. Auch in Südtirol wurden hunderte Patienten in Tötungsanstalten geschickt.

Es wird wohl nie möglich sein, die Tiroler Opfer des Nationalsozialismus statistisch zu erfassen. Rund 700 Regimegegner wurden in Gefängnisse oder Konzentrationslager eingeliefert. Ein Verzeichnis der wegen ihrer politischen oder religiösen Überzeugung, wegen aktiven Widerstandes oder wegen Gehorsamsverweigerung aus Gewissensgründen hingerichteten Tiroler nennt 23 Namen (ohne Südtiroler). Dazu kommen alle, die in Lagern oder an den Folgen von Misshandlungen starben, und die noch nirgends vollständig erfassten Opfer der Wehrmachtsjustiz.

„HEIMATFRONT" UND BOMBENRIEG

Der Krieg erreicht Tirol, später Widerstand und das Kriegsende 1945

Bis zum Sommer 1943 spürten die Tiroler nicht viel vom Krieg, er war weit weg, und Luftangriffe kannte man nur aus Erzählungen von Bombenflüchtlingen und Evakuierten aus dem „Altreich". Obwohl zunehmend Lebensmittel und Konsumgüter rationiert wurden, war die Versorgungslage weit besser als im Ersten Weltkrieg. Nach der katastrophalen Niederlage von Stalingrad Anfang 1943 wurde von der deutschen Führung der „totale Krieg" proklamiert: Auch an der „Heimatfront" sollten nun die letzten Reserven mobilisiert werden. Das bedeutete erhöhte Leistungen in Industrie und Landwirtschaft, verlängerte Arbeitszeiten, mehr Frauen in der Produktion und weitere Einschränkungen im Alltag. Betriebe aus bombengefährdeten Gebieten wurden nach Tirol verlegt, für die Arbeit dort wurde die Zahl der Fremd- und Zwangsarbeiter erhöht.

Am 2. September 1943 griffen amerikanische Bomber von Nordafrika aus die Bahn-

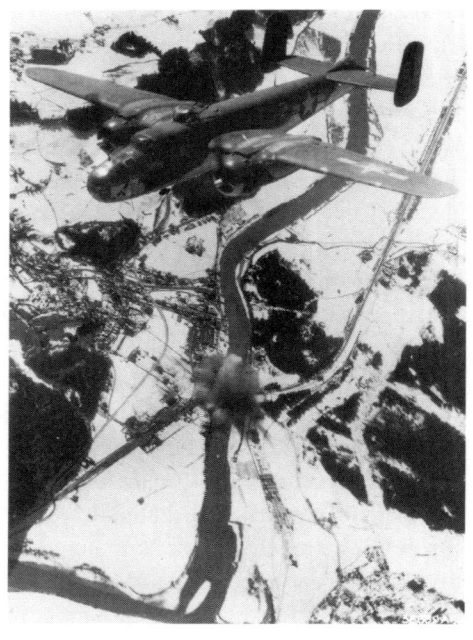

Volltreffer auf der Eisenbahnbrücke Brixlegg durch eine B-25 am 22. März 1945.

höfe von Trient und Bozen an. Der Krieg hatte Tirol erreicht. Inntal und Brenner wurden durch die Landung der Alliierten in Italien, den Sturz Mussolinis und den Frontwechsel der neuen italienischen Regierung Badoglio als Nachschubstrecke noch wichtiger. Die deutsche Wehrmacht hatte auf die neue Situation blitzartig reagiert, Italien besetzt und die italienischen Streitkräfte entwaffnet. Luftangriffe stellten von nun an eine ständige Bedrohung der Tiroler Bevölkerung in Süd und Nord dar: Vor allem der fünfte Angriff auf Bozen am 2. Dezember hatte für die Stadt katastrophale Folgen. Es gab 45 Tote und 177 Verwundete. Ein Angriff auf den Verkehrsknotenpunkt Innsbruck war jetzt nur mehr eine Frage der Zeit. Trotzdem gab es kaum Vorkehrungen und vor allem keine Vorwarnung, als am 15. Dezember die Stadt erstmals Ziel der alliierten Bomber war. So wurde es der folgenschwerste aller 22 Luftangriffe auf Innsbruck: 269 Tote, 500 Verwundete, 1627 Obdachlose, 45 Häuser total zerstört, 92 mittelschwer, 203 leicht beschädigt. Die Bahnanlagen wurden zwar schwer getroffen, doch konnte bereits am Abend der Zugverkehr wieder aufgenommen werden.

Die systematische Luftoffensive gegen die Brennerstrecke zwischen Verona und München, die so genannte „Brennerschlacht", dauerte bis 25. April 1945. Wann immer möglich, flogen die schweren Bomber in großen Formationen Angriffe gegen Bahnanlagen und Brückenziele entlang der Strecke. Allein am 22. Februar 1945 wurden auf insgesamt 16 Ortschaften in Nord-, Süd- und Osttirol Bomben abgeworfen. In Nordtirol waren Reutte, Kufstein, Jenbach, Wörgl und Rattenberg betroffen, in Osttirol Lienz und die Eisenbahnlinie nach Sillian. Südlich des Brenners waren Gossensaß, Sterzing und Brixen Ziel der Bomber. Insgesamt forderte der Luftkrieg in allen Teilen Tirols und in Vorarlberg rund 1.500 Tote. Neben den Verlusten an Menschenleben gab es bedeutende materielle Schäden, weitaus am meisten in Innsbruck. Aber kaum ein Ort von einiger verkehrstechnischer Bedeutung war von Bombenschäden verschont geblieben.

Seit der Kriegswende von 1943 hatte sich die Einstellung der Bevölkerung gegenüber Krieg und Regime grundlegend gewandelt: Die Anfangsbegeisterung war längst verflogen, Kriegsmüdigkeit griff um sich. Mehr und mehr Soldaten desertierten, versteckten sich, unterstützt von Teilen der Bevölkerung, vor allem in den Wäldern des Ötztales und stießen zu den Gruppen lokaler Regimegegner. Auch in Innsbruck schlossen sich in den Wochen vor Kriegsende immer mehr Leute bestehenden Widerstandsgruppen an, auch bisherige Nationalsozialisten. Die Kontakte mit der Wehrmacht, der Polizei, der österreichischen Widerstandsbewegung O5 und – über geheime Funkstationen – mit den vorrückenden Alliierten bildeten die Grundlage für einen bewaffneten Kampf, zu dem es allerdings erst in den letzten Kriegstagen kam, vor allem bei der Befreiung von Innsbruck knapp vor dem Einmarsch der Amerikaner. Persönlichkeiten des politischen wie militärischen Widerstands bildeten ein provisorisches Nationalkomitee und besetzten am 2. Mai Kasernen und andere wichtige Positionen. In seinem Befehlsstand auf der Hungerburg wurde General Böhaimb mit seinem Stab verhaftet.

So verhinderten die Tiroler aus eigener Kraft weitere Verluste an Gut und Leben. Insgesamt sind bis zum Kriegsende bei verschiedenen Aktionen in Nordtirol – u. a. wurden Brücken vor der Sprengung bewahrt und viele Tonnen Sprengstoff vernichtet – 21 Widerstandskämpfer gefallen. Als am 3. Mai 1945 die Amerikaner in Innsbruck einrückten, konnte ihnen ein „Ordnungsausschuss der österreichischen Widerstandsbewegung Tirol" unter Führung von Dr. Karl Gruber gegenübertreten und eine befreite Stadt übergeben. Fünf Tage später erreichten britische Truppen Lienz, womit der Zweite Weltkrieg auch in Osttirol sein Ende fand.

Der Lienzer Hauptplatz bei Kriegsende.

ENTTÄUSCHUNG UND NEUE GEWALT

Herrschaftswechsel und Kriegsende in Südtirol

„Volksgruppenführer" Peter Hofer fährt mit Ritterkreuzträger Helmut Valtiner in Bruneck ein. Befreiung für Südtirol?

Als die deutschen Truppen im September 1943 in Südtirol einmarschierten, stießen sie auf keinen Widerstand. Von der einheimischen Bevölkerung wurden sie als Befreier von der verhassten italienischen Besatzung begeistert empfangen. Gauleiter Hofers Hoffnung, Tirol wieder vereinigen zu können, erfüllte sich jedoch nicht. Aus Rücksicht auf den inzwischen von den Deutschen befreiten und als Chef einer oberitalienischen Republik eingesetzten Mussolini blieb die Brennergrenze offiziell bestehen, die Provinzen Bozen, Trient und Belluno wurde jedoch zur „Operationszone Alpenvorland" zusammengeschlossen, ihre militärische und zivile Kontrolle Franz Hofer als „oberstem Kommissar" übertragen. Racheakte der Südtiroler Bevölkerung gegen die verhassten Unterdrücker der vergangenen Jahrzehnte blieben aus. Dafür gingen einheimische Optanten und die deutsche Besatzung mit brutaler Härte gegen die „Dableiber" vor. Ihre führenden Persönlichkeiten wurden in Konzentrationslager eingeliefert.

Beim Aufbau einer deutschen Verwaltung zog Franz Hofer vor allem die in Südtirol verbliebenen Optanten für Deutschland heran. Aus ihren Kreisen rekrutierte sich auch eine eigene Sicherheitspolizei, der „Südtiroler Ordnungsdienst" (SOD). „Volksgruppenführer" Peter Hofer wurde zum Präfekten der Provinz Bozen ernannt. Er kam jedoch bereits im Dezember beim ersten Fliegerangriff auf Bozen ums Leben. Der Rechtsanwalt Dr. Karl Tinzl wurde sein Nachfolger. In den Gemeinden wurden die italienischen Amtsbürgermeister durch einheimische kommissarische Bürgermeister ersetzt. Die deutsche Sprache war wieder gleichberechtigt, und deutsche Volksschulen wurden eingerichtet. Die italienischen Beamten und Angestellten staatlicher Einrichtungen behielten jedoch ihre Positionen. Gauleiter Hofer verbot die bisher allmächtige faschistische Partei, doch duldete er in seiner Operationszone Alpenvorland auch die NSDAP nicht.

Trotz aller Erleichterungen regte sich in Südtirol bald der Widerstand gegen das neue Regime, vor allem gegen die deutsche Polizei und gegen den Krieg bzw. die Kriegsführung durch Deutschland. Er wurde brutal unterdrückt: In den nicht einmal zwei Jahren deutscher Besatzung wurden mindestens 25 Südtiroler hingerichtet oder kamen in einem KZ ums Leben. Rund 230 Südtiroler – eine andere Statistik nennt die Zahl 310 – waren aus politischen Gründen in Gefängnissen und Lagern. Tausende Regimegegner, Partisanen und Personen, die aus rassischen oder religiösen Gründen verfolgt wurden, auch Familienangehörige von Flüchtigen oder Deserteuren, wurden zeitweise im „polizeilichen Durchgangslager" in der „Via Resia" festgehalten, das von der Bevölkerung wegen seiner Lage nahe der berühmten Schlossruine auch „Konzentrationslager Sigmundskron" genannt wurde. Die meisten dort Inhaftierten kamen nicht aus Südtirol, sondern aus allen Teilen Italiens und aus anderen von den Deutschen besetzten Ländern. Alle wehrdienstfähigen Südtiroler – auch Nicht-Optanten, also italienische Staatsbürger – mussten zur Deutschen Wehrmacht oder zu lokalen Polizeieinheiten einrücken. Wer sich weigerte, wurde erschossen. Dieses Schicksal erlitt zum Beispiel Markus Dapunt aus Abtei, der aus der Kaserne des Polizeiregiments Schlanders flüchtete, weil er es mit seinem Gewissen nicht vereinbaren konnte, einem Diktator zu dienen, der den Untergang seiner Heimat beschlossen hatte.

Viele Südtiroler wurden zur SS eingezogen; auch dagegen konnte man sich nicht wehren, ohne seine Hinrichtung oder die Verhaftung seiner Angehörigen zu riskieren. Manche haben es dennoch gewagt. Am bekanntesten wurde der Fall des Bozners Josef Mayr-Nusser. Er war Diözesanführer der Katholischen Jugend und verweigerte aus religiöser Überzeugung den SS-Eid auf den Führer. Obwohl er sich bereit erklärte, in der Wehrmacht den Fahneneid zu leisten, „wie es jeder Staat verlangen könne", wurde er der „Wehrkraftzersetzung" beschuldigt und inhaftiert. Auf dem Weg nach Dachau ließ man Mayr-Nusser in einem abgestellten Waggon elend zu Grunde gehen. Ein bemerkenswerter Akt spontanen Widerstandes ereignete sich in Brixen, wo das dortige Polizeiregiment geschlossen die Eidesleistung verweigerte und deshalb strafweise an die Ostfront verlegt wurde.

Der Bozner Josef Mayr-Nusser musste sterben, weil er den SS-Eid auf den Führer verweigerte.

Bei einem Sprengstoffattentat auf eine in Rom stationierte, der SS unterstellte Südtiroler Polizeieinheit, der zwangsweise eingezogene Reservisten angehörten, wurden 32 Südtiroler getötet. Als Vergeltung erschoss die SS vor den Toren der Stadt 335 italienische Geiseln. Der Kommandant des Polizeibataillons hatte die Durchführung der Exekution mit dem Hinweis abgelehnt, seine Männer würden es nicht über sich bringen, auf wehrlose Geiseln zu schießen.

An der Spitze des aktiven Widerstandes gegen das NS-Regime in Südtirol stand der Andreas-Hofer-Bund. Sein erster Obmann Friedl Volgger wurde noch im Herbst 1943 als prominenter Dableiber verhaftet und ins Konzentrationslager Dachau eingeliefert. Hans Egarter trat daraufhin an seine Stelle. Es gelang der Widerstandsbewegung, mit alliierten Stellen in der Schweiz, mit österreichischen Widerstandskreisen und auch mit italienischen Gesinnungsfreunden Verbindung aufzunehmen.

Als das Kriegsende unmittelbar bevorstand, übergaben die deutschen Militärbehörden am 3. Mai 1945 die Verwaltungsgeschäfte einem Delegierten des italienischen Befreiungskomitees (CLN), doch erhielten auf Betreiben der einrückenden Alliierten in Anbetracht des geleisteten Widerstands gegen den Nationalsozialismus auch Vertreter der deutschen Bevölkerungsgruppe die Möglichkeit der Mitsprache, die freilich sehr eingeschränkt war und kaum zur Geltung kam. Die Menschen waren aber vor allem glücklich über das Ende des Schreckens. Eine Wiedervereinigung Tirols unter richtigen Vorzeichen schien keine Utopie mehr.

VON PARIS NACH SIGMUNDSKRON

Tirol im wiedererstandenen Österreich, die Verweigerung des
Selbstbestimmungsrechts für Südtirol und das „Pariser Abkommen"

Es ist heute kaum mehr vorstellbar, mit wie viel Hoffnung und Zuversicht die Tiroler
bei Kriegsende der Zukunft entgegengesehen haben. Man war überzeugt, dass nach all
den ausgestandenen Leiden ein demokratischer Neubeginn möglich war und dass es zu
einer Wiedervereinigung Tirols kommen würde. In beiden Landesteilen hatten sich
Körperschaften gebildet, die sich der anstehenden Probleme annehmen konnten. In
Innsbruck ging aus dem „Ordnungsausschuss" der Widerstandsgruppen, dem unter der
Leitung von Karl Gruber Persönlichkeiten aus allen politischen Lagern angehörten, eine
provisorische Landesregierung mit Gruber als Landeshauptmann hervor.
In Bozen wurde bereits am 8. Mai 1945, wenige Tage nach Ankunft der Alliierten, unter
der Führung von Gegnern der Umsiedlung und Verfolgten der NS-Herrschaft die Südtiroler Volkspartei (SVP) als Vertretungskörperschaft aller deutschen und ladinischen
Südtiroler gegründet. Ihr erster Obmann war Erich Amonn. Ohne Parteigrenzen wollte
man in gemeinsamer Arbeit die lebenswichtigen Forderungen und Ziele der Tiroler südlich des Brenners durchsetzen. Das Bewusstsein, nur gemeinsam etwas erreichen zu
können, war so groß, dass die gerade noch verfolgten „Dableiber" sogar die Mitwirkung
prominenter „Optanten" und Funktionäre der vergangenen Jahre akzeptierten. Zentral-
punkt des SVP-Programms war das Selbstbestimmungsrecht. Unverzüglich richtete man
Memoranden und Bittschriften an die Großmächte. In einer Unterschriftenaktion forderten 158.628 Südtiroler – praktisch die gesamte erwachsene Bevölkerung – die Angliederung an das neuerstandene Österreich.
Der am 27. April 1945 in Wien unter dem Schutz der Roten Armee gebildeten provisorischen Staatsregierung Karl Renners brachte man in den westlichen Bundesländern
zunächst wenig Vertrauen entgegen. Erst als man sehen konnte, dass diese ersten Re-
präsentanten eines freien Österreich
keine willenlosen Werkzeuge der Sowjets
waren, zeigten sich die Politiker Tirols
und anderer Bundesländer zu einer Zusammenarbeit bereit. Die Wiener Regierung wiederum wusste sehr wohl, dass in
Österreich die Länder das staatstragende
Element waren, und ließ sich ihre Befugnisse auf zwei Konferenzen von den Län-
dervertretern bestätigen. Auch wurde die
provisorische Staatsregierung durch Vertreter der westlichen Bundesländer erweitert. Der bis dahin amtierende Tiroler
Landeshauptmann Karl Gruber trat in das
Kabinett des Staatskanzlers Karl Renner

*Der provisorische Landeshauptmann Karl
Gruber begrüßt den Kommandanten der
französischen Truppen, die anstelle der
Amerikaner Nordtirol besetzten (Juli 1945).*

ein und wurde im Dezember 1945 unter dem ersten Bundeskanzler der Zweiten Republik, Leopold Figl, deren erster Außenminister.

Am 25. November 1945 kam es in Tirol wie im übrigen Österreich zu den ersten Wahlen seit langer Zeit. In einem Urnengang wurden Abgeordnete in den Nationalrat und den Landtag entsandt. Es zeigte sich, dass das alte österreichische Parteiensystem die Wirren der Zeit und die autoritären und diktatorischen Regime überstanden hatte. Wie bis zum Beginn der dreißiger Jahre bekannte sich die überwiegende Mehrheit der Tiroler zum christlichsozialen Lager (nun Österreichische Volkspartei). Den zweiten Platz behaupteten die Sozialdemokraten (Sozialistische Partei Österreichs). Die Anhänger der nationalliberalen Richtung durften erst 1949 als „Wahlgemeinschaft der Unabhängigen" bzw. seit 1956 als Freiheitliche Partei Österreichs kandidieren und bildeten im Tiroler Landtag wie schon in früheren Zeiten die kleinste Fraktion. Die KPÖ spielte keine Rolle. Landeshauptmann wurde nach Dr. Karl Grubers Ausscheiden noch 1945 Dr. Alfons Weißgatterer, 1951 bis 1957 amtierte Ök.-Rat Alois Grauß, 1957 bis 1963 Dr. Hans Tschiggfrey, bevor 1963 die Ära Wallnöfer begann.

Die volle Entscheidungsbefugnis der Landes- wie auch der Bundesregierung blieb bis zur Erlangung des Staatsvertrags im Jahr 1955 durch die Besatzungsmächte eingeschränkt, wenn auch zumindest in Tirol nur theoretisch, denn zuerst die Amerikaner und seit Sommer 1945 die Franzosen legten der freien Willensbildung und der souveränen Regierung des Landes nur wenige Hindernisse in den Weg. Der Bezirk Lienz, von den Nationalsozialisten an Kärnten angeschlossen, gehörte zur britischen Besatzungszone, wurde jedoch 1947 unter großem Jubel der Bevölkerung wieder mit Tirol vereinigt. Die westlichen Alliierten erwiesen sich nicht nur in politischen Belangen als Freunde Österreichs, sondern halfen auch bei der Bewältigung der Nachkriegsnot und beim Wiederaufbau des Landes. Auch die Schweiz half mit großzügigen Spenden.

Es gab eine ganze Menge von Problemen zu bewältigen. Die Ernährungslage war katastrophal und wurde durch die vielen tausend Flüchtlinge noch verschärft – Kitzbühel, Kufstein und Landeck z. B. hatten die vierfache Einwohnerzahl; die Instandsetzung der Verkehrswege und der Wideraufbau zerstörter Gebäude und Wohnungen mussten trotz Mangel an Material und Arbeitskräften in Angriff genommen werden; das Schicksal der Funktionäre des NS-Regimes musste geklärt werden.

Nicht weniger wichtig als die Bewältigung aller wirtschaftlichen und innenpolitischen Probleme und solcher der alltäglichen Lebensumstände der ersten Nachkriegszeit war für die österreichische Regierung und natürlich für jeden Tiroler die Lösung der Südtirol-Frage. An die Wiedervereinigung des 26 Jahre vorher zerrissenen Landes zu glauben, war keine Utopie. Kanonikus Michael Gamper hatte noch gegen Kriegsende die Möglichkeit gefunden, die Alliierten in einer Denkschrift über Südtirol zu informieren, und in einem 1944 in den USA veröffentlichten Manifest hatten namhafte italienische Antifaschisten, unter ihnen der Dirigent Arturo Toscanini, den Verzicht Italiens auf das Gebiet nördlich von Salurn gefordert. Bei der amerikanischen Militärverwaltung in Bozen, die bis Ende 1945 die oberste Autorität darstellte, stießen die Tiroler genauso auf Verständnis wie bei Regierungsstellen in Paris, London und Washington.

Während die Südtiroler das Recht auf Selbstbestimmung für sich forderten und Österreich bei den Alliierten offiziell Anspruch auf das deutschsprachige Gebiet südlich des

Brenners erhob, unternahm die italienische Regierung alles, um Südtirol behalten zu können. Hauptargumente waren die dort seit 1919 getätigten Investitionen, die wirtschaftliche Bedeutung der Provinz für den italienischen Staat und die Tatsache eines großen italienischen Bevölkerungsanteils. Um die Freunde Tirols in aller Welt zu beruhigen, wurde den Südtirolern eine weitgehende Autonomie versprochen.

Die Entscheidung der Großmächte wurde schließlich – wie schon nach dem Ersten Weltkrieg – nicht vom eindeutigen Willen der betroffenen Bevölkerung bestimmt, sondern von verschiedenen politischen Überlegungen und Rücksichten. Da Italien sehr harte Friedensbedingungen hinnehmen musste, sollte wenigstens die Brennergrenze bestehen bleiben. In erster Linie waren es die Sowjets, aber auch die Amerikaner, die ihre jeweiligen Anhänger in Italien nicht enttäuschen wollten. Bereits im September 1945 fiel auf einer Außenministerkonferenz der Alliierten in London die Entscheidung zu Gunsten der Brennergrenze. Da jedoch weder die Österreicher noch die Südtiroler davon erfuhren, war man hier weiter voll Zuversicht. Auf die Argumente Italiens eingehend, erklärte die österreichische Regierung, dass die in der Zwischenkriegszeit erbauten Elektrizitätswerke in italienischem Besitz bleiben könnten und dass die italienische Minderheit in Südtirol die volle kulturelle Autonomie erhalten würde.

Noch einmal befassten sich die Großmächte auf der im April 1946 beginnenden Pariser Außenministerkonferenz mit Südtirol, doch wurde am 1. Mai nach längeren Debatten nur die Entscheidung von London bestätigt. Dieser Beschluss traf die Bevölkerung nördlich und südlich des Brenners völlig unerwartet und rief allseits Empörung hervor. Doch selbst scharfe Proteste und Massenkundgebungen in Südtirol und in Österreich konnten nichts ändern; auch die diplomatischen Bemühungen der österreichischen Regierung blieben erfolglos. Lediglich „kleine Grenzberichtigungen" wurden in Aussicht gestellt. Daraufhin brachte die österreichische Delegation in Paris unter Führung von Außenminister Dr. Karl Gruber die so genannte „Pustertaler Lösung" ins Gespräch, die eine Rückgliederung des Pustertals samt Brixen und dem obersten Eisacktal an Österreich vorsah. Dies hätte zwar die Isolierung des Landesteils Osttirol beseitigt, zugleich jedoch den endgültigen Verzicht auf den größten Teil Südtirols bedeutet. Kein Wunder, dass auch die Südtiroler dagegen waren.

Da nicht zu erwarten war, dass die Pariser Friedenskonferenz im Sommer 1946 von den Beschlüssen der Außenminister abrücken würde, entschieden sich die Vertreter Österreichs und Südtirols dafür, grundsätzlich zwar das Selbstbestimmungsrecht nicht aufzugeben, an dieser Frage jedoch eine Vereinbarung mit Italien nicht scheitern zu lassen. Vor allem die Engländer drängten darauf, dass den Italienern im Friedensvertrag die Verpflichtung auferlegt werden sollte, der deutschen und ladinischen Bevölkerung eine weitgehende Autonomie zu gewähren. So kam es am 5. September 1946 zur Unterzeichnung des „Pariser Abkommens" durch den Trentiner Politiker Alcide De Gasperi als italienischen Ministerpräsidenten und den Tiroler Karl Gruber als österreichischen Außenminister. Der Vertragstext war unter Zeitdruck zu Stande gekommen und beschränkte sich im ersten Absatz auf grundsätzliche Formulierungen über die Gleichberechtigung der Minderheit und über Maßnahmen zum Schutz des Volkstums und der kulturellen und wirtschaftlichen Entwicklung der Südtiroler Bevölkerung; dann werden einige wesentliche Punkte (Unterrichtssprache, Ortsnamen, Stellenproporz, Deutsch als

Massenkundgebung zu Gunsten Südtirols am 22. April 1946 vor dem Landestheater in Innsbruck.

gleichberechtigte Amtssprache) aufgezählt; schließlich wird die Gewährung einer Autonomie zugesagt, deren „Rahmen" im Einvernehmen mit den Südtirolern festgelegt werden sollte. Weitere Paragraphen betreffen die gutnachbarlichen Beziehungen zwischen Italien und Österreich sowie die Zuerkennung der italienischen Staatsbürgerschaft an die Deutschland-Optanten von 1939. Diese letzte Frage war von grundlegender Bedeutung, waren doch an die 80 Prozent der Südtiroler nicht wieder im Besitz der italienischen Staatsbürgerschaft und der damit verbundenen Rechte.

Bei aller Knappheit und den unzweifelhaften Mängeln des Gruber-Degasperi-Abkommens stellt es doch ein richtungweisendes Dokument dar, das sich gerade wegen seiner Grundsätzlichkeit auch in Zukunft als tragfähig erweisen sollte. Entscheidend war, dass die Südtiroler von nun an unter dem Schutz eines internationalen Vertrags standen, der bei Nichterfüllung eingeklagt werden konnte. Österreich war offiziell als Schutzmacht seiner Landsleute südlich des Brenners anerkannt.

Das Pariser Abkommen zwischen Österreich und Italien ist Teil des italienischen Friedensvertrages vom 10. Februar 1947. Die in Ausarbeitung stehende neue Verfassung Italiens, das nun kein Königreich mehr war, sondern eine Republik, hatte die entsprechenden Bestimmungen zu berücksichtigen. Doch bald mussten die Südtiroler erkennen, dass Ministerpräsident Alcide De Gasperi die geplante Autonomie auf das Trentino ausdehnen und so die in Paris eingegangenen Verpflichtungen zur Erfüllung alter Trentiner Autonomiewünsche ausnützen wollte, ja mehr noch, dass er innerhalb einer zu schaffenden autonomen Einheitsregion Trentino-Südtirol die ladinische Bevölkerung überhaupt aufsaugen und die deutsche Volksgruppe mit Hilfe der Trentiner Mehrheit an die Wand drücken wollte. Entwürfe der Südtiroler Volkspartei für eine Autonomie wurden in Trient und in Rom ebenso wenig berücksichtigt wie minderheitenfreundliche Projekte der ASAR, einer unabhängigen Trentiner Autonomistenbewegung. Entgegen den Bestimmungen des Pariser Abkommens wurden zur Ausarbeitung eines Autonomiestatuts keine Vertreter der Südtiroler herangezogen. Erst nach Inkrafttreten der italienischen Verfassung vom 1. Jänner 1948, in der die aus den Provinzen Trient und Bozen gebildete autonome Region den Namen „Trentino – Alto Adige (Tiroler Etschland)" erhielt, bewirkten die Proteste der Südtiroler einige Abänderungen im Autonomiestatut. U.a. kam es zur Rückgabe des zu Trient geschlagenen Bozner Unterlandes sowie der deutschen Gemeinden am Nonsberg.

Nach der Unterzeichnung des „Pariser Abkommens" am 5. September 1946: Italiens Ministerpräsident Alcide De Gasperi (links) und Österreichs Außenminister Karl Gruber, beim Handschlag für die Pressefotografen.

Völlig unzureichend war das Ergebnis aller Bemühungen um die zugesicherte Autonomie in inhaltlicher Hinsicht. Die „autonomen Provinzen" Bozen und Trient hatten zwar eigene Landtage und Landesregierungen, doch wurde der größte Teil der Kompetenzen auf die Region übertragen, in deren politischen Gremien (Regionalregierung in Trient, abwechselnd in Trient und Bozen tagender Regionalrat) sich die Südtiroler in der Minderheit befanden und nach Belieben überstimmt werden konnten. Dazu kommt, dass wesentliche Punkte des Pariser Abkommens überhaupt nicht berücksichtigt wurden, z. B. die Gleichstellung der deutschen Sprache, wirtschaftliche Förderungsmaßnahmen oder die Einstellung der Südtiroler in öffentliche Ämter. Auch das Autonomiestatut selbst wurde nur zum geringen Teil verwirklicht, weil entsprechende Durchführungsbestimmungen nicht erlassen wurden.

So schien die Tiroler Minderheit auch im neuen, demokratischen Italien trotz internationaler Verträge und einer verfassungsmäßig garantierten Autonomie aufs Äußerste gefährdet. In vielen Belangen wurde sogar die faschistische Politik fortgesetzt, der Staat förderte weiter kräftig die Zuwanderung aus Süditalien; Südtiroler hatten kaum eine Chance, im öffentlichen Dienst Anstellung zu finden; Einheimische wurden im Wohnbau und bei der Wohnungsvergabe extrem benachteiligt. Und von einer Gleichberechtigung der deutschen Sprache konnte keine Rede sein. Im Alltag waren Schikanen und amtliche Maßnahmen gegen die Interessen der deutschen und ladinischen Volksgruppe eher die Regel als die Ausnahme.

In dieser Situation war es für Südtirol wichtig, dass es wenigstens intern keine parteipolitischen Auseinandersetzungen gab. Die große Sammelpartei SVP erhielt sowohl in den ersten Parlamentswahlen vom 18. April 1948 mit über 62 Prozent der Stimmen als auch bei den ersten Landtagswahlen vom 28. November 1948 mit sogar 67,6 Prozent der Stimmen und 13 von 20 Mandaten eine eindrucksvolle Bestätigung durch die Bevölkerung. Ähnliche Ergebnisse gab es bei den folgenden Urnengängen. Landeshauptmann war von 1948 bis zu seinem Tod im Jahr 1955 Dr. Karl Erckert. Ihm folgte Dr. Alois Pupp (1956 bis 1960). Dann wurde Dr. Silvius Magnago, der bereits seit 1957 die Geschicke der Sammelpartei leitete, an die Spitze der Landesregierung berufen.

Eine der größten Leistungen der Nachkriegszeit war die Wiedererrichtung des deutschen Schulwesens. Neben dem Bemühen um mehr autonome Rechte und den Schutz des Volkstums waren es vor allem wirtschaftliche Probleme, mit denen sich die Südtiroler Landespolitiker und die leitenden Beamten auseinander zu setzen hatten und deren Lösung durch die uneinsichtige Haltung Roms und der Trentiner erschwert wurde.

Ohne Unterstützung aus Österreich und Deutschland hätte die Südtiroler Landesverwaltung in den fünfziger und sechziger Jahren die vielfältigen Aufgaben nicht wahrnehmen können, wobei sich Regierungen und öffentliche Institutionen genauso daran beteiligten wie private Organisationen, Vereine und Einzelpersonen. Auch auf diplomatischem Weg versuchten die maßgeblichen Politiker in Wien und Innsbruck, den Südtirolern zu helfen. Dass man damit jahrelang nicht an die Öffentlichkeit ging, hängt damit zusammen, dass dem italienischen Ministerpräsidenten Degasperi, der ja als europäischer Staatsmann galt, ein Einlenken erleichtert werden sollte. Es gab jedoch keine positiven Reaktionen.

Die Nichterfüllung des Pariser Vertrags ließ in Südtirol und in Österreich den Ruf nach Selbstbestimmung wieder laut werden. Immer wieder gab es äußere Anlässe, die alte Forderung zu aktualisieren. 1953 zum Beispiel, als Regierung und Parlament Italiens eine Volksabstimmung in Triest verlangten: Die italienische Hafenstadt mit einer starken slowenischen Minderheit war im italienischen Friedensvertrag von 1947 zu einem Freistaat erklärt worden, der aber noch von Amerikanern und Engländern besetzt bzw. zum Teil von Jugoslawien verwaltet wurde. Sofort setzten sich die Südtiroler Vertreter im römischen Parlament für eine Entscheidung durch die betroffene Bevölkerung ein, verlangten aber auch die Anerkennung des gleichen Rechts für Südtirol. Neue Hoffnung keimte auf, als Frankreich im Sinne des europäischen Gedankens auf das Saarland verzichtete. Doch alle positiven Beispiele für ein neues Zusammenleben der Nationen in Europa färbten auf die italienische Haltung gegenüber Südtirol nicht ab. So spitzte sich die Lage zu. Äußeres Zeichen dafür waren im September 1956 und im Jänner 1957 die ersten demonstrativen Sprengstoffanschläge, für die mehrere junge Südtiroler ins Gefängnis mussten.

Österreich konnte sich nach Abschluss des Staatsvertrags und Abzug der Besatzungsmächte seit 1955 international stärker für die Durchführung des Pariser Abkommens einsetzen, obwohl Italien immer wieder behauptete, dass es sich dabei ausschließlich um ein internes Problem handle. In Südtirol rückten neue Männer an die SVP-Spitze, die bereit waren, gegenüber Rom eine härtere Gangart einzuschlagen und die Schaffung einer autonomen „Region Südtirol" zu verlangen. Unter ihrem neuen Obmann Dr. Silvius Magnago rief die Südtiroler Volkspartei für den 17. November 1957 zu einer Großkundgebung auf Schloss Sigmundskron, an der 35.000 Südtiroler teilnahmen. „Los von Trient" war die Parole des Tages.

Pressebild von der Großkundgebung auf Schloss Sigmundskron am 17. November 1957, die eine neue Phase im Kampf um die Autonomie einleitete.

DER LANGE KAMPF UM DIE AUTONOMIE

Das Südtirolproblem vor der UNO • Sprengstoffanschläge, Verhandlungen, das „Paket" autonomer Rechte und die Situation nach 1972

Neben der Großkundgebung von Sigmundskron gab es um das Jahr 1957 zwei weitere Ereignisse, die den Beginn einer neuen Phase der Südtiroler Zeitgeschichte dokumentieren: Am 8. Oktober 1956 übergab die österreichische Bundesregierung dem italienischen Botschafter ein umfassendes Memorandum mit dem Nachweis, dass wesentliche Punkte des Pariser Abkommens nicht erfüllt waren, und schlug die Einsetzung einer österreichisch-italienischen Kommission vor. Am 4. Februar 1958 reichten die Abgeordneten der Südtiroler Volkspartei in Rom einen Gesetzesentwurf zur Schaffung einer „Region Südtirol" ein.

Die italienische Regierung zeigte nicht die geringste Bereitschaft zum Einlenken, ja sie verschärfte sogar die Situation durch neue Maßnahmen zur Einschränkung des bestehenden Autonomiestatuts. So wurden im Jänner 1959 Durchführungsbestimmungen erlassen, mit denen der Provinz jeder Einfluss auf die Wohnbauprogramme in Südtirol und auf die Wohnungsvergabe entzogen wurde. Wen wundert es, dass Kanonikus Gampers Wort vom „Todesmarsch der Südtiroler" neue Aktualität erhielt und das Gefühl der Unfreiheit, der Unterdrückung, der Hoffnungslosigkeit wuchs. Aus nichtigen Anlässen kam es zu Prozessen und Strafen wegen „Beleidigung der italienischen Nation".

Es war die Zeit, in der man vor Gericht kam, wenn man die Fensterläden weiß-rot streichen ließ und eine Brauchtumsgruppe eine weiß-rote Fahne schwenkte. Wenn Südtiroler Abgeordnete im römischen Parlament auf die Missstände hinwiesen und die Einhaltung des Pariser Abkommens forderten, wurden sie von Zwischenrufen und Sprechchören „Siamo in Italia" niedergeschrieen. Gleichzeitig versandeten die österreichisch-italienischen Verhandlungen, die Italien immer nur als unverbindliche „Gespräche" betrachtete, weil das Gruber-Degasperi-Abkommen ohnehin erfüllt sei. Äußerstenfalls könne man den Internationalen Gerichtshof in Den Haag über dessen „Auslegung" befragen. Man muss diese heute fast vergessenen Fakten und ihre psychologische Wirkung auf die Südtiroler berücksichtigen, wenn man die folgenden Ereignisse verstehen will.

In dieser Situation beantragte die österreichische Bundesregierung beim Generalsekretär der Vereinten Nationen, „das Problem der österreichischen Minderheit in Italien" auf die Tagesordnung der Vollversammlung vom Herbst 1960 zu setzen. Italiens Sträuben war vergeblich, doch musste Österreich auf Druck auch befreundeter Staaten insofern nachgeben, als in der Formulierung des Programmpunktes der Fragenkomplex auf die Anwendung des Pariser Vertrags eingeschränkt wurde und auch nicht mehr von der „österreichischen Minderheit" die Rede war, sondern vom „deutschsprachigen Element

Rechts: Gesprengte Strommasten sollten im Sommer 1961 die Welt-öffentlichkeit auf das trotz UNO-Resolution unge-löste Südtirolproblem aufmerksam machen.

Linke Seite: Österreichs Außenminister Kreisky (links) berät sich während einer Sitzungspause der UNO mit Staatssekretär Franz Gschnitzer (Mitte) und anderen Mitgliedern der Delegation.

in der Provinz Bolzano". Dafür wiederum erreichte Österreich die Zuweisung des An-
liegens an die politische Spezialkommission, während die Italiener das Ganze von der
juristischen Kommission behandelt wissen wollten. Zeitweise hatte die italienische Delegation Angst davor, die Vertreter der jungen Staaten, die gerade noch das Selbstbestimmungsrecht für sich in Anspruch genommen hatten, könnten – wenn die Debatte
zu grundsätzlich würde – eine Lawine ins Rollen bringen, die schließlich auf einen
Appell an das Selbstbestimmungsrecht hinauslaufen würde. Doch österreichischerseits
dachte man nie daran, die Stimmung so weit anzuheizen, sondern begnügte sich in der
eigenen Resolution mit der Forderung, Italien möge Südtirol eine Regionalautonomie
gewähren, wie sie von den frei gewählten Vertretern der Bevölkerung verlangt werde.
Die Streitparteien sollten darüber verhandeln und der nächstjährigen Generalversamm-
lung Bericht erstatten.

Nach langen Debatten in der politischen Kommission, der 98 Staaten angehörten, und
vielen Wortmeldungen von Diplomaten aus der ganzen Welt, von denen einige tatsächlich das Selbstbestimmungsrecht für die Südtiroler forderten, kam ein Kompromiss heraus, der dem österreichischen Standpunkt wesentlich näher stand als dem italienischen
und in dem beide Staaten zu Verhandlungen aufgefordert wurden. Über das Verlangen
Österreichs hinaus enthält die von zwölf Staaten eingebrachte Resolution, die von der
Kommission einstimmig angenommen wurde, auch einen Passus über den Zweck des
Pariser Abkommens. Unmissverständlich wurde festgestellt, dass alle Punkte dieses
Vertrags unter dem Aspekt des ethnischen Schutzes und der wirtschaftlichen und kultu-
rellen Förderung der deutschsprachigen Bevölkerung Südtirols gesehen werden müs-
sen, was dem italienischen Standpunkt widersprach. Am 31. Oktober 1960 wurde die
Resolution auch von der Vollversammlung der Vereinten Nationen verabschiedet.

Schon das erste Treffen der Außenminister Ende Jänner 1961 in Mailand zeigte, wie
schwierig die von der UNO gewünschten Verhandlungen sein würden. Gleichzeitig kündigte nach dem Scheitern dieser Gespräche die demonstrative Sprengung von Symbolen
der faschistischen Unterdrückung (Mussolini-Standbild bei Waidbruck und Tolomei-
Haus im Unterland) an, dass die Südtiroler Bevölkerung eine weitere Missachtung ihrer

Rechte nicht hinnehmen würde. Die folgenden Notenwechsel, Politikertreffen und Expertengespräche, die in der Autonomiefrage keinerlei Fortschritte brachten, wurden von einer Attentatserie begleitet, die ihren Höhepunkt in der berühmt gewordenen „Feuernacht" erreichte. In dieser Nacht zum 12. Juni krachte es im ganzen Land, nachdem vorher, am Abend des Herz-Jesu-Festes, traditionsgemäß die Bergfeuer abgebrannt worden waren. Ziele der gut organisierten Aktion waren ausschließlich Hochspannungsmasten der Überlandleitungen. In Bozen herrschte Finsternis, aber auch die Stromversorgung der oberitalienischen Industrie war teilweise lahm gelegt.

Noch einmal kam es, diesmal am 11. Juli, zu einer Serie von Anschlägen, doch hatte inzwischen der italienische Staat Südtirol in ein wahres Heerlager verwandelt, Hausdurchsuchungen und Massenverhaftungen in die Wege geleitet und die ersten brauchbaren Hinweise auf die Urheber der Anschläge gesammelt. Das rücksichtslose Vorgehen der Polizei- und Militäreinheiten erregte allgemein Furcht und Schrecken. Zwei völlig unbeteiligte Südtiroler kamen durch Schüsse von erschreckten Soldaten ums Leben. Raffinierte Verhörmethoden und brutale Folterungen von Häftlingen taten das Übrige, so dass im Juli tatsächlich ein Großteil der Attentäter überführt werden konnte. Als Berichte über das unmenschliche Geschehen in den Polizeikasernen an die Öffentlichkeit drangen, forderte SVP-Obmann und Landeshauptmann Magnago, der sich mit der gesamten Parteiführung von den Gewalttaten distanziert hatte, aber auch auf deren eigentliche Ursachen hinwies, eine strenge Untersuchung durch die Regierung und die Bestrafung der schuldigen Polizeibeamten. Doch sogar als der 28-jährige Franz Höfler und der 42 Jahre alte Anton Gostner im Gefängnis starben, versuchten italienische Politiker, das Vorgehen zu bagatellisieren. Als es 1963 doch zu einem Prozess gegen elf Carabinieri kam, endete dieser mit Freisprüchen und nur zwei geringfügigen Verurteilungen, die jedoch unter Amnestie fielen.

Die Folterungen wurden auch im Mailänder Schwurgerichtsprozess zur Sprache gebracht, der am 9. Dezember 1963 begann. Mehr als 90 Angeklagte, zum Großteil Südtiroler, von denen sich 68 in Haft befanden, mussten sich für 91 Anschläge auf verschiedene Leitungsmasten, acht Anschläge auf Wohnhäuser im Rohbau und drei Sprengstoffattentate auf militärische Einrichtungen verantworten. Auch die Kollektivanklage wegen Mordes wurde erhoben, weil der italienische Straßenwärter Giovanni Postal bei Salurn durch Hantieren an einer nicht explodierten Sprengladung ums Leben gekommen war. Das Eintreten für das Selbstbestimmungsrecht und die Verbindungen zu Nordtirol wurden als Hochverrat gewertet.

Der Prozess zog sich über viele Monate hin. Während der Staatsanwalt und die Privatkläger in den Angeklagten staatsfeindliche Elemente und kriminelle Terroristen sahen und drakonische Strafen forderten, versuchten die Verteidiger, die politischen Hintergründe des Südtirolproblems und die tieferen Ursachen für die gesetzwidrigen Handlungen unbescholtener Burschen und ehrbarer Familienväter aufzuzeigen. Diese hatten das Vertrauen in die Instrumente demokratischer Rechtsstaaten zur Lösung des Minderheitenproblems verloren, nachdem jahrelang auf dem Weg von Verhandlungen keine Fortschritte erzielt werden konnten. Nur in letzter Not, in einer verzweifelten Lage ihrer Heimat, hatten sie zur Gewalt gegriffen, um das Gewissen der Welt aufzurütteln, und dabei schwere und größte Opfer nicht gescheut. Dies sei bei der Urteilsfindung zu be-

Mailänder Prozess gegen die Urheber der Sprengstoffanschläge: ein Teil der Angeklagten im Gericht.

rücksichtigen, betonte die Verteidigung. Die Reden und Debatten im Mailänder Gerichtssaal, in denen es oft sehr grundsätzlich um das Recht auf Selbstbestimmung und Minderheitenschutz ging, wurden nicht nur von der italienischen und österreichischen, sondern auch von der internationalen Presse ausführlich wiedergegeben und kommentiert und trugen nicht weniger als die Sprengstoffanschläge selbst dazu bei, die Weltöffentlichkeit mit dem ungelösten Südtirolproblem vertraut zu machen.

Am 16. Juli 1964 wurden nach 35-stündiger Beratung die Urteile verkündet, die von Freispruch oder Amnestie bis 25 Jahre Gefängnis lauteten. Die Anklage hatte lebenslänglichen Kerker gefordert. Ein halbes Jahr später starb im Gefängnis von Verona der 48-jährige Kaufmann Sepp Kerschbaumer aus Frangart, Vater von sechs Kindern, der von den Südtiroler Widerstandskämpfern des Jahres 1961 allgemein als ihr „Kopf" und wegen seiner Vaterlandsliebe, Unbeugsamkeit und Geradlinigkeit, aber auch in seiner mitmenschlichen Güte als ihr Leitbild angesehen wurde.

Trotz der Verhaftungen vom Sommer 1961 kam es auch in den folgenden Jahren zu Sprengstoffanschlägen, wobei der Grundsatz, keine Menschenleben zu gefährden, nicht mehr konsequent eingehalten wurde. So gab es auch Angriffe auf Militärpatrouillen, Kasernen, Carabinieri-, Finanz- und Polizeistationen. Tatsächlich waren auf italienischer Seite mehrere Todesopfer zu beklagen (u. a. 1967 beim Attentat auf der Porzescharte). Anders als bei früheren Aktionen waren zunehmend österreichische und deutsche Staatsbürger beteiligt, deren Motive, Absichten und Methoden nicht immer dieselben waren wie die der Südtiroler. Es gelang der Polizei auch, Agenten in die Widerstandsgruppen einzuschleusen, deren führende Männer nun Luis Amplatz und Georg Klotz waren. Amplatz wurde in der Nacht auf den 8. September 1964 auf einer Almhütte im Passeier ermordet, dem bei diesem Anschlag verwundeten Klotz gelang die Flucht. Er starb 1976 im österreichischen Exil.

So unterschiedlich die Attentate und bewaffneten Aktionen der späteren sechziger Jahre beurteilt werden können, von den Anschlägen des Jahres 1961 sagte niemand Gerin-

137

gerer als Südtirols Landeshauptmann Dr. Silvius Magnago im Oktober 1976 auf der SVP-Landesversammlung, dass sie „einen bedeutenden Beitrag zur Erreichung einer besseren Autonomie für Südtirol darstellten". Tatsächlich entschloss sich die italienische Regierung kurz nach der „Feuernacht" und der Attentatswelle vom 11. Juli 1961 zu einer grundsätzlichen Änderung ihrer Politik. Vor allem Innenminister Scelba sah ein, dass die Lage in Südtirol ein Ventil erforderte. So sollte verhandelt werden, aber nicht mit den Österreichern, sondern mit den Südtirolern selbst. Es wurde eine parlamentarische Kommission eingesetzt, in der 11 Italiener und 8 Südtiroler saßen und die deshalb als 19er-Kommission in die Geschichte einging. Dieses Gremium sollte die Südtirolfrage unter allen Gesichtspunkten prüfen und Lösungsvorschläge unterbreiten.

In den folgenden drei Jahren waren die jeweils erzielten Ergebnisse der 19er-Kommission die Grundlage der Verhandlungen zwischen Italien und Österreich, die auf verschiedenen Ebenen wieder aufgenommen wurden. Nachdem 1964 die Substanz eines so genannten „Pakets" autonomer Rechte für Südtirol erarbeitet war, ging es seither um die internationale Absicherung des Ergebnisses und das Vorgehen bei der Verwirklichung der Vereinbarungen. Dafür wurde schließlich ein „Operationskalender" aufgestellt, an dessen Ende eine „Streitabschlusserklärung" Österreichs stehen sollte.

Da „Paket" und „Operationskalender" natürlich Kompromisse darstellten, andererseits mehr zu dem Zeitpunkt nicht erreichbar schien, überließ die österreichische Regierung der Südtiroler Volkspartei als demokratischer Vertretung der betroffenen Bevölkerung die Entscheidung, ob sie sich mit dem Erreichten zufrieden geben wolle oder nicht. Die Parteiführung war in dieser Frage genauso gespalten wie die öffentliche Meinung. Die Abstimmung auf der Landesversammlung vom 22. November 1969 fiel dementsprechend knapp, aber immerhin positiv aus. Von den 1104 anwesenden Stimmberechtigten waren 583 für die Annahme. Mit ausschlaggebend für dieses Ergebnis war die Erklärung Magnagos, die Zustimmung zur Erweiterung der Autonomie im vorgesehenen Umfang bedeute für die Zukunft weder eine Aufgabe des Selbstbestimmungsrechts noch den Verzicht auf weitere Verbesserungen, wenn diese notwendig scheinen und erreichbar sein sollten. Auch eine Streitabschlusserklärung Österreichs bedeute nur, dass der gegenwärtige Streit beendet sei, nicht aber, dass Österreich seine Schutzfunktion für Südtirol aufgebe. Der Pariser Vertrag bleibe ja weiter gültig.

Nach Klärung letzter Fragen schlossen die Außenminister Kurt Waldheim und Aldo Moro am 30. November 1969 die österreichisch-italienischen Verhandlungen über die Erweiterung der Südtiroler Autonomie ab. Das „Paket", das Vereinbarungen zu rund 130 Punkten enthielt, fand 1972 in einem neuen Autonomiestatut seinen Niederschlag. Unter Beibehaltung des Rahmens einer nun offiziell „Trentino-Südtirol" genannten Region wurden darin den beiden Provinzen Trient und Bozen weitgehende Rechte gewährt, u. a. auf dem Gebiet der Landwirtschaft, des Handels, der Industrie, des Fremdenverkehrs und der Energieerzeugung. Die Kompetenzen der Provinz auf dem kulturellen Sektor und im Schulwesen wurden erweitert und präzisiert. Auch die bereits bestehende Zuständigkeit auf dem Wohnbausektor wurde genauer gefasst. Verschiedene Verwaltungskompetenzen sollten nach Erlass von Durchführungsbestimmungen direkt vom Staat auf die Provinz übergehen. Für staatliche und halbstaatliche Ämter wurde ein Stellenproporz gemäß dem Anteil der Volksgruppen an der Gesamtbevölkerung vorgeschrieben.

Die beiden Außenminister Aldo Moro (links) und Kurt Waldheim beim Abschluss der italienisch-österreichischen Verhandlungen rund um das „Südtirol-Paket" (30. November 1969).

Diese und viele weitere Kompetenzen und Bestimmungen sollten es dem Südtiroler Landtag und der Landesregierung ermöglichen, die wesentlichen Interessen der deutschen und ladinischen Bevölkerung zu schützen und das Leben im eigenen Land nach eigenen Vorstellungen zu gestalten. Dies war 1972 nicht zuletzt deshalb leichter als früher, weil Italien inzwischen kein zentralistischer Einheitsstaat mehr war, sondern die schon in der Verfassung von 1948 vorgesehene Gliederung in Regionen auch verwirklicht hatte. Neben den 15 Regionen mit Normalstatut gibt es nun fünf mit Sonderstatut, darunter Trentino-Südtirol. Die gesamte Situation, das „Klima" in Italien, hatte sich gewandelt, eine neue Generation war herangewachsen, die mit anderen Sorgen und Problemen beschäftigt war und für übertriebenen Nationalismus wenig Verständnis hatte. „Pluralismus" war obendrein modern geworden. Bemerkenswert ist die Kehrtwendung Italiens in seiner Minderheitenpolitik, denn das in der Verfassung verankerte Autonomiestatut enthält den bedeutungsvollen Grundsatz, dass der Schutz der sprachlichen Minderheiten den „nationalen Interessen des italienischen Staates" entspricht. Nicht dem Mehrheitsvolk allein gilt also das Staatsinteresse. Verbindungen und Kontakte der Südtiroler zu ihrem „Vaterland" Österreich und zum sonstigen deutschsprachigen Ausland werden demnach nicht mehr als hochverräterisches „Schielen über die Grenze" bewertet.

Gleichzeitig mit dieser Entwicklung begann man nördlich und südlich des Brenners, die Einheit Tirols neu zu interpretieren. Warum sollte in einem Europa, das sich langsam vom Souveränitätsbegriff des Nationalstaates löst und in dem das politische Konzept grenzüberschreitender Regionen an Bedeutung gewinnt, Tirol nicht ein Land sein können, auch wenn zwei Staaten an ihm Anteil haben? Das österreichische Bundesland Tirol und die autonome Provinz Südtirol erfüllen gemeinsam die uralte verbindende Funktion als europäisches Passland und stehen als Zentrum der Alpenregion vor neuen Aufgaben, aber auch vor neuen Problemen, die gemeinsam besser bewältigt werden können. Deshalb war es mehr als nur eine symbolische Geste der Verbundenheit, dass die beiden Landtage von Innsbruck und Bozen 1970 mit der Abhaltung gemeinsamer Sitzungen begannen. Sie sollten der Beratung verschiedener Anliegen von beiderseitigem Interesse dienen. Darüber hinaus wurde im Oktober 1972 auf Initiative von Landeshauptmann Eduard Wallnöfer die Arbeitsgemeinschaft Alpenländer (ARGE ALP) gegründet, der neben der Provinz Südtirol und dem Bundesland Tirol das Trentino und Vorarlberg, die Lombardei und Bayern, Graubünden und Salzburg angehören.

Im Rahmen der ARGE ALP sollte laut deren Programm versucht werden, die Probleme dieses europäischen Großraumes ohne Rücksicht auf Sprachen und Grenzen in gemeinsamer Arbeit aller betroffenen Länder zu lösen oder zumindest ihre Lösung zu erleichtern, ein Bemühen, das seit dem Beitritt Österreichs zur EU (1995) innerhalb dieses Staatenverbandes seine noch intensivere Fortsetzung findet.

AUF DEM WEG IN DIE ZUKUNFT

Die letzten Jahrzehnte des 20. Jahrhunderts

Das Ringen um die Autonomie Südtirols im Rahmen des italienischen Staates war mit Paket und Autonomiestatut von 1972 noch nicht zu Ende. Punkt für Punkt musste das am Papier Erreichte erst in die Tat umgesetzt werden, ein schwieriges Unterfangen bei den ständig wechselnden italienischen Regierungen, bei dem Unverständnis zentraler Behörden und angesichts neuer Wünsche und Vorstellungen der Südtiroler, die noch eingebaut werden sollten. Einige lange Zeit ungelöste Fragen wie etwa die Gleichstellung der deutschen mit der italienischen Sprache vor Gericht und bei der Polizei verzögerten den „Paket"-Abschluss und damit die „Streitbeilegung" vor der UNO. Die periodisch auftretenden und sich sogar häufenden Spannungen mit Rom ließen in Südtirol Zweifel aufkommen, ob es je zu einem befriedigenden „Paket"-Abschluss kommen würde. Die Ungeduld äußerte sich nicht nur in heftigen politischen Auseinandersetzungen, sondern auch im verstärkten Ruf nach Selbstbestimmung und sogar wieder in Sprengstoffanschlägen. Anders als in den frühen sechziger Jahren hatten aber deren Urheber keinen Rückhalt in der Bevölkerung.

Dem allgemeinen Wunsch nach einem Schlussstrich unter die jahrelangen Verhandlungen trugen die führenden Politiker in Bozen und Rom schließlich Rechnung: Sie einigten sich auf einen Kompromiss bei den noch offenen Durchführungsbestimmungen zum „Paket". Diese Einigung fand zwar nicht ungeteilte Zustimmung, wurde aber auf einer außerordentlichen SVP-Landesversammlung am 30. Mai 1992 mit der deutlichen Mehrheit von 82,9 Prozent der Delegiertenstimmen abgesegnet.

Neben dem Existenzkampf der Südtiroler verblassen alle politischen Ereignisse und Entwicklungen bis weit in die achtziger Jahre hinein. Vielleicht werden spätere Historiker auch erwähnenswert finden, dass die Politiker des österreichischen Bundeslandes Tirol in Wien als Vorkämpfer des föderalistischen Gedankens auftraten und den Ländern mehr Rechte und Kompetenzen verschaffen wollten, freilich ohne viel Erfolg; oder dass von der großen Sammelbewegung der Südtiroler Volkspartei einige Randgruppen absplitterten. Auf eine Würdigung der beiden großen Männer, die diese Geschichtsepoche beherrschten, wird sicher nicht vergessen werden: Dr. Silvius Magnago, seit 1957 SVP-Obmann und Landeshauptmann von 1960 bis 1989, und Ök.-Rat Eduard Wallnöfer, seit 1949 in der Landesregierung, Landeshauptmann von 1963 bis 1987.

Die Ära Wallnöfer-Magnago war – abgesehen vom Südtiroler Autonomie-Problem – vom rasch zunehmenden Tourismus und der sprunghaften Wirtschaftsentwicklung gekennzeichnet, die in den sechziger Jahren voll einsetzte. Die Voraussetzungen dafür wurden gleich nach Überwindung der ersten Nachkriegsprobleme geschaffen. So setzte man in Tirol auf Kraftwerksbauten (Innkraftwerk Prutz-Imst, schon 1956 in Betrieb genommen, Baubeginn der Kraftwerke im Kaunertal und Gerlostal), einerseits um die Bauwirtschaft mit Aufträgen zu versorgen und so die gesamte Wirtschaft anzukurbeln, andererseits um den zu erwartenden höheren Energiebedarf zu sichern. Auch im Straßenbau wurden schon früh neue Initiativen gesetzt. Zunächst wurde ein groß angelegtes

Der Speicher Sellrain-Silz (in Betrieb genommen 1981) gehört zu den jüngeren Anlagen der Tiroler E-Wirtschaft

Asphaltierungsprogramm durchgezogen, denn 1951 waren noch 80 Prozent der Landesstraßen ohne modernen Belag. Zugleich wurden veraltete Brücken ersetzt und unzumutbare Abschnitte wichtiger Verbindungsstrecken modernisiert. Dann kamen ganz neue Straßenverbindungen an die Reihe, als erstes noch 1955 die Timmelsjochstraße vom Ötztal nach Südtirol, allerdings fingen die Italiener erst zu bauen an, als 1959 die österreichische Seite schon befahrbar war.

Wichtiger zur Bewältigung des bald sprunghaft wachsenden Durchzugsverkehrs war das „Jahrhundertwerk" der Brennerautobahn. Im April 1959 erfolgte der erste Spatenstich zur „Europabrücke" über das Silltal zwischen Patsch und Schönberg. 1963 war sie vollendet, und im Sommer 1974 konnte man erstmals ganz Tirol ohne Unterbrechung auf einer modernen Autobahn durchfahren. Eine wichtige Funktion im europäischen Verkehrsnetz erfüllt seit 1967 auch die Felbertauernstraße mit einem 5,2 Kilometer langen Scheiteltunnel, sie bedeutete aber auch eine wichtige Verbindung zwischen Ost- und Nordtirol, um die der Bezirk Lienz jahrzehntelang gekämpft hatte. Der innerösterreichische Ost-West-Verkehr musste bis 1979 auf eine Aufwertung durch die Eröffnung des Arlbergstraßentunnels warten.

Der Ausbau traditioneller Verkehrswege für immer mehr Personenautos und Lastkraftwagen, um den weiter stark zunehmenden Transitverkehr bewältigen zu können, wird längst nicht mehr von allen Politikern und Experten als der Weisheit letzter Schluss gesehen, da Abgase und Lärm ein kaum mehr erträgliches Ausmaß angenommen haben. Jahrhundertelang war der Verkehr ein Segen für das Land, jetzt drohte er zur tödlichen

Gefahr zu werden. In zahlreichen Bürgerinitiativen meldete sich die betroffene Bevölkerung zu Wort und versuchte, Einfluss auf die weitere Entwicklung zu nehmen. So wurde zum Beispiel ein Autobahnprojekt durch Ziller- und Ahrntal und weiter über Sexten in den Süden verhindert. Als einzig mögliche Alternative wurde der großzügige Ausbau der Eisenbahn mit einem Basistunnel unter dem Brenner beschlossen, der aber nur bei einer weitgehenden Verlagerung des Schwerverkehrs von der Straße auf die Schiene seine volle Wirkung erzielen wird können.

Tirol ist jedoch nicht nur ein Durchzugsland. Nicht alle Reisenden fahren auf dem schnellsten Weg weiter. Für viele ist ein Tal in Nord-, Ost- oder Südtirol das Urlaubsziel. Der zunehmende Wohlstand weiter Bevölkerungskreise, die Verlängerung der Urlaubszeit und die sprunghafte Motorisierung sorgten seit den späten fünfziger Jahren für rasch wachsende Gäste- und Nächtigungsziffern. Dazu kamen der Ausbau der Wintersaison, die Schaffung neuer Attraktionen (Bergstraßen, Seilbahnen, Hallenbäder, Tennisplätze usw.) und gezielte Werbung. 2,4 Millionen Gäste (davon rund 2 Millionen Ausländer) besuchten 1963 das Bundesland Tirol. 15,5 Millionen Nächtigungen wurden gezählt. Bis 1973 verdoppelten sich beide Zahlen. Danach wurden die Zuwachsraten kleiner, in manchen Jahren gab es sogar ein Minus. 1992 betrug die Gästezahl immerhin 8,1 Millionen, die Zahl der Nächtigungen war auf 45,7 Millionen gestiegen. In Südtirol überschritt der Fremdenverkehr erstmals um 1970 die Millionengrenze bei den Ankünften. Nächtigungen wurden damals rund 10 Millionen gezählt. Nach einem rasanten Anstieg in den siebziger Jahren musste man anschließend einen Rückgang hinnehmen. In den neunziger Jahren pendelte sich die Zahl der Übernachtungen von 3,7 Millionen Gästen auf rund 24 Millionen ein.

Eine wichtige Rolle spielen im Tourismus internationale Großveranstaltungen des Sports, weil sie die jeweiligen Austragungsorte der Wettkämpfe und den Namen des Landes über Fernsehen und Presse in alle Welt tragen. Innsbruck mit den Olympischen Winterspielen von 1964 und 1976 hat von dieser Tatsache am meisten profitiert. Gröden war 1970 Zentrum der Schiwelt, als hier die FIS-Weltmeisterschaften ausgetragen wurden. Dasselbe Großereignis rückt Anfang 2001 St. Anton am Arlberg für zwei Wochen in den Blickpunkt der Sportöffentlichkeit. Daneben gab und gibt es aber auch immer wieder Weltmeisterschaften und international ausgeschriebene Bewerbe in den verschiedensten anderen Disziplinen, wobei naturgemäß der Wintersport im Vordergrund steht.

Alle Tiroler Landesteile stellten in den letzten vier Jahrzehnten im Schilauf Weltmeister, Olympiasieger und Gewinner des Weltcups. Die erfolgreichsten Schistars waren Toni Sailer von Kitzbühel, Karl Schranz vom Arlberg, Stephan Eberharter aus dem Zillertal und Gustav Thöni von Trafoi. Im Rodeln nimmt Südtirol unter den besten Nationen eine Spitzenstellung ein. Eine Ausnahmeerscheinung im Sommersport war Klaus Dibiasi aus Bozen, der dreifache Olympiasieger im Wasserspringen (1968, 1972, 1976).

Traditionsreiche Sportarten sind in Tirol das Schießen und das Bergsteigen. Als der beste Bergsteiger seiner Generation galt der 1924 in Innsbruck geborene Hermann Buhl, der 1953 als erster den Nanga Parbat (8125 m) bezwang und 1957 nach einem Gipfelsieg im Karakorum durch einen Wächtenbruch tödlich abstürzte. Durch alpinistische Sonderleistungen machen auch heute immer wieder Tiroler Kletterkünstler und Extrembergsteiger von sich reden. Bemerkenswert, dass die beiden neben dem Komponisten

Giorgio Moroder weltweit wohl bekanntesten Südtiroler zwei Bergsteiger sind: der 1990 im Alter von 97 Jahren verstorbene Luis Trenker, dessen Ruhm allerdings mehr seinen Filmen und Büchern zu danken ist, und Alpin-Star Reinhold Messner, der als erster Mensch alle Achttausender bezwang und mit diversen anderen modernen Abenteuern zwischen Südpol und Grönland regelmäßig in den Medien vertreten ist.

Nicht nur der Tourismus, alle traditionellen Zweige der Tiroler Wirtschaft hatten an der Hochkonjunktur der sechziger Jahre gleichermaßen Anteil. In Gewerbe und Kleinindustrie blühte das Geschäft und führte zur Gründung zahlreicher neuer Betriebe. An der Spitze standen einige ältere Großbetriebe wie Swarovski in Wattens und das Planseewerk in Reutte. Andere schafften aus kleinen Anfängen jetzt den Sprung nach vorne.

Das rasante Wirtschaftswachstum der sechziger und frühen siebziger Jahre, die allgemeine Technik- und Fortschrittsgläubigkeit, aber auch die ausschließlich auf Konsum eingestellte Lebensweise weiter Bevölkerungskreise konnten auf die Dauer nicht ohne negative Auswirkungen bleiben. Erst als es fast schon zu spät war, wurde die Öffentlichkeit auf die zunehmende Umweltbelastung, auf den Ausverkauf der Landschaft und den drohenden Verlust grundlegender geistig-kultureller Werte aufmerksam. Im wirtschaftlichen Bereich waren die notwendigen Gegenmaßnahmen – soweit sie überhaupt schon getroffen sind – hart und blieben deshalb nicht ohne Widerspruch. Naturschutz, Verbauungspläne, Diskussionen um Kraftwerks- und Straßenbauten sowie um die immer unzumutbarere Belastung durch den Transitverkehr standen jedenfalls seit Ende der siebziger Jahre im Vordergrund der Politik. Dabei schuf die plötzliche Verlangsamung der wirtschaftlichen Entwicklung neue Probleme, ließ Betriebe in die Krise schlittern und verunsicherte die Bevölkerung, die um ihre Arbeitsplätze fürchtete.

Sich auf diese neue Lage einzustellen und mit den vielfältigen Problemen fertig zu werden, war die wichtigste Aufgabe, vor die sich die Regierungen beider Landesteile seit Anfang der achtziger Jahre gestellt sahen. Darum zu kümmern hatte sich eine neue Politikergeneration. 1987 trat Landeshauptmann Wallnöfer aus Gesundheitsgründen zurück, sein Nachfolger wurde Dipl.-Ing. Dr. Alois Partl, der das Amt 1993 an Dr. Wendelin

Weingartner übergab. Seit 2002 ist Dr. Herwig van Staa Landeshauptmann. In Südtirol kam es 1989 zum Wechsel: Nach Dr. Silvius Magnago leitete Dr. Luis Durnwalder die Geschicke des Landes.

Neue Zukunftsaspekte brachten die Bemühungen Österreichs, der Europäischen Union beizutreten, die zu Beginn der neunziger Jahre in die entscheidene Phase traten. In Tirol konnte man sich durch die engen Wirtschaftsbeziehungen zu Italien und Deutschland viele Vorteile erhoffen, nicht zuletzt wurde die Teilung des Landes auf dem Umweg über den Zusammenschluss der Staaten in der Praxis überwunden. Andererseits war klar, dass Österreich einen Teil seiner Souveränität aufgeben würde müssen und die heikle Frage des in der EU wohl kaum zu hemmenden, wenn nicht sogar angekurbelten Transitverkehrs noch schwieriger zu lösen sein würde. Dennoch waren bei der Volksabstimmung am 12. Juni 1994 weit mehr als 60 Prozent der Tiroler für den Beitritt, offenbar beruhigt durch das, was man ihnen über Transitvertrag – der nicht halten sollte, was man sich erhoffte – und andere Vereinbarungen gesagt hatte.

So kannte man sie: im Gespräch temperamentvoll LH Silvius Magnago, verschmitzt inmitten seiner Tiroler LH Eduard Wallnöfer.

Besonders EU-skeptisch waren die Bauern und ihre politische Vertretung, doch auch hier trug die Aussicht auf Förderungen und bessere Marktchancen für bessere Produkte zu einer wenn auch vorsichtigen Umstimmung bei.

Auch dass man in Südtirol, wo man ja eine lange Erfahrung mit der EU hatte, auf viele Vorteile verwies, spielte beim Meinungswandel eine Rolle. Als es 1995 so weit war, wurde der Tiroler Franz Fischler, vorher Landwirtschaftsminister in Wien, zum EU-Kommissär für das schwierige Landwirtschaftsressort bestellt.

Bereits in den fünfziger Jahren hatte die traditionsreiche Tiroler Landwirtschaft umdenken und sich auf neue Verhältnisse einstellen müssen. Das durch Jahrhunderte geltende Hofdenken hatte einem zeitgemäßen Marktdenken zu weichen, wenn ein Einkommen erreicht werden sollte, das mit dem anderer Berufe zu vergleichen war und den Kindern Bildungschancen und damit Existenzmöglichkeiten außerhalb der Landwirtschaft eröffnen konnte. Mit den alten Wirtschaftsformen verschwand auch vieles, was das bäuerliche Leben, die alte Gesellschaftsordnung und die Volkskultur geprägt hatte. Das neue Wirtschaften und der vermehrte Einsatz der Technik verlangten vom Bauern viel Fachwissen und eine entsprechende Ausbildung, führten dafür aber letztlich zu einer Produktionssteigerung, obwohl die Anzahl der bewirtschafteten Höfe zurückging.

Während in Nord- und Osttirol die Viehzucht den wichtigsten Erwerbszweig der Bauern darstellt, steht in Südtirol die Landwirtschaft sozusagen auf einem zweiten Bein. 7 % des Kulturlandes sind hier dem Obstbau vorbehalten, 2,5 % machen die Weingärten aus. Kein Wunder, dass man Südtirol den Obstgarten Europas nennt: Jeder dritte Apfel Italiens und jeder zehnte Apfel Europas kommt aus Südtirol. Zwei Drittel der Produktion werden exportiert, vorwiegend nach Deutschland, Österreich und in die Schweiz. Obwohl auf Südtirol nur 0,8 % der gesamtitalienischen Weinproduktion entfallen, ist es am Export mit rund 20 % beteiligt.

Der Anteil der bäuerlichen Bevölkerung Tirols sank von über 44 % im Jahr 1910 auf – soweit es das Bundesland Tirol betrifft – unter zehn Prozent. Von den deutschen und ladinischen Südtirolern verdienen ihren Lebensunterhalt noch 14 % in der Land- und Forstwirtschaft. Längst ist es zu einer gegenseitigen Durchdringung der verschiedenen Arbeits-, Lebens- und Kulturbereiche gekommen. Stadt und Dorf, Industriegebiet und Agrarland sind nicht mehr streng getrennt. Dörfer verstädtern; Tourismus und Massenmedien beeinflussen auch den abgelegensten Hof; Bergbauern müssen einer Zweitbeschäftigung als Arbeiter nachgehen; Ballungszentren wie Innsbruck und Bozen üben mit ihrem großen Angebot an Arbeitsplätzen in Handel, öffentlichem Dienst und Industrie eine starke Anziehungskraft aus, so dass das Pendlerwesen zunimmt.

Die wirtschaftliche und soziologische Struktur hat sich gewandelt, die Gesellschaft ist nicht mehr einheitlich geprägt, sondern „pluralistisch" in Lebensweise, Bildung, in religiösen und politischen Anschauungen. Gleichzeitig vollzieht sich aber eine Vermassung und Nivellierung durch Werbung, Konsumverhalten und Mode. In Südtirol gibt es außerdem das Problem des Verhältnisses zum italienischen Bevölkerungsteil, der sich innerhalb der Provinz Bozen in die Minderheit gedrängt sieht und mit nationalistischen Tendenzen reagiert. Durch den „Paket"-Abschluss hat sich die Stimmung nach dem Tief in den achtziger Jahren in letzter Zeit wieder verbessert. Die Zuwanderung aus dem Süden wurde gestoppt, anderseits verlangsamte sich das natürliche Wachstum der Südtiroler Bevölkerung. Die deutsche Volksgruppe hatte von 1961 bis 1971 um 11,87 % zugenommen, im folgenden Jahrzehnt nur mehr um 7,39 %, die ladinische wuchs von 1961 bis 1971 um 22,72 % und nahm bis 1981 nochmals um 14,82 % zu, was allerdings auf ein vermehrtes Bekenntnis zum Ladinertum zurückzuführen sein dürfte. Die Italiener verzeichneten zwischen 1961 und 1971 noch ein Wachstum von 7,39 %. Bis 1981 verringerte sich ihre Zahl um 10,20 %. Nach der Volkszählung 2001 hatte die Provinz Bozen 460.000 Einwohner, davon bekannten sich 69,4 % zur deutschen, 26,3 % zur italienischen und 4,3 % zur ladinischen Volksgruppe. Von den Italienern Südtirols wohnen ca. 85 % in Bozen, Meran, Brixen und in der Bozner Vorortgemeinde Leifers.

Eine historisch bemerkenswerte Entwicklung vollzog sich seit dem Ende der Monarchie und vor allem seit dem Zweiten Weltkrieg in der ladinischen Volksgruppe. Der Kampf ums Überleben und Initiativen im geistig-sprachlich-kulturellen Bereich sorgten für eine innere Stärkung und Festigung des Selbstbewusstseins. Die ladinische Sprache erlebte einen ungeahnten Aufschwung, wozu schulische Initiativen, periodische Druckschriften und viele Veröffentlichungen beitragen. Bedauerlich ist, dass nur die Ladiner in den Provinzen Bozen und Trient das volle Minderheitenrecht und eine offizielle Förderung genießen, nicht aber die Buchensteiner und Ampezzaner in der Provinz Belluno.

Betrachten wir zum Schluss noch die Bevölkerungsentwicklung im Bundesland Tirol, so zeigt die Statistik in Nord- und Osttirol den stärksten Zuwachs im Jahrzehnt zwischen 1961 und 1971, nämlich 17,6 Prozent, von 1971 auf 1981 stieg die Bevölkerungszahl um 7,7 Prozent, und der Zuwachs im folgenden Jahrzehnt war etwa gleich groß. 2004 lebten im Bundesland Tirol 673.543 Menschen.

GEISTESLEBEN UND KULTUR IM WANDEL

Ein kurzer Streifzug von der Theologie bis zur Kunst

Nicht nur in Politik, Wirtschaft und Gesellschaft war nach 1945 und vor allem seit den sechziger Jahren ein Aufbruch in neue Zeiten zu spüren. Auch im geistig-kulturellen Leben gab es stürmische Entwicklungen, nicht zuletzt im kirchlichen Bereich. Die Zerreißung Tirols hatte zum Verlust uralter Beziehungen geführt. Das 1922 geschaffene Provisorium einer „Apostolischen Administratur Innsbruck-Feldkirch", das ohne offizielle Verkleinerung der früher über den Brenner bis Vorarlberg reichenden Diözese Brixen der neuen politischen Situation, aber auch dringenden seelsorglichen Bedürfnissen Rechnung tragen sollte, wurde 1964 durch Errichtung der Diözese Innsbruck beseitigt. Die Diözese Brixen erhielt gleichzeitig die deutschsprachigen Dekanate der Diözese Trient zugesprochen und hieß nun Bozen-Brixen. Im Zuge dieser Regelung wurden die ladinischen Gebiete Buchenstein und Ampezzo an die Diözese Belluno abgetreten.

Zu einer Angleichung der Diözesan- und Landesgrenzen im Nordtiroler Unterland, das kirchlich zu Salzburg gehört, kam es 1964 nicht, auch nicht 1968, als Vorarlberg als eigene Diözese vom Innsbrucker Bistum abgetrennt wurde. Erzbischof von Salzburg war viele Jahre (1943 bis 1969) der in Lienz geborene DDr. Andreas Rohracher. Ihm folgte Dr. Eduard Macheiner, 1973 wurde Dr. Karl Berg Oberhirte der zu Salzburg gehörigen Tiroler Katholiken, 1989 Georg Eder und 2002 Dr. Alois Kothgasser. In Innsbruck residierte seit 1939 – zuerst als Apostolischer Administrator, dann als Diözesanbischof – DDr. Paulus Rusch. Sein Nachfolger war 1980 Dr. Reinhold Stecher, der 1997 aus Altersgründen zurücktrat, worauf der Papst den gebürtigen Steirer Dr. Alois Kothgasser zum Diözesanbischof ernannte. Wenige Jahre später nahm Kothgasser die Wahl zum Erzbischof von Salzburg an, in Inns-

Bischof DDr. Paulus Rusch.

bruck folgte ihm der Oberösterreicher Dr. Manfred Scheuer. An der Spitze der Diözese Brixen bzw. Bozen-Brixen stand von 1952 bis 1986 Bischof Dr. Joseph Gargitter, der Südtirol in der zweiten Jahrhunderthälfte wesentlich mitprägte. Dann bekamen die Südtiroler mit dem Kapuziner Dr. Wilhelm Egger einen neuen Oberhirten.

Die Kirche Tirols hat in der zweiten Hälfte des Jahrhunderts einige bedeutende Persönlichkeiten hervorgebracht. Man denke an die berühmten Professoren der Innsbrucker theologischen Fakultät, etwa den in Sand in Taufers geborenen Liturgiereformer Andreas Jungmann, den Dogmatiker Karl Rahner, den Kirchenhistoriker Hugo Rahner, den Moraltheologen Hans Rotter, sie alle aus dem Kreis der Innsbrucker Jesuiten und beim Zweiten Vatikanischen Konzil maßgebliche Berater; oder an Ignaz Zangerle, der – von Ludwig Ficker und dem Brennerkreis inspiriert – zu einem weitblickenden Publizisten und Pionier der Erwachsenenbildung wurde. Zahlreiche Missionsbischöfe kommen aus Tirol, allein die Tiroler Franziskaner stellten bisher 14. Der berühmteste Tiroler Mis-

*Die Tiroler Ordensgrün-
derin Dr. Anna Dengel.*

sionar, der 2003 heiliggesprochene Ladiner P. Josef Freina-
demetz, wirkte noch im 19. Jahrhundert. Die Ärztin Anna
Dengel aus Steeg im Lechtal gründete 1925 die Kongre-
gation der Missionsärztlichen Schwestern, die heute über
50 Krankenhäuser in der Dritten Welt betreut.

Mitte der sechziger Jahre setzte die vom II. Vatikanischen
Konzil geforderte innerkirchliche Erneuerung ein. Bei aller
Anerkennung der Tradition und der Beibehaltung überlie-
ferter Bräuche gewannen neue Formen der kirchlichen Gemeinschaft, der Frömmigkeit und Liturgie Bedeutung und
Anziehungskraft. Dass in Tirol der Glaube und das Kirchen-
bewusstsein trotz des auch hier zu beobachtenden religiösen Substanzverlustes und zahlreicher Kirchenaustritte
lebendiger sind als anderswo, zeigen Statistiken des Kir-
chenbesuchs und der Anerkennung von Grundwahrheiten des katholischen Glaubens.
Eine Hauptaufgabe der Seelsorger ist es heute, Traditionschristen zu überzeugten Gläu-
bigen und aktiven Mitarbeitern in den Pfarren zu machen. Dies ist umso wichtiger, als es
aus Nachwuchsmangel in immer mehr kleinen Gemeinden keinen Pfarrer mehr gibt.

Das geistig-kulturelle Leben erhielt in den sechziger und siebziger Jahren einen besonderen Akzent durch die sprunghafte Zunahme der Studentenzahlen und den Ausbau der
Tiroler Landesuniversität in Innsbruck in räumlicher Hinsicht – zuletzt wurde 1999 auf
dem Gelände der ehemaligen Klosterkaserne das moderne Gebäude der SOWI (Sozial-
und wirtschaftswissenschaftliche Fakultät) eröffnet – und durch die Einrichtung zahlreicher neuer Lehrstühle und Studienfächer. Schon 1969 war mit der Gründung einer
Fakultät für Bauingenieurwesen und Architektur ein alter Wunsch der Tiroler verwirklicht worden. Insgesamt waren im Jahr 2003 etwa 23.000 Studentinnen und Studenten
(davon 6400 Ausländer) inskribiert, die von 3000 Professoren und anderen akademischen Lehrern unterrichtet und zur Forschung angeleitet wurden.

In Südtirol ist nach jahrelangen Diskussionen 1997 die freie Universität Bozen als staatlich anerkannte Hochschule gegründet worden. Ihr Standort ist das Areal des ehemaligen Krankenhauses, ein Fakultätsteil ist in Brixen
etabliert. Bozen bot zuerst Studienlehrgänge in Wirtschaft und Sozialarbeit sowie in Zusammenarbeit mit
der Turiner Hochschule einen Lehrgang für Industrie-
Ingenieure. Mit der Studienrichtung Informatik begann
die nächste Ausbaustufe. Als Ziel werden 3000 Studenten in Bozen und 1000 in Brixen angepeilt.

In einigen Fachbereichen konnte die Innsbrucker Universität zusammen mit der ihr angeschlossenen Klinik
Weltruf erlangen, etwa in der Transplantationsmedizin
oder auf dem Gebiet der Quantenphysik. Die bedeutendsten Industriebetriebe Tirols bieten den Forschern
seit den fünfziger Jahren zusätzliche Aufgaben. So wurden im Planseewerk auf dem Gebiet der Pulvermetal-

*Ihr Forschungsergebnis war
das Penicillin in Tablettenform:
Dr. Ernst Brandl und
Dr. Hans Margreiter im Labor
der Biochemie Kundl.*

lurgie Aufsehen erregende Erfolge erzielt, die zu Aufträgen der amerikanischen Weltraumbehörde führten. Und in der Biochemie Kundl entwickelten die zwei Tiroler Wissenschafter Dr. Ernst Brandl und Dr. Hans Margreiter das Penicillin in Tablettenform, das die Medizin revolutionieren sollte.

Wesentliche Impulse erhielt der universitäre Bereich wie das Tiroler Geistesleben insgesamt von den Diskussionen der „Internationalen Hochschulwochen des Europäischen Forums Alpbach", das noch 1945 vom Wiener Studenten Otto Molden und dem Tiroler Dozenten Simon Moser gegründet wurde und seit 1946 alljährlich vom „Österreichischen College" durchgeführt wird. Während inhaltsreicher Sommerwochen treffen sich führende Persönlichkeiten aus Politik, Wirtschaft und Kultur aus aller Welt zu Vorträgen, Seminaren und Diskussionen zu zukunftsweisenden Themen unserer Zeit.

Die Einbindung in unsere Zeit suchen auch so traditionsbewusste Einrichtungen wie die Schützen, in deren Kreisen man sich zunehmend für den Umweltschutz engagiert, und dank einiger mutiger Kapellmeister die Blasmusikkapellen, von denen sich einige der zeitgenössischen Musik gegenüber durchaus aufgeschlossen zeigen.

Die in einem aufeinander abgestimmten Rhythmus alle paar Jahre aufgeführten Passionsspiele von Erl und Thiersee haben durch zeitgemäße Neufassungen, moderne Regiearbeit und neue Bühnenmusik einen besonderen Rang innerhalb des ohnehin von hohem Niveau geprägten Tiroler Volksschauspiels. Erl hat 1959 ein neues Spielhaus in auffallender Architektur erhalten, das auch für andere Veranstaltungen genützt wird, seit 1998 vor allem für die vom Wahltiroler Gustav Kuhn gegründeten und geleiteten Tiroler Festspiele mit Konzerten und ambitionierten Opernaufführungen. In Thiersee spielt man weiterhin in dem 1927 direkt am See erbauten Haus, das allerdings den Erfordernissen der heutigen Zeit angepasst wurde. Einen Passionsspielort gibt es in Südtirol nicht, wohl aber viele Volksbühnen mit Aufführungen, die das übliche Laienspiel weit hinter sich gelassen haben. Unter den sommerlichen Freilichtbühnen kam dem Ritten eine Vorreiterrolle zu, wo der spätere Kulturassessor Dr. Bruno Hosp 1972 zusammen mit seiner Frau Inga Sommerspiele im Kommendehof ins Leben rief.

Dass Theaterspielen den Tirolern im Blut liegt, beweisen nicht nur die vielen Volksbühnen in Nord-, Ost- und Südtirol, sondern auch zahlreiche Tiroler Schauspieler, die auf den besten deutschsprachigen Bühnen Erfolge feiern und durch Film und Fernsehen einem weiten Zuschauerkreis bekannt geworden sind. Beispielhaft seien die bereits verstorbenen Innsbrucker Walther Reyer und Hans Brenner genannt sowie Julia Gschnitzer, Krista Posch, Kurt Weinzierl und der auch als wagemutiger Talkmaster und engagierter Kämpfer für soziale Anliegen und Entwicklungshilfe fast schon legendäre Dietmar Schönherr. Zuletzt kam Tobias Moretti groß heraus.

Einige Tiroler Schauspieler waren es, die 1981 die Tiroler Volksschauspiele gründeten. Seit damals gehen alljährlich, zuerst in Hall, dann in Telfs, mustergültige Aufführungen von „Klassikern" der Tiroler Theatergeschichte, aber auch als Volksstücke zu interpretierende Werke anderer Länder und vor allem Uraufführungen von Autoren vorwiegend aus Tirol und Bayern in Szene.

Hier feierte auch ein junger Autor, der mit dem Erstling „Kein Platz für Idioten" bekannt geworden war, seine nächsten großen Erfolge – Felix Mitterer. Sein Theaterinstinkt, auch seine Figuren kommen aus der Tiroler Tradition, sprechen aber die Sprache unserer Zeit und bringen Themen auf die Bühne, die unter die Haut gehen. Vielfach stehen Außenseiter der Gesellschaft im Mittelpunkt, Behinderte, Alte, Fremde, irgendwie „Stigmatisierte". Seine Stück „Stigma" griff denn auch ein außergewöhnliches Frauenschicksal aus dem 19. Jahrhundert auf und kann als moderne Passion bezeichnet werden. Es wurde bei der Uraufführung 1984 in Telfs heiß diskutiert und war Anlass für Demonstrationen, Anzeigen, ja sogar anonyme Drohungen.

Inzwischen werden Felix Mitterers Dramen sowohl von den vielen Bühnen seiner Heimat wie von den großen Theatern des ganzen deutschen Sprachraums gespielt. Auch Übersetzungen gibt es von mehreren seiner Stücke. Als Autor von TV-Filmen erreicht Felix Mitterer ein Millionenpublikum. Berühmt wurde seine „Piefke-Saga", die humorvoll-kritisch die Auswüchse des Massentourismus und die Haltung der Tiroler dem nur als Melkkuh willkommenen Gast gegenüber aufs Korn nimmt.

Auch in anderen Sparten sind in Tirol starke schöpferische Kräfte lebendig, die dem kulturellen Erbe neue Werte hinzufügen und für dessen Weiterentwicklung sorgen.

Uraufführung von Felix Mitterers „Stigma" bei den Tiroler Volksschauspielen in Telfs (1982).

Begonnen hat es bald nach dem Krieg mit der Österreichischen Jugendkulturwoche in Innsbruck. Von 1950 an trafen sich hier alljährlich die wichtigsten jungen Autoren, Musiker und Künstler, um ihre Werke Kollegen, Gleichgesinnten und dem Publikum vorzustellen. Von der schreibenden Zunft war von Friedrike Mayröcker bis Elfriede Jelinek alles da, was später einmal die „österreichische Literatur" ausmachen sollte. In den schwierigen späten sechziger Jahren ging diese Institution zu Ende.

Wahrgenommen wurden das Dargebotene und die Auseinandersetzungen in Tirol nur wenig. Besonders in der Dichtung hierzulande bewegten die zugereisten Dichter nichts. Hier war man stark dem Traditionellen verhaftet, vielfach von Autoren geschrieben, die schon in der Zwischenkriegszeit bekannt geworden waren – wie Josef Leitgeb, Fanny Wibmer-Pedit oder in Südtirol Hubert Mumelter. Außerhalb Tirols konnte Franz Tumler, Sohn eines Südtiroler Vaters und noch in Südtirol geboren, aber zu dieser Zeit in Oberösterreich ansässig, wieder an seine Vorkriegserfolge anschließen und wurde in Tirol gerade von vielen Jungen als ein Hoffnung weckender Landsmann gelesen.

Zur letzten Jugendkulturwoche im Jahr 1969 war auch ein junger Südtiroler namens Kaser eingeladen worden, der wenig später in der Brixner Cusanus-Akademie eine

Brandrede gegen die verknöcherte Tiroler Literaturlandschaft hielt und gemeinsam mit einigen anderen jungen Talenten neue Wege beschritt. Der 1947 geborene Brunecker Norbert C. Kaser sollte mit seinen Gedichten und kurzen Prosatexten zu Lebzeiten die gebührende Aufmerksamkeit nicht finden, obwohl er einige namhafte Förderer hatte, etwa den Zeichner Paul Flora. Erst nach seinem frühen Tod (1978) erschien ein erster, dann ein zweiter Auswahlband aus seinem reichen Werk, ab 1988 eine Gesamtausgabe in drei Bänden in dem kurz vorher gegründeten Innsbrucker Haymon Verlag. Jetzt fand er lebhafte Zustimmung und höchstes Lob im ganzen deutschen Sprachraum.

Als wäre mit Kaser, Mitterer und ein paar anderen – etwa Gerhard Kofler, Joseph Zoderer, Hans Haid, der seine zeitkritischen Gedichte in Ötztaler Mundart schreibt – der Bann gebrochen, wurde die Tiroler Literaturszene Ende der achtziger Jahre lebendig und interessant und brachte ein paar Jahre später mit Norbert Gstrein, Alois Hotschnig, Anita Pichler, Walter Klier und – wieder ein paar Jahre später – mit Raoul Schrott, Kurt Lanthaler, Sepp Mall, Georg Paulmichl, Sabine Gruber, Helene Flöss und anderen eine ganze Reihe von Autorinnen und Autoren hervor, denen überregional der Durchbruch gelang oder die mit Aussicht auf Erfolg um ihre Anerkennung kämpfen.

Einige der Tiroler Autoren, nicht nur Felix Mitterer, sind auch mit Drehbüchern hervorgetreten. Am Sektor Film hat Tirol mit Christian Berger einen Kameramann, Regisseur und Produzenten von großem Format, wie mehrere Preise und Auszeichnungen

*In Erinnerung an Norbert C. Kaser schuf Paul Flora 1988 die Zeichnung „Ein Rabe im Winter",
in die er ein Gedicht integrierte, das der Südtiroler seinem Förderer gewidmet hatte.*

Innsbruck als Pflege-stätte der „Alten Musik" im Blickpunkt der Musikwelt: Auch Opern des Hofkom-ponisten Pietro Anto-nio Cesti werden bei den Festwochen der alten Musik nach 350 Jahren wieder aufgeführt.

beweisen. Auch bekannte Komponisten gibt es in Tirol, was in Anbetracht der Schwie-rigkeiten dieses künstlerischen Feldes eigens betont werden muss. An Stelle vieler Na-men seien zwei genannt. Der eine zählt zu den weltweit bekanntesten Südtirolern: Giorgio Moroder aus dem Grödental mit seinen erfolgreichen Hits und Filmmusiken. Den anderen kennen viele zwar nicht dem Namen nach, hören aber einige seiner Musik-stücke täglich. Gemeint ist der 2001 verstorbene Werner Pirchner, der u. a das „Musik-design" des ORF schuf, also die Kennmelodien der regelmäßigen Sendungen.

Für Musikfreunde gibt es in Tirol viel beachtete Großveranstaltungen, die international bekannteste sind die Festwochen der alten Musik in Innsbruck, die aus den Ambraser Schlosskonzerten hervorgingen und an die Tradition barocken Musizierens am Inns-brucker Fürstenhof anknüpfen. Begonnen hat man in Innsbruck mit diesem Schwerpunkt, als die Musik jener Epoche noch nicht die Popularitätswerte erreichte wie heute.

Unerschöpflich wäre das Thema bildende Kunst. Nach 1945 fanden die Künstler in Nordtirol rascher den Anschluss an die moderne Kunstentwicklung als im Süden des Landes, was nicht zuletzt der Tätigkeit des Französischen Kulturinstituts zu danken war, das die ein Jahrzehnt lang von internationalen Strömungen abgekapselten Tiroler mit neuen künstlerischen Tendenzen konfrontierte. Auch die bereits genannte Österrei-chische Jugendkulturwoche hatte auf die einheimischen Maler und Bildhauer sicher größeren Einfluss als auf ihre schreibenden Kollegen.

Was einige Tiroler Maler nun schufen, stieß allerdings zunächst weitgehend auf Unver-ständnis und Ablehnung, wurde wegen der Auflösung der Formen, der zunehmenden Abstraktion und der vom natürlichen Vorbild abweichenden Farbgebung als schockie-rend empfunden. Das beste Beispiel dafür sind die heute kaum mehr verständlichen Skandale rund um Max Weilers Fresken in der Theresienkirche auf der Hungerburg (1946/47) und in der neuen Innsbrucker Bahnhofshalle (1954). Max Weiler lehrte spä-ter an der Wiener Akademie und fand weltweit Anerkennung. International bekannt und angesehen sind auch andere Tiroler Künstler, man denke nur an den Zeichner Paul Flora oder an den 1986 verstorbenen Maler Karl Plattner. Über die meisten der heute tätigen Künstler kann wohl erst die Nachwelt ein objektives Urteil fällen. Fest steht, dass der schöpferische Nachwuchs in Tirol die neuesten Tendenzen der Kunst aufgreift bzw. selbst Impulse gibt und dass es wohl noch nie eine Zeit so großer Vielfalt und Ausdrucksformen gegeben hat.

Sehr umstritten ist trotz einiger großer Begabungen und international beachteter Leistungen die moderne Architektur, vor allem da es ihr nicht gelungen ist, beim raschen Anwachsen der Städte die Forderung nach Schönheit und Lebensqualität in Baukunst umzusetzen. Aber auch das Problem des modernen und trotzdem landschaftsverbundenen Bauens konnte nur in Einzelfällen gelöst werden. Die „Verhüttelung" der schönsten Gebiete unseres Landes kann man jedoch nicht nur den Architekten anlasten, sie ist vor allem eine Folge des Bevölkerungsanstiegs, des zunehmenden Tourismus und der sprunghaften Wirtschaftsentwicklung.

Es gibt aber zahlreiche Beispiele für ansprechende bis herausragende moderne Architektur in Tirol, baukünstlerische Arbeiten von höchster Qualität, geschaffen zum Teil von einheimischen, zum Teil von international anerkannten Architekten. In New York berühmt geworden ist der aus Lienz stammende Tiroler Raimund Abraham. Mit dem von ihm geplanten Österreichischen Kulturinstitut in der amerikanischen Metropole heimste er höchste Bewunderung der Fachwelt und der Gäste in diesem Zentrum internationaler Begegnung ein. Damit knüpft er an die Tradition der vielen Tiroler Baumeister und Architekten, die in der Ferne ihr Bestes schufen.

Raimund Abraham aus Lienz lebt und arbeitet in New York (hier vor einem Modellfoto des dortigen, von ihm geplanten Österreichischen Kulturinstitus).

Links: Eine einheimische Lebensmittelkette setzte bei ihren Filialen im ganzen Land auf hohe architektonische Qualität.

Zeittafel zur Geschichte Tirols

Um 3000 v. Chr. Tod eines Mannes am Weg über den Alpenhauptkamm (1991 als Gletschermumie gefunden und als „Ötzi" berühmt geworden)

Um 1000 v. Chr. Brenner wird verbindende Klammer zwischen den Tälern nördlich und südlich des Alpenhauptkammes

15 v. Chr. Drusus und Tiberius erobern das zentrale Alpengebiet und das Alpenvorland – Errichtung der römischen Provinz Rätien

41–54 n. Chr. Unter Kaiser Claudius wird das keltische Königreich Noricum römische Provinz

476 Ende des Weströmischen Reiches

550–650 Vordringen der Bayern ins Inntal und über den Brenner nach Süden

Um 600 Ingenuin wirkt als erster sicher bezeugter Bischof von Säben

Um 610 Schlacht zwischen Baiuwaren und Slawen bei Aguntum, Ende der Römerstadt

769 Bayernherzog Tassilo III. gründet das Kloster Innichen

788 Eingliederung des Stammesherzogtums Tassilos III. in das Frankenreich

962 Otto I. in Rom zum Kaiser gekrönt

1004/1027/1091 Belehnung der Bischöfe von Trient und Brixen mit den Grafschaften „im Gebirge" vom Inntal bis zur Berner (Veroneser) Klause

12. Jh. Aufstieg der Grafen von Tirol und der Grafen von Andechs

1248 Grafen von Andechs sterben aus – Erste Vereinigung der Grafschaften um den Brenner durch Graf Albert von Tirol

1253 Grafen von Tirol sterben aus – Erbe ist Graf Meinhard III. von Görz (Meinhard I. von Tirol-Görz)

1258–1295 Graf Meinhard II. von Tirol-Görz festigt Einheit Tirols nach innen und außen

1271 Besitzteilung zwischen den seit 1258 gemeinsam regierenden Brüdern Meinhard und Albert, der die görzischen Lande mit Lienz und dem Pustertal erhält

1282 Belehnung der Söhne König Rudolfs I. von Habsburg mit Österreich und der Steiermark

1286 Belehnung Meinhards II. mit dem Herzogtum Kärnten

1330 Margarethe Maultasch heiratet Johann Heinrich von Luxemburg

1335 Meinhardiner sterben in männlicher Linie aus – Tirol fällt an die Luxemburger, Kärnten an die Habsburger

1342 Vertreibung Johann Heinrichs von Luxemburg – Wittelsbacher kommen durch Ehe Ludwigs von Brandenburg mit Margarethe Maultasch in den Besitz Tirols

1361 Ludwig von Brandenburg stirbt

1363 Tod Meinhards III. (Sohn Ludwigs und Margarethes) – Margarethe Maultasch übergibt Tirol im Einverständnis mit den Vertretern der Bevölkerung an Herzog Rudolf IV. von Habsburg

1363–1368 Abwehr bayerischer Angriffe

1373 Talschaft Primiero kommt zu Tirol

1379 Erste Länderteilung der Habsburger – Tirol an Leopold III.

1386 Leopold III. fällt in der Schlacht bei Sempach

1406 Einfall der Appenzeller ins Oberinntal

1406 Neuerliche Teilung der habsburgischen Länder – Tirol wird zusammen mit den Vorlanden ein selbständiges habsburgisches Landesfürstentum

1406-1439 Herzog Friedrich IV. „mit der leeren Tasche" – Ausbildung der landständischen Verfassung

1411 Adelsempörung und Bayerneinfall

1414 Valsugana kommt zu Tirol

1414–1418 Konzil von Konstanz

1415/16 Ächtung Friedrichs IV., Länderverlust, Haft und Flucht – Bürger und Bauern helfen ihm im Kampf gegen den Adel und seinen Bruder Herzog Ernst

1420 Friedrich IV. macht Innsbruck zur Residenzstadt

1439–1446 Vormundschaft des steirischen Habsburgers Friedrichs V. (als Kaiser Friedrich III.) über Sigmund von Tirol und Streit mit den Tiroler Landständen um deren Dauer

1446–1490 Herzog (ab 1477 Erzherzog) Sigmund „der Münzreiche" (gest. 1496)

1453–1464 Streit mit dem Brixner Bischof, Kardinal Nikolaus Cusanus, um die Landeshoheit

1477 Verlegung der Münzstätte von Meran nach Hall

1478 Wehrordnung wegen Türkengefahr

1482–1486 Große Münzreform

1487 Krieg gegen Venedig

1487 „Entmachtung" Sigmunds durch die Landstände

1490–1519 Maximilian I. (Landesfürst, ab 1494 König, ab 1508 Kaiser)

1499 Schweizerkrieg und Niederlage der Tiroler bei Glurns

1500 Görzer Grafen sterben aus – Pustertal mit Herrschaft Lienz kommt zu Tirol

1504 Maximilian gewinnt die Gerichte Rattenberg, Kufstein und Kitzbühel für Tirol

1508–1516 Krieg Maximilians gegen Venedig

1511 Neue Wehrordnung („Landlibell")

1518 Maximilian gewinnt Ampezzo für Tirol

1518 Generallandtag der österreichischen Länder in Innsbruck

1519 Königswahl von Maximilians Enkel Karl V.

1521 Länderteilung zwischen den Brüdern Karl V. und Ferdinand I.

1522 Tirol und die Vorlande kommen zu den österreichischen Ländern Erzherzog Ferdinands I. (Vertrag von Brüssel)

1525 Bauernaufstand, Bauernlandtage – Kompromiss zwischen Landesfürst und Bauern (Landesordnung von 1526)

1526 Michael Gaismairs revolutionäre „Landesordnung" und sein Zug durch Tirol

1532 Ermordung Gaismairs in Padua – Neue Landesordnung

1545–1563 Konzil zu Trient

1546 Abwehr eines Angriffs des Schmalkaldischen Bundes auf Tirol (Kämpfe um Ehrenberger Klause)

1552 Kurfürst Moritz von Sachsen dringt mit seinem Heer in Tirol ein

1564 Neuerliche Länderteilung der Habsburger – Tirol und die Vorlande wieder selbständig

1564–1595 Erzherzog Ferdinand II. (seit 1567 Residenz in Innsbruck)

1602–1618 Erzherzog Maximilian III., „der Deutschmeister"

1618–1648 Dreißigjähriger Krieg

1619–1632 Erzherzog Leopold V.

1632 Abwehr eines Angriffs auf die Ehrenberger Klause

1632–1646 Regentschaft Claudias von Medici

1646–1662 Erzherzog Ferdinand Karl

1652 Verkauf der Tiroler Rechte im Unterengadin an Graubünden

1662–1665 Erzherzog Sigmund Franz

1665 Nach dem Aussterben der Tiroler Habsburger übernimmt Kaiser Leopold I. die Regierung Tirols

1669 Gründung der Innsbrucker Universität

1703 Vertreibung der in Tirol eingedrungenen Bayern

1720 Pragmatische Sanktion verkündet Unteilbarkeit der österreichischen Länder

1740–1790 Regierungszeit Maria Theresias und Josephs II. – Zahlreiche Reformen gegen den Willen der Bevölkerung

1752 Kompetenzen und Zuständigkeitsbereich der Innsbrucker Behörden eingeengt – Vorderösterreich (einschließlich Vorarlberg) wird nicht mehr von Innsbruck aus regiert und verwaltet

1782 Vorarlberg wieder mit Tirol verbunden

1796/97 Krieg Österreichs mit dem revolutionären Frankreich berührt Tirol (Kampf bei Spinges)

1803 Stiftsländer von Trient und Brixen werden mit dem Land Tirol vereinigt (Ende der geistlichen Fürstentümer)

1804/1806 Kaiser Franz nimmt den Titel eines Kaisers von Österreich an und legt die römisch-deutsche Kaiserkrone nieder

1805 Österreich muss Tirol und Vorarlberg an Bayern abtreten (Friede zu Preßburg)

1808 Neue bayerische Verfassung beseitigt Ständevertretung und Landesrechte

1809 Aufstand der Tiroler gegen die bayerische Herrschaft – Mehrmalige Befreiung und Wiederbesetzung des Landes – Bauernregiment unter Andreas Hofer in der Innsbrucker Hofburg – Zusammenbruch der Erhebung im November

1810 Andreas Hofer wird in Mantua erschossen (20. Februar) – Napoleon teilt Tirol zwischen Bayern, dem Königreich Italien und „Illyrischen Provinzen" Frankreichs auf

1813/14 Ende der Napoleonischen Herrschaft – Wiedervereinigung Tirols mit Österreich

1814/15 Wiener Kongress – Österreich verzichtet auf Vorderösterreich

1816 Salzburgische Gerichte im Ziller- und Brixental und im heutigen Osttirol werden mit Tirol vereinigt, ebenso die Herrschaft Vils – Neue Landesverfassung für Tirol

1848/49 Revolution in Wien, Kaiser Ferdinand I. flüchtet nach Innsbruck – Tiroler Landtag in neuer Zusammensetzung beschließt demokratischere Landesverfassung und Grundentlastung – Erhebung in der Lombardei, Einmarsch des Königs von Sardinien in die österreichische Provinz, Tiroler Schützen verteidigen die Südgrenze Tirols

1849 Siege der österreichischen Armee über die italienischen Truppen – Aufhebung aller liberalen und demokratischen Neuerungen

1859 Krieg Österreichs gegen Frankreich und Piemont-Sardinien (Niederlagen bei Magenta und Solferino, Landesschützen verteidigen Tiroler Grenzen) – Verlust der Lombardei

1861 Neue Tiroler Landesordnung im Rahmen der neuen Verfassung Österreichs – Einführung des Kurien- und Zensuswahlsystems

1866 Krieg Österreichs gegen Preußen und Italien (wieder Kämpfe an der Tiroler Grenze unter Beteiligung von Schützenkompanien) – Verlust Venetiens

1867 Eröffnung der Brennerbahn

1867 Teilung der Monarchie in zwei Reichshälften („Österreich-Ungarn") – Formulierung der bürgerlichen Grundrechte und des Nationalitätenrechts in der „Dezemberverfassung"

1871 Eröffnung der Pustertalbahn

1873 Einführung von direkten Wahlen in das Abgeordnetenhaus des Reichsrates

1884 Arlbergtunnel vollendet die Eisenbahnachse Ost-West

1900–1902 Aussichtsreiche, doch ergebnislose Verhandlungen über Trentiner Autonomiefrage

1904 Gründung des Tiroler Bauernbundes

1907 Allgemeines Wahlrecht (ohne Frauen) für Reichsrat

1914 Wahlreform für Tiroler Landtag – Ausbruch des Ersten Weltkrieges

1915 Londoner Vertrag zwischen Italien und Entente (26. April) – Italien erklärt Österreich den Krieg (23. Mai) – Ausrücken der Standschützen

1918 Kaiserliches Manifest verkündet Umwandlung der Monarchie in Bundesstaat (16. Okt.) – Waffenstillstand an der Südfront (3. Nov.) – Italiener besetzen kampflos Südtirol – Staatsrat und Nationalversammlung erklären Deutsch-Österreich zur Republik und zu einem Bestandteil Deutschlands (11. und 12. Nov.)

1919 Friedenskonferenz in Paris behandelt Tiroler Frage – Tiroler Landesversammlung bietet Selbständigkeitserklärung an, wenn dadurch die Landeseinheit gerettet werden könnte (3. Mai) – Unterzeichnung des Staatsvertrages von Saint-Germain (10. Sept.)

1920 Verhandlungen um österreichische Bundesverfassung (beschlossen am 1. Oktober) – Italien annektiert Südtirol (10. Oktober)

1921 Volksabstimmung in Tirol erbringt „Ja" für Anschluss an Deutschland (24. April) – Beginn des faschistischen Terrors in Südtirol

1922 Faschistischer „Marsch auf Bozen" (2. Oktober) – Machtergreifung des Faschismus in Italien (28. Oktober) – Beginn systematischer Italianisierungsmaßnahmen in Südtirol

1933 Nationalsozialistische Wahlerfolge in Tirol – Übergang zum autoritären Regierungssystem des „Ständestaates" auf Bundes- und Landesebene – NS-Terror, Verbot der NSDAP und „Tausend-Mark-Sperre"

1934 Bürgerkrieg im Februar (Kämpfe in Wörgl) – Verfassung des Ständestaates (1. Mai) – Nationalsozialistischer Putschversuch mit Ermordung von Bundeskanzler Engelbert Dollfuß (25. Juli) – Beginn des Ausbaus einer Industriezone in Bozen und Förderung der Zuwanderung aus dem Süden Italiens

1938 Einmarsch Hitlers in Österreich („Anschluss", 12./13. März) – Gau Tirol-Vorarlberg – Osttirol zu Kärnten geschlagen

1939 Abkommen zwischen Italien und Deutschland zur Umsiedlung der Südtiroler („Option") – Beginn des Zweiten Weltkrieges

1943 Sturz Mussolinis und seine Wiedereinsetzung durch die Deutschen als Chef einer norditalienischen Republik von Salò – Deutsche Truppen besetzen die Provinzen Bozen, Trient und Belluno („Operationszone Alpenvorland")

1945 Einmarsch der Alliierten in Bozen und in Innsbruck – Südtiroler Volkspartei gegründet (12. Mai) – Die österreichischen Länder bestätigen die am 27. April gebildete provisorische Regierung Österreichs (Konferenz in Wien vom 24. bis 26 September)

1945/46 Petitionen, Denkschriften, Kundgebungen usw. für die Vereinigung Südtirols mit Österreich bzw. für die Zuerkennung des Selbstbestimmungsrechtes

1946 Pariser Friedenskonferenz verweigert Selbstbestimmungsrecht und erkennt Italien die Nordgrenze von 1938 zu – Gruber-De Gasperi-Abkommen über Autonomie für Südtirol (5. September)

1947 Osttirol wieder mit Tirol vereinigt

1948 Italienische Verfassung (1. Jänner) und Autonomiestatut für Region „Trentino-Tiroler Etschland" (14. März)

1955 Österreichischer Staatsvertrag beendet Besatzungszeit (15. Mai)

1956 Beginn von Verhandlungen zwischen Österreich und Italien über Erfüllung des Pariser Abkommens

1956/57 Erste demonstrative Sprengstoffanschläge

1959 Südtirolfrage vor dem Europarat

1960/61 Südtiroldebatten und Resolutionen der Vereinten Nationen

1961 Serie von Sprengstoffattentaten, Polizeimaßnahmen, Verhaftungen, Misshandlungen

1961–1964 Arbeit einer 19er-Kommission zum Studium der Autonomiefrage

1961–1969 Österreichisch-italienische Verhandlungen über Südtiroler Autonomie

1964 Errichtung der Diözesen Innsbruck und Bozen-Brixen – Olympische Winterspiele in Innsbruck

1969 Einigung über ein „Paket" autonomer Rechte für die Provinz Bozen samt „Operationskalender"

1970 Erste gemeinsame Sitzung der Landtage von Innsbruck und Bozen

1971/72 Italienisches Verfassungsgesetz (10. November 1971) und neues Autonomiestatut (20. Jänner 1972) für die Region „Trentino-Südtirol"

1972 Gründung der „Arbeitsgemeinschaft Alpenländer"

1976 2. Olympische Winterspiele in Innsbruck

1991 Fund der später als „Ötzi" berühmt gewordenen Gletschermumie am Hauslabjoch in den Ötztaler Alpen

1992 „Paket"-Abschluss und „Streitbeilegungserklärung" Wien–Rom

1995 Österreich tritt der EU bei

1997/98 Schengen-Abkommen, keine Grenzkontrollen mehr zwischen dem Bundesland Tirol und Südtirol

Personenregister

Erwähnungen in einem Bildtext sind in den Index aufgenommen, aber nicht gesondert gekennzeichnet. Erwähnungen in der Zeittafel sind nicht aufgenommen.

Literaturhinweis

Es gibt eine stetig wachsende und kaum mehr zu überblickende Fülle an Spezialliterartur zur Geschichte Tirols. Der Interessierte findet, was er sucht, in diversen Bibliografien und in der Kartei des Tiroler Landesmuseums Ferdinandeum, wo man auch in die einzelnen Publikationen Einsicht nehmen kann.

Die vorliegende Arbeit ist eine stark gekürzte Fassung meines über 400 Seiten umfassenden Buches *„Tirols Geschichte in Wort und Bild"*, das erstmals 1984 und zuletzt 2006 in neunter Auflage erschienen ist und reich, auch farbig, bebildert ist. Es enthält auch ein ausführliches Verzeichnis weiterführender Literatur.

Die neueste umfassende Gesamtdarstellung der Geschichte Tirols erschien in vier Bänden (eigentlich fünf, denn der vierte Band ist geteilt) zwischen 1985 und 1988 unter der Schriftleitung von Josef Fontana bei Athesia Bozen unter dem Titel *„Geschichte des Landes Tirol"*. Autoren sind jeweils fachlich spezialisierte Historiker.

Bildnachweis

Abgebildete Originale und alte wie neue Fotos befinden sich im Besitz folgender Archive, Bibliotheken und Sammlungen. Nicht angeführt ist das Tiroler Landesmuseum Ferdinandeum, für dessen Entgegenkommen der Autor an dieser Stelle genauso dankt wie für die jahrzehntelange gute Zusammenarbeit.

Archiv Biochemie, Kundl 147
Archiv Tyrolia, Innsbruck 134, 135, 157
Bayerisches Nationalmuseum München 62 l.
Bildarchiv der Südtiroler Volkspartei 132, 139
Bildarchiv der Zeitschrift „Kirche" (früher „Kirchenblatt") 122 (2), 146
Denkmalamt Innsbruck 28, 38 (2)
Diözesanmuseum Brixen 50
Firma Mpreis 152 l.
Forschungsinstitit Brenner-Archiv, Innsbruck 96
Heimatmuseum Matrei in Osttirol 77
Heimatwerbung 25, 59
Hypobank Lienz 152 r.
Innsbrucker Festwochen (früher Festwochen der Alten Musik) 151
Institut für Zeitgeschichte, Wien 115
Landesbildstelle (Medienzentrum), Innsbruck 141, 144 u., 147 o.
Landwirtschaftsschule Rotholz 91
Museum Schloss Bruck, Lienz 10, 97
Privatbesitz Dr. Friedl Volgger, Bozen 116, 119
Privatbesitz Dr. Meinrad Pizzinini, Innsbruck 125
Privatbesitz sonstiger 110, 127, 150
Sammlung Michael Forcher 13, 24, 46 (2), 66, 88, 89, 94, 105, 106, 107, 109 (2) 111, 113, 114, 196, 197, 109, 131, 133
Stiftsarchiv Neustift 17
Südtiroler Archäologiemuseum, Bozen 8
Tiroler Landesarchiv, Innsbruck 21, 22 u., 43
Tiroler Volksschauspiele, Telfs 149
Universitätsbibliothek Innsbruck 40, 103
Univ.-Institut für Zeitgeschichte, Innsbruck 108, 121, 123, 124, 126, 128

Reproduktionen von Bibliotheks- und Archivmaterial sowie Fotos von Museumsstücken wurden – soweit unten nicht anders angegeben – von den jeweiligen Besitzern ohne Hinweis auf den Fotografen zur Verfügung gestellt oder wurden vom Autor angefertigt.

Weitere Fotografien von:

Foto Frischauf 143 (2)
Demanega Anton 39
Forcher Christian, Innsbruck 46 m., 46 u., 49, 55
Forcher Michael, Innsbruck 18, 19, 28, 37, 43, 61, 62, 144 o.
Larl Ruppert 149
Wurm Egon 57, 59
Rübelt Lothar 109 (2), 121

Rolf Steininger

SÜDTIROL
VOM ERSTEN WELTKRIEG
BIS ZUR GEGENWART

128 Seiten, zahlreiche s/w-Abbildungen
ISBN 3-7065-1348-X

Wie in einem Brennglas findet sich in der Geschichte Südtirols
die Geschichte des 20. Jahrhunderts wieder: Vergewaltigung einer Minderheit
durch die Faschisten, das Zusammenspiel der Diktatoren Hitler und
Mussolini, das 1939 mit der „Option" zur „ethnischen Flurbereinigung"
führen sollte. Nach 1945 in den Mühlen des Kalten Krieges, keine Rückkehr
nach Österreich, dafür eine Autonomie, die sich als Scheinautonomie erwies.
Dann Bomben, Tote, Terror und mit dem „Paket" 1969 der zweite Versuch
einer Autonomie, der heute von vielen Modellcharakter zugesprochen wird.

Rolf Steininger, weltweit anerkannter Experte für die Zeitgeschichte
Südtirols, wendet sich mit seinem Werk an interessierte Leserinnen und
Leser, die sich einen vollständigen, aber dennoch knappen und leicht
verständlichen Überblick über die jüngste Geschichte Südtirols verschaffen
wollen. Fundiert und klar stellt Steininger die wichtigsten Ereignisse wie
die Abtrennung von Österreich, die Option oder die Südtirol-Pakete
der Nachkriegszeit vor und ergänzt sie durch einen aktuellen Ausblick
auf die gegenwärtige Situation des Landes.

„In dem auf einen breiteren Leserkreis zielenden Bändchen
sind alle entscheidenden Wegstreckenverläufe übersichtlich markiert."
(Frankfurter Allgemeine Zeitung)

www.studienverlag.at